粤港澳大湾区建设研究丛书

●广东省委宣传部2020年主题出版重点出版物

粤港澳大湾区
城市产业分工研究

YUEGANG'AO DAWANQU CHENGSHI CHANYE FENGONG YANJIU

谭 锐 著

华南理工大学出版社
·广州·

图书在版编目（CIP）数据

粤港澳大湾区城市产业分工研究 / 谭锐著. —广州：华南理工大学出版社，2023.1

（粤港澳大湾区建设研究丛书）

ISBN 978-7-5623-6297-5

Ⅰ. ①粤… Ⅱ. ①谭… Ⅲ. ①产业布局-地域分工-研究-广东、香港、澳门 Ⅳ. ①F127.65

中国版本图书馆 CIP 数据核字（2020）第 040070 号

粤港澳大湾区城市产业分工研究

谭 锐 著

出版人：柯 宁
出版发行：华南理工大学出版社
（广州五山华南理工大学 17 号楼 邮编：510640）
http://hg.cb.scut.edu.cn E-mail: scutc13@scut.edu.cn
营销部电话：020-87113487 87111048（传真）

策划编辑：王 磊 王 倩
责任编辑：王 磊
责任校对：梁晓艾
印 刷 者：广州市人杰彩印厂
开 本：787mm×960mm 1/16 印张：13.75 字数：240 千
版 次：2023 年 1 月第 1 版 印次：2023 年 1 月第 1 次印刷
定 价：78.00 元

版权所有 盗版必究 印装差错 负责调换

前 言
PREFACE

世界级大湾区之所以引人注目，是因为它们的生产效率高，竞争力强，在国家经济发展中具有举足轻重的地位。湾区经济体的高生产率特征是多重因素共同作用的结果，人口和土地规模、行政等级、产业基础、资源禀赋、地理区位等因素都会影响大湾区的生产率，因而可以从多个角度进行阐释。考虑到城市首先作为生产的集中地而存在的事实，本书侧重于从产业活动的角度进行阐释。粤港澳大湾区本质上是一个城市群，其涵盖了11个城市，要使这一庞大的跨城市生产系统表现出较高的生产率，其内部生产关系必须按照一定的秩序和结构运行，最基本的一条原则就是城市在产业上开展分工合作。城市分工不是有和无的问题，而是一个程度问题，粤港澳大湾区内部的分工由来已久，以前就存在着前店后厂的模式，但是随着时间的推移，一些内外部经济条件出现了变化，例如，生产要素价格的变化、内地城市的成长、国际经济形势的波动等，因此分工模式也处在动态变化之中，大湾区需要顺势而为，应对变化。

一、本书研究内容

本书的内容按照如图1所示的框架进行组织。首先，从现象观察入手。第一部分将对三个主要的世界级城市群——纽约大都市区、东京大都市圈和旧金山湾区的生产率和城市分工特征进行描述，从感性上认识两者之间的关系，厘清两者之间的内在逻辑联系。需要指出的是，论证粤港澳大湾区生产率与城市分工的关系并非本书的研究重点，因为城市间通过产业分工提高城市群生产率的基本原理已经很清楚,并得到广泛的承认。

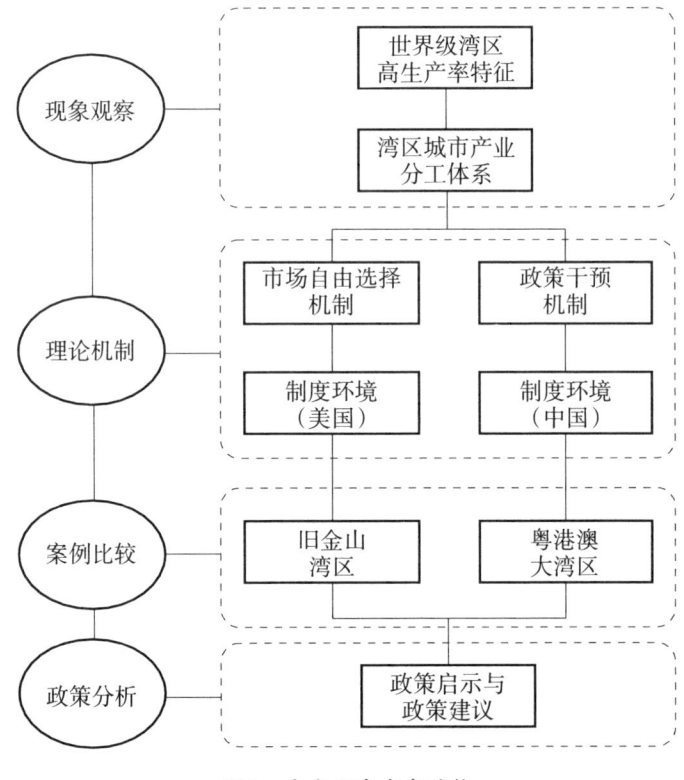

图1 本书研究内容结构

本书的研究重点是解释湾区城市间产业分工的形成机制,因此,第二部分从回顾现有文献入手,寻找城市间产业分工的理论解释。城市分工议题属于城市经济学的范畴,经过 Alonso（1964）、Mills（1967）、Henderson（1974）等人的开拓,该学科已成为主流经济学的一个分支,并形成了许多具有现实意义的成果,在世界各国城市化进程加速的背景下,它为应对城市化的挑战提供了智力支持。在学术术语中,湾区概念对应的是大都市区（metropolitan）,即由多个相邻的城市构成的紧密经济体。对这种现象的分析涉及城市经济学中的城市体系理论（theories of system of cities）。Abdel-Rahman（2004）对该研究主题有很好的概括和总结。城市体系理论建立在新古典经济学的研究范式之上,即空间一般均衡模型（spatial general equilibrium, SGE）。SGE 模型是高度抽象化的，有时为了求解模型，不得不做出一些不符合现实的假定（例如，消费者在选择多种产品时，对所有产品的偏好程度都是一样的）。该理论的主要结论是，由市场机制导致的城市体系均衡结果并不必然就是最优结果，因为这些模型假设城市间存在外部性。市场机制无法将外部性内化，只有通过中央计划才能解决这一问题。

建立在新古典范式之上的城市体系理论，强调市场机制在城市产业分工中的作用，而政府丝毫不起作用。这与现实观察相背，尤其是在中国这样的发展中国家，政府对于城市分工的塑造具有很强的影响力。因此，对非自由市场体制下的情形，城市体系理论的解释力就会被削弱。我们认为，在自由市场选择机制之外，政策干预机制同样需要重视。这就会形成一个有趣的问题：在不同的机制组合下，城市分工会具有怎样的形态。城市体系理论大多是基于欧美发达国家的经验构建起来的，它的解释力受限于欧美发达国家的政治经济体制，如果换了一种制度环境，市场机制可能大为弱化，而政策干预机制则凸显出来。考虑到这一点，我们必须寻求其他的理论工具，那就是制度经济学的理论。制度经济学理论的基本观点是，西方经济理论的有效性依赖于相关基本制度不变这一前提，一旦制度规则变了，经济运行的模式也就相应地变了。美国是自由市场机制的典型代表，其政治经济制度环境与我国迥异，这就决定了美国湾区内部城市分工的形成机制有其独特性。同样，中国也有自己的独特性，城市分工在很大程度上受到各级政府产业政策的影响，政策干预引导着市场选择。在这一部分，我们将分别阐述中国和美国城市分工的大制度环境及其影响机制。

第三部分是实证研究。基于第二部分的理论化内容，本书选择美国的旧金山湾区与粤港澳大湾区进行比较研究。该部分收集两个湾区的分行业就业数据进行描述统计分析和关联分析，从量化方面考察两者的城市分工差异。我们认为，在美国的制度环境下，在旧金山湾区的城市分工形成机制中市场选择占主导地位，而粤港澳大湾区的城市间分工在我国的经济政治体制下更多地受到政策干预的影响，因此两者有不同的演化路径和分工水平。

第四部分要从机制分析回归到政策分析上来,以便针对现实问题提出一些政策设计的解决思路。基于理论分析和实证分析的认识,我们认为旧金山湾区和粤港澳大湾区的城市分工有着不同的生成机制,旧金山湾区高水平的城市分工固然是我们的目标,但是我们不可能照搬其经验,因为两个湾区面临着不同的制度环境。提高粤港澳大湾区城市分工水平必须寻求一种介于完全自由市场机制和完全政策干预机制两个极端之间的政策设计,形成一种市场力量和政府力量互动的混合模式,这或许就是中国道路的独特性所在。

二、本书研究特色

实际上,大湾区概念在理论上并不新鲜。正如前文所说,大湾区在城市经济学的话语体系下,就是大都市区(metropolitan),就是城市体系(system of cities),而这个主题,欧美学术界从1970年代开始就有探讨,如果不明白这一点,我们就无法基于原有的理论工作开展大湾区研究,容易陷入自说自话的境地。不幸的是,这正是粤港澳大湾区研究的现状。当前许多关于大湾区的学术讨论缺乏学理分析,还停留在较浅的分析层次上,内容更多的是描述现状和憧憬未来。本书的任务就是尝试把一个在实践中应用的政策概念还原为学术概念,与已有研究进行理论对接和对话,利用现有理论系统性地思考大湾区战略的目标、措施和路径。当然,我们不能仅仅满足于用既有理论解释经验,还应努力从经验观察中挖掘新的理论增长点。

城市分工如何影响城市群的整体效率,现有文献对此涉足未深。当前很多文献在研究城市分工与城市效率之间的关系时,都将城市或城市群作为观测单元,用计量模型回答城市(或城市群)层面的分工水平是否有利于它的效率提升。考察城市群内部城市分工对城市群整体效率的影响的研究还不多,属于解释机制的研究。这个问题特征决定了我们无法采取数据驱动型的计量实证方法进行研究,更合适的方法是案例比较。本书集中于旧金山湾区和粤港澳大湾区两个案例的比较,细致地研究它们各自的内部产业结构，揭示其内部复杂的互动机制，而非仅仅得出因变量与自变量的相关性结论。

  本书的一个基本思想是，由于制度环境的巨大差异，粤港澳大湾区的城市分工机制与其他世界级湾区是不同的，它有自己的独特性。因此，尽管我们与世界级湾区有着相同的目标，包括更高的生产率、更活跃的商业活动、更优质的发展模式以及更宜居的环境等，但我们不可能通过模仿其机制而得到想要的结果，尤其是一味地强调去管制、市场化并不现实。我们意识到，大湾区城市间要形成有效率的分工体系，并非在完全市场机制和完全计划机制之间二选一，而是两种机制的某种复杂组合。这种复杂性体现在许多更具体的问题上，例如，哪些产业更需要政府实施干预促进分工？哪些产业只需解除管制就可以达到自行分工的目的？在城市分工过程中，各个级别政府的干预权限或自由度是否应有不同？城市政府应如何合作和竞争才能更好地促进分工？总之，要找到适合粤港澳大湾区的发展之路，不能盲从国外的经验，应从中国固有的制度环境出发，不断探索和完善。

作者
2020 年 1 月

目 录
CONTENTS

第一章　绪　论 ·· 1
　　第一节　粤港澳大湾区战略 ·· 1
　　第二节　大湾区建设的分工视角 ·· 8
　　第三节　城市分工的理论研究 ·· 9

第二章　世界级城市群的产业分工 ·· 12
　　第一节　纽约大都市区 ·· 12
　　第二节　东京大都市圈 ·· 34
　　第三节　旧金山湾区 ·· 53

第三章　城市分工的概念及理论 ·· 65
　　第一节　关键概念 ·· 65
　　第二节　理论准备 ·· 69

第四章　城市分工的市场机制 ·· 78
　　第一节　城市体系中的产业分工 ·· 78
　　第二节　城市间的分工与贸易 ·· 87

第五章　美国制度环境下的城市产业分工 ······························ 105
　　第一节　美国的政治体制 ·· 105
　　第二节　美国的行政体系 ·· 109
　　第三节　美国联邦制下的政府决策行为 ···························· 115
　　第四节　制度环境的影响 ·· 121

第六章　中国制度环境下的城市产业分工 ······························ 123
　　第一节　政策背景及目标 ·· 123

第二节　政策的实施体系 ································· 124
　　第三节　政策效果评估 ····································· 131
　　第四节　政策效果弱化的原因 ····························· 136
　　第五节　政策启示 ··· 141

第七章　粤港澳大湾区与旧金山湾区的比较研究 ············· 144
　　第一节　粤港澳大湾区产业结构 ··························· 144
　　第二节　旧金山湾区产业结构 ····························· 155
　　第三节　两个湾区产业分工的量化比较 ··················· 163
　　第四节　总结与讨论 ······································· 171

第八章　思索粤港澳大湾区产业分工的构建 ················· 180
　　第一节　城市体系的产业结构 ····························· 180
　　第二节　以香港为主导的设想 ····························· 183
　　第三节　未来的变数 ······································· 192

参考文献 ·· 199

后　记 ·· 204

第一章 绪 论

第一节 粤港澳大湾区战略

当美国国家航空航天局（NASA）的卫星遨游夜空时，它能轻易地识别地球上最闪耀的人类聚居区。在中国大陆星罗棋布的灯光中，南方的海岸边有一块方圆约 100 平方千米的区域耀眼夺目（图 1-1）。这就是在中国区域经济版图上具有极其重要战略地位的粤港澳大湾区，它覆盖了 11 个城市，是中国经济最发达的城市群之一。尽管粤港澳大湾区概念的出现只是近几年的事情，而一旦把这个概念拆解为珠江三角洲地区（珠三角）和港澳地区两个部分，就很容易发现这个概念背后沉淀着 40 年城市群发展的实践和探索。

图 1-1 中国沿海夜间卫星图片（2016）

图片来源：https://www.nasa.gov/specials/blackmarble/media/BlackMarble_2016_Asia_composite.png。

一、从概念到规划

（一）概念起源

1978年12月召开的中国共产党十一届三中全会做出了以经济建设为纲、改革开放的历史性决定，并率先以毗邻港澳的珠三角地区作为试验田。这绝非偶然，其中有几个方面的考虑。一是当时内地一穷二白，缺乏资金搞建设，亟须引进资本。港澳，尤其是香港的工商业资本是一个可靠的来源。港澳与珠三角地理相邻，语言文化同源，社会联系密切，招商引资相对容易。二是广东远离北京，如果改革过程中发生错误，政治影响没有那么大。三是这个地区有一定的建设基础，广州是当时华南唯一一个维持对外贸易的大城市，工商业相对活跃。在改革开放初期，广东吸收的外资主要来自香港和澳门。1985年港澳资本占广东实际利用外资总额的87%[①]。港澳资本与珠三角廉价的劳动力和土地相结合，实现了珠三角经济的快速增长。珠三角地区依靠"三来一补"的加工业，逐步积累了工业发展的资本。通过吸收资本和技术，本地民营企业也逐步壮大。据统计，1989—1992年间，广东省私营企业总量从1.62万家增长至3.28万家，年均增长率达到26.5%[②]。

随着工业的发展，珠三角的城市化也迅速推进，2000—2014年间，该地区城市化率已经由最初的71.6%上升到84.1%[③]。更重要的是，珠三角崛起了一个新的城市——深圳，它几乎就是改革开放的标杆和化身。各个城市的扩张逐渐使各市道路交通、基础设施连成一片，城市之间的往来更加紧密，城市群格局显现。为了获得规模经济，使城市群协调发展，广东省政府意识到要把该区域作为一个整体来考虑。1995年广东省政府分别出台《珠江三角洲经济区现代化建设规划纲要（初稿）》和《珠江三角洲经济区城市群规划》，从此，珠三角城市群发展战略正式提出并付诸实施（陈章喜，2011）。

内地的改革开放在加速珠三角工业化与城市化的同时，也对港澳产生了巨大而深远的影响。由于内地市场开放，香港的制造业资本大举进入内地，到

---

① 广东省统计局：《广东省统计年鉴（1990）》，中国统计出版社，1990年版。
② 广东省经济技术协作促进会："民营经济飞跃发展，贡献突出"，《广东经济年鉴2019》，第378页。
③ 珠三角城镇化率达84.12% 或将可叫珠洲市，南方：http://news.southcn.com/china/content/2016-01/18/content_140963534.htm?COLLCC=892254047&.

1990 年代末基本完成了制造业的北移①,由此实现了从制造业经济向服务业经济的转型。贸易物流、金融、专业服务、旅游等行业成为香港的支柱产业,创造了一半以上的 GDP 和就业机会。至此,香港与珠三角形成了"前店后厂"的分工模式,即珠三角作为制造业基地生产各类商品,香港则为这些商品的贸易提供金融、物流、营销等服务。尽管港澳和珠三角在经济上形成了密切的分工,但由于政治经济体制的差异,港澳与珠三角仍是两个相对独立的经济体,它们之间的纽带主要是 FDI(foreign direct investment,对外直接投资)。而以人员通勤为特征的社会融合和以规则对接为特征的制度融合远未实现。

(二) 新挑战与新概念

进入 21 世纪,在急剧变动的外部环境下,一系列重大事件影响着珠三角与港澳的经济联系。中国在 2001 年加入世界贸易组织,这是中国内地深化改革开放的一个标志性事件。在此背景下,珠三角可以更加直接地与世界市场展开贸易和投资活动,这就会弱化香港作为中国与世界之间的"超级联系人"的地位。航运数据可以反映这一点。2003 年,广州的集装箱吞吐量只有香港的 13.5%,到了 2018 年,广州港 1—11 月的集装箱吞吐量为 2001 万标箱,同比增长 7.46%,而香港同期货柜码头的吞吐量萎缩至 1796 万标箱,同比减少 5.4%。至此,广州港集装箱吞吐量反超香港港②。2003 年 3 月"非典"肆虐香港,当地经济受到冲击。中央为了帮助香港走出困境,于 2003 年 6 月与香港签订《内地与香港关于建立更紧密经贸关系的安排》(CEPA)。CEPA 主要涉及货物贸易、服务贸易和贸易投资便利化等方面内容。其基本目标是:逐步取消货物贸易的关税和非关税壁垒,逐步实现服务贸易自由化,促进贸易投资便利化(倪冰,2005)。其中,"自由行"是一个强有力的支持香港旅游业发展的优惠政策。"自由行"推出后,内地人到香港访问旅游的次数由 2003 年的 70 万人次猛增至 2014 年的 3133 万人次(崔葳,2016),有效地提振了香港经济。2008 年全球金融危机爆发,香港经济受到严重冲击,但由于中央采取了有力的支持措施,香港经济恢复迅速。这次危机暴露了香港产业结构失衡的弊端,四大支柱产业非常容易受外界波动的影响。2009 年香港政府的施政报告明确指出要发展六大

---

① 据《香港统计年刊》数据,1997 年香港制造业就业占比由 1976 年的 44.8%降至 14%。
② 广州、香港港口竞合升级 "寻求港澳合作"被写进广州港务局 2019 工作计划,《21 世纪经济报道》: http://epaper.21jingji.com/html/2019-01/22/content_100377.htm。

优势产业，即教育、医疗、检测认证、环保、创新科技及文化创意产业，以便使香港经济多元化，也就是明确提出香港经济要实现新一轮的转型。

另一方面，金融危机也在对内地的转型升级施压。长期以来，珠三角的制造业一直处于全球价值链的底端，属于劳动密集型产业，同时能耗高、污染大、土地利用效率低。尽管这些产业在改革开放初期对迅速实现工业化和城市化功不可没，但是金融危机的冲击亦暴露出这种模式难以为继。2008年金融危机爆发后，珠三角地区2009年的对外贸易总额比上年下降了11.3个百分点（龚锋，2011）。由于产品技术含量低，市场需求弹性大，在全球经济疲软的情况下，低端制造业部门首当其冲。因此，珠三角同样面临着产业转型升级的问题。以人为本、可持续发展、创新驱动等概念逐渐成为内地转变经济发展模式的主题。在此宏观背景下，珠三角的地方政府开始实施"腾笼换鸟""退二进三"的产业政策，有选择性地吸纳港澳产业投资。地方政府开始减少对低附加值制造业的政策倾斜和资源投入力度，加强劳动保护，提高环保标准。此外，宽松的货币政策造成内地要素上涨，挤压了港企利润空间。这些因素令许多在珠三角从事加工贸易的港资企业感到举步维艰。一些港澳资本开始考虑向东南亚、南美等地的新兴市场国家转移。维持了多年的"前店后厂"融合模式持续式微，并面临着解构的挑战。珠三角与港澳地区需要新的融合模式保证各个城市的可持续增长。

粤港澳大湾区概念把传统的珠三角九个内地城市，即广州、深圳、珠海、佛山、惠州、东莞、中山、江门、肇庆，与港澳两个特别行政区作为一个完整的经济区域看待，它本质上是城市间存在频繁互动与紧密合作的城市群，这里所说的互动是人员、资本、信息、商品的多元双向互动，合作是涵盖产业投资、基础设施、治理机制、社会保障、法律制度的全方位合作。因此，大湾区概念不仅仅是珠三角概念在地理上的扩展，更是区域发展战略的转变。在新的融合模式下，港澳与珠三角不再是带动与被带动的关系，而是相互带动的关系，真正成为区域命运共同体。

大湾区概念可以说是应运而生，顺势而为。实际上，从1990年代的"香港湾区""伶仃洋湾区"，再到新世纪以来的"大珠三角城市群""环珠江口湾区"（李红，2011），"9+2"一体化的议题在学界一再被提及。然而，学术概念随着国内外的政治经济形势起起落落，直到今天才成为国家发展战略中的政策概念，可谓"时势造英雄"。

（三）大湾区发展规划的形成

粤港澳大湾区概念进入政策议程的视野是在2015年3月初的两会期间。广深两地的全国政协委员联名向全国政协提交了《关于建议实施"环珠江口湾区经济"发展战略的提案》，建议将涵盖广州、深圳、珠海、佛山、惠州、东莞、中山、江门、肇庆、香港、澳门等11个城市的"环珠江口湾区"发展上升为国家战略，并纳入国家"十三五"规划。具体建议包括国家部委开展专题调研、成立"环珠江口湾区经济"联席会议、制定湾区总体发展规划、构建全方位开放的湾区现代产业体系。这一提案得到了中央的重视，并很快反映到国家的文件中。2015年3月28日，在《推动共建丝绸之路经济带和21世纪海上丝绸之路的愿景与行动》中正式提出"粤港澳大湾区"的概念。此后，《中华人民共和国国民经济和社会发展第十三个五年规划纲要》《关于深化泛珠三角区域合作的指导意见》等重要文件中又多次提出要建设粤港澳大湾区（张日新，2017）。

2016年6月，华南理工大学公共政策研究院的郑永年教授和莫道明教授撰写政策报告《创设"环珠江口湾区" 用经济社会方式解决香港台湾问题》上报中宣部并被中央采纳。在此报告中，作者从一个更为宏大和长远的视角审视了粤港澳大湾区的战略意义。他们不仅仅是从经济方面的作用考量大湾区建设，更是从为国家的改革开放提供新动力、与港澳制度对接及其对台湾的示范效应、中国道路的国际影响力等方面去考虑。这一系列呼吁积极地推动了粤港澳大湾区概念落实为国家级战略。2017年3月的国务院《政府工作报告》提出要研究制定粤港澳大湾区城市群发展规划，这标志着大湾区发展规划编制工作的启动。在随后的一年里，国家发改委牵头开展了调研和规划编制的前期研究工作。

中央的政策信号加速了一系列相关工作的进度。2018年8月15日，粤港澳大湾区建设领导小组集体亮相，中共中央政治局常委、国务院副总理韩正任组长，广东省委书记李希、国家发改委主任何立峰任副组长，香港特首林郑月娥、澳门特首崔世安为小组成员。这是一个中央级别的协调机构，负责研究解决大湾区建设中政策实施、项目安排、体制机制创新、平台建设等方面的重大问题①。2018年10月22—25日，习近平总书记先后来到珠海、清远、深圳、广州

---

① 中共中央、国务院：《粤港澳大湾区发展规划纲要》（2019年2月）。

等地考察调研。在此期间,作为粤港澳大湾区标志性建筑的港珠澳大桥正式开通,习近平总书记在珠海参加了开通仪式。习总书记在这个时点考察广东,体现了中央对推进粤港澳大湾区工作的支持。

经过长期酝酿,2019年2月18日中共中央、国务院印发《粤港澳大湾区发展规划纲要》,至此,大湾区发展终于有了纲领性文件。舆论原来预期2018年初会出台,后来又预期2018年底出台,但预期迟迟未能兑现。这一方面反映了内地社会各界对大湾区发展规划的热切关注,另一方面也反映了规划编制任务的艰巨性。此外,发生自2018年3月的中美贸易争端对中国经济造成了不小的负面影响,这也是规划出台的一个重要考量。

二、为什么是粤港澳大湾区

在粤港澳大湾区概念引起国家的重视后,其他地区也跟进提出类似的概念,以期获得相应的国家政策倾斜,如沪杭甬大湾区、环杭州湾大湾区、环渤海湾大湾区。但是,这些提法并没有获得中央的认同,很快就销声匿迹了。这表明,从中央的角度看,粤港澳大湾区建设不单纯是一个经济发展项目,它还承载着制度实验与创新、港澳台政治统合、探索新一轮改革开放路径等历史重任。粤港澳大湾区的独特性决定了它作为政策概念的唯一性。

大湾区最大的独特性在于港澳。首先是港澳特殊的经济意义。回顾1970年代末以来的珠三角经济发展史,该地区的工业化和城市化能够快速发展在很大程度上都得益于香港的产业资本投资。2015年广东省吸纳的FDI中有76%来自香港,广州为78%,深圳更是高达86%。除了直接投资,香港作为国际金融中心,还为珠三角乃至全国的企业提供国际化的运营和融资平台。据统计,2015年内地企业共在香港设立1091家地区总部、地区办事处或本地办事处;在香港上市的内地企业有951家,占香港上市企业总数的51%,占总市值的62.1%及整体股份成交金额的72.7%(张天桂,2016)。此外,香港还是目前全球规模最大的离岸人民币资金池,2014年底突破1万亿元人民币,香港人民币结算量占境外人民币结算总量的七成以上(李丹,2017;王春新,2017)。贸易方面,香港过去十余年间在内地的对外贸易中占有很重要的地位。中国海关2015年的贸易统计显示,香港是内地第二大贸易伙伴。2015年,来源地为香港的内地进口货值为128亿美元,而输往香港的内地出口货值则为3309亿美元。另一方面,内地是香港最大的转口目的地及进口供应地,平均分别占香港的转口及进口总值的52.3%和46.8%。而从2005年开始,内地成为港产品出口最大的目的地,在过去十年间平均占港产品出口总值的40.2%[①]。由此可见,港澳,尤其是香港对于稳定区域经济大势有着举足轻重的作用。

其次是港澳对于制度创新的特殊意义。郑永年认为,与京津冀、长三角等其他城市群相比,大湾区所处的制度创新环境有着根本的区别。其他城市群的内部整合都是在同种体制下进行的,只能产生"物理反应"。而在大湾区内部,内地实行社会主义制度,港澳实行资本主义制度,通过不同制度的对接与调适,能产生"化学反应",激发出新的制度实践(邹松霖,2019)。因此,大湾区建设的目标不仅仅是打造一个经济发展的区域大平台,更是要打造一个制度现代化的样本。尽管为了吸收港澳投资,珠三角各个城市都在市场管理、公共服务、基础设施、行政效能、营商环境、国际规则对接等方面做出了相应的改革,但只有深圳有着更为深刻和广泛的制度创新成果。深圳是一个因香港而生的城市,原本的功能只是控制与香港接壤的边境地区(袁奇峰,2014,2017)。它从一个小渔村成长为现代化大都市,是制度创新所造就的奇迹。无论是在改革开放初期还是当下的新时代,深圳的制度创新从未止步,并且走在全国前列。据报道,前海蛇口自贸区自2015年4月成立以来,在高标准投资贸易规则、金融综合监管试点、深港合作、法治、人才引进和体制机制等方面研究制定创新方案。到2018年末,前海累计推出414项制度创新成果,其中28项成果在全国复制推广。第三方评估结果显示,前海制度创新总指数在全国自贸区中排名第一[②]。如果说在过去的40年里,内地与港澳的体制碰撞所产生的制度创新成果主要集中在深圳的话,那么未来数十年的任务就是要把制度创新的区域范围扩展到整个大湾区。

第三是港澳特殊的政治意义。由于长期殖民统治的历史,港澳在意识形态、政治经济体制、国际关系网络等方面都迥异于内地。在意识形态上,港澳居民崇尚自由、平等、博爱,信仰西方宗教和价值观,有自己独特的语言文化。这些因素在彰显港澳特殊魅力的同时,也是其与内地容易产生分歧和隔阂的根源。在政治经济体制上,港澳继承了原宗主国设计的政治架构、法律体系、官僚系

[①] 香港与中国内地的贸易,香港统计月刊,2016年6月。
[②] 深入对接"港澳所需" 深圳掀起大湾区建设热潮,中国网,2019-03-01。

统、自由市场体制等。港澳回归时，中央承诺"一国两制"五十年不变，那么五十年之后，港澳应实行什么样的制度？目前，香港回归23年，澳门回归21年，时间的流逝使最高决策层不得不考虑这个问题。在接下来的时间里，国家必须逐步摸索和构建出一套行之有效的制度体系，实现内地与港澳在制度上的融合。如果内地与港澳在制度对接上能够实现平稳过渡，这不仅能保证港澳的持续繁荣稳定，还将对大陆与台湾的制度融合起到示范性作用。在国际关系上，港澳是深度嵌入国际网络当中的。港澳的国际化程度很高，例如，在香港，2022年外国总领事馆有64家，名誉领事馆有56家，此外还有6家官方认可的国际机构，如IMF香港分处、EU香港办事处等①。在港澳发生的任何重大事件都会挑动国际舆论的神经，牵涉国际社会对中国的观感和评价。治理好了它们就是中国成就的对外宣传窗口，治理不好会招致国际社会对中国制度和模式的质疑和批评。因此，如何打好港澳这两张牌是对国家治理能力的一种考验。

第二节 大湾区建设的分工视角

2019年2月18日，中共中央、国务院印发了《粤港澳大湾区发展规划纲要》（下文简称《规划纲要》）。该文件共有十一章，涉及空间规划、产业体系构建、基础设施建设、生态与社会、对外合作、组织实施体系等多方面的内容。湾区内部包含11个城市，每个城市都是一个相对完整的经济体。要使湾区整体生产率有新的提升，就必须保证这11个城市按照一定的秩序进行分工与合作。因此分工合作是贯穿《规划纲要》的一个核心理念。如第二章第二节的基本原则要求"实施区域协调发展战略，充分发挥各地区比较优势"。第四节的发展目标指出，未来要达到"区域发展更加协调、分工合理、功能互补、错位发展的城市群发展格局基本确立"。第三章所论述的空间布局更是集中体现了分工合作的理念。该章提出，要"坚持极点带动、轴带支撑、辐射周边，推动大中小城市合理分工、功能互补，进一步提高区域发展协调性"。该章对香港、澳门、广州、深圳四大中心城市的主要职能进行了定位，并要求其余七个重要节点城市增强与中心城市的互动，形成功能特色鲜明、相互补充、差异化竞争的格局。世界上有许多个生产率极高的城市群，如纽约大都市区、东京大都市圈、旧金

---

① 香港政府总部礼宾处：https://www.protocol.gov.hk/sc/posts.html。

山湾区等,这些城市群内部合理有序的分工关系是它们的特征之一。

以东京大都市圈为例,它包括"一都三县",即东京都和神奈川、千叶、埼玉县三县。经过多年发展,圈内形成了明显的区域职能分工体系,即各核心城市根据自身基础和特色,承担不同的职能,在分工合作、优势互补的基础上,共同发挥出了整体集聚优势。东京都处于中心区地位,集中了圈内绝大部分的政府、文化、管理机构以及服务业、批发业、金融业、出版业部门,发挥着内政外交、金融和信息枢纽、经济增长发动机、科教文化中心等重要职能。神奈川县发挥着工业集聚地和国际港湾的职能,同时加强了研发、商业、国际交流、居住等职能。千叶县发挥了国际空港、港湾、工业集聚地的职能,同时加强了商务、国际交流等职能。埼玉县主要接纳了东京都核心区部分政府职能的转移,已成为政府机构、居住生活、商务职能集聚之地,在一定意义上成了日本的副都。

这些世界级湾区都是以一个大城市的名字命名,这绝非仅仅为了称呼简便,它反映了湾区城市群内部固有的等级结构。城市群中通常有一个居于核心地位的城市,这个城市是规模最大、人口密度最高、经济实力最强、辐射带动作用最明显的城市,它扮演着城市群控制中枢的角色。核心城市对城市群发展具有举足轻重的作用,其功能的变化会引起周围城市功能的变化。其他规模相对小的城市环绕在核心城市周围并与核心城市频繁互动,人员流、资金流、信息流、货物流是二者之间紧密联系的纽带。在城市互动的过程中,各个城市形成自己特有的功能,能够与其他城市进行有效的分工合作。湾区城市群内部的这种"主导—跟随"结构保证了湾区城市群内部经济活动有序进行,从而形成较高的生产率。

第三节　城市分工的理论研究

如果城市间分工能提高城市群的生产效率,那么政策制定者很想知道的一个问题就是,如何才能提高城市分工水平?这并不容易回答,因为其中的影响因素非常多,并且它们之间的相互作用关系也很复杂。面对纷繁复杂的表象,我们需要借助理论的力量拨云见日。

分工提高生产效率的观点有悠久的历史。斯密(Adam Smith)在其《国富论》（1776）开篇即用了三个章节讨论劳动分工的原因和结果。他用著名的造针厂例子说明：工人们被分配到各个工序上从事专门的工作，有的负责取出铁线，有的负责拉伸，有的负责切断，等等。通过劳动分工，劳动生产率得到了极大的提高，工人的技能、熟练性和判断能力也有了很大的提升。尽管斯密的劳动分工原理是由企业层面的例子引出的，但是它同样适用于其他层面的情形，如国家间的分工。新古典贸易理论认为，国际分工产生的原因在于不同国家在生产技术或要素禀赋上具有不同的优势。如李嘉图（David Ricardo）指出，一国更多地生产某种产品是因为它在这方面具有比较优势，这种比较优势是国家间的技术差异造成的。赫克歇尔－俄林（Heckscher－Ohlin）模型强调生产要素禀赋的重要性，它认为一个国家的某种产业专业化是因为这种产业使用的要素在该国相对充足。国际竞争和专业化提高了生产效率，增进了消费机会，从而形成生产者和消费者剩余上的净收益。与生产专业化相伴随的是贸易，在自由贸易的条件下，国际分工能够提高各国的经济福利。

  分工机制同样存在于城市层面。实际上，与国际分工一样，城市间的分工也是劳动分工在空间上的表现形式，只不过地理尺度从全球范围缩小到了一国范围之内。也就是说，新古典贸易理论也可以解释城市分工的合理性：由于每个城市的资源禀赋、生产技术、人力资本水平各有差异，它们专业化于自己擅长的产业能够比维持多元化产业结构时的产出更多，这样，整个经济体的产出就会大幅增加，再通过城市间的自由贸易，所有城市的居民都能消费更多的产品。有许多实证研究认为专业化分工有利于城市的经济发展。Beer & Clower（2009）指出，自1980年代中期以来，澳大利亚政府的经济发展放权改革使地区中心城市的产业结构日益朝专业化的方向发展。在1996—2001年间，70个中心城市中有60个的产业结构变得更专业化了。从总体上看，中心城市专业化水平的上升显著地促进了当地的人口和劳动力增长。Kemeny & Storper（2015）以美国292个大都市区为观测样本，考察了它们在1998—2010年间都市区产业专业化水平与工资的关系。结果表明，城市产业的绝对专业化水平与工资呈显著正相关。在区分产业类别（2、3、5、6位码）的回归模型中，在3位码和5位码的产业层级上具有统计显著性，5位码情况下的绝对专业化变量作用最强。产业类别中包括各种服务业。在区分规模组别（100、150、200个最大规模的都市区和200个最小规模的都市区）的模型中，这一关系也很稳健。结合上述信息可以推断，都市区之间的产业分工是普遍存在的。我国的研究也有类似的结论。王猛等（2015）对长三角城市群（16个城市）的研究表明，在2003—2011年间，该城市群的中心城市与外围城市间的"服务—生产"功能分工不断增强，上海、南京、杭州等大城市承担了金融、研发、信息服务等生产性服务职能，而其他城市主要承担生产制造的职能。在控制了诸多变量之后，回归结果显示，城市的功能专业化水平对各个城市的人均产出具有显著的促进作用。

近年来，城市官员、规划专家、经济顾问和企业家日益把专业化作为一种发展原则，把城市经济的发展前景同该地区的产业特色挂上钩，他们常常用一些标志性的经济活动来描述城市和都市区，例如金融中心、高科技中心、物流中心、现代服务业或高端制造业中心之类。例如，在1994—2000年间，美国国民收入增长的主体部分主要由3141个县中的5个县驱动，它们都以信息产业和金融服务业的集聚为特征，包括加州的圣克拉拉、圣梅特奥、旧金山，华盛顿州的西雅图以及纽约曼哈顿（Kemeny & Storper, 2015）。

第二章 世界级城市群的产业分工

自粤港澳大湾区概念提出之日起,国内学者就把三个世界上高度发达的城市群作为大湾区对比的标杆,即纽约大都市区、东京大都市圈和旧金山湾区。其主要依据是这三个城市群都具有濒临海湾、人口及地理规模庞大和经济高度发达的特征。我们认为,在运输技术及交通网络发达的今天,海湾对于城市群发展的重要性会日益减弱。也就是说,一个城市群有没有海湾可能并不重要。一旦抛开海湾的特征,世界上还有很多城市群也是值得比较的对象,例如大伦敦都市区、巴黎都市区等。所以,当我们谈到粤港澳大湾区与世界其他城市群的比较时,应该淡化海湾的概念,而更多地探讨城市群内部是如何形成紧密联系的共同体,从而表现出高水平的生产力、创造力和国际竞争力的。本章将对三大世界级城市群的经济概况和产业分工情况做粗浅描述和分析。

第一节 纽约大都市区

一、地理区位及构成

尽管国内常常把粤港澳大湾区与纽约湾区相提并论,但在美国,并不存在"纽约湾区"的概念,国内有些研究者甚至误以为纽约湾区是波士华都市绵延带(BOSWASH)。如果要找一个与大湾区相当的概念,可能纽约大都市区(New York Metropolitan Area,NYMA)比较合适。然而,NYMA 也不是一个严格界定的地区,它有不同的指称。根据美国都市统计区的定义[①],它大致对应于"纽约-纽瓦克-泽西城都市区"(New York-Newark-Jersey City,NY-NJ-PA),该都市区包括纽约市 5 区[②],纽约州 7 县,新泽西州 12 县和宾州 1 县,纽瓦克和泽西城分别位于新泽西州的埃塞克斯和哈德逊两县(图 2-1)。有时候,

---

[①] 美国劳工统计局:https://www.bls.gov/oes/2017/may/msa_def.htm。
[②] 纽约市的五个区(borough)同时也是纽约州的五个县。

NYMA 包含了更多的县，而同时又剔除一些县。如有的研究者在界定 NYMA 时，不包含宾州的1县，却包括了康涅狄格州的3县，同时新泽西州和纽约州还各增加了2县。这种定义的模糊性会对统计数据以及横向比较产生影响。本书把 NYMA 定义为纽约-纽瓦克-泽西城都市区（表2-1）。

图2-1 纽约大都市区示意图

表2-1 纽约大都市区的统计定义

序号	纽约州县（纽约市区）	新泽西州县	宾州县
1	Bronx（Bronx）	Bergen	Pike
2	Kings（Brooklyn）	Essex	
3	New York（Manhattan）	Hudson	
4	Queens（Queens）	Hunterdon	
5	Richmond（Staten Island）	Middlesex	

续表 2 - 1

序号	纽约州县（纽约市区）	新泽西州县	宾州县
6	Dutchess	Monmouth	
7	Nassau	Morris	
8	Orange	Ocean	
9	Putnam	Passaic	
10	Rockland	Somerset	
11	Suffolk	Sussex	
12	Westchester	Union	

二、经济概况

（一）总体经济水平

NYMA 作为一个整体，无论在人口、地区生产总值，还是收入水平上都堪称美国之最，甚至世界之最。NYMA 是美国人口最多的城市化地区，2017 年该地区人口约 2032 万，土地面积 8293 平方英里，约合 2.15 万平方千米，大致相当于粤港澳大湾区面积的 38%，人口密度是 945 人/平方千米[①]。NYMA 是世界上最重要的经济区域之一，2017 年，NYMA 的地区生产总值为 1.72 万亿美元[②]，位居全美都市区之首。如果把 NYMA 看作是一个独立的经济体，那么与世界其他国家相比，它的地区生产总值在 2017 年可以排到世界第 10 位，超过了加拿大、韩国、澳大利亚等发达国家[③]。金融、国际贸易、媒体、房地产、教育、时尚娱乐、旅游、生物科技、制造业是该地区的主导产业。2017 年 NYMA 居民的人均收入是 7.1 万美元，排名全美第 9 位，排名第一的是位于康涅狄格州的 Bridgeport-Stamford-Norwalk 都市区[④]。表 2 - 2 列出了 2015 年纽约大都市区各县（区）的基本经济数据。

---

① 数据来源：https://censusreporter.org/profiles/31000US35620-new-york-newark-jersey-city-ny-nj-pa-metro-area/。
② 数据来源：BEA, Gross Domestic Product by Metropolitan Area, 2017。
③ US Metro Economies - 2018。
④ 数据来源：BEA, Gross Domestic Product by Metropolitan Area, 2017。

表2-2 纽约大都市区基本经济数据（2015）

序号	县	土地面积（km²）	人口（万人）	地区生产总值（亿美元）	人均收入（万美元）	人口密度（人/km²）	地均产值（亿美元/km²）
1	Bronx	109.04	144.07	311.77	3.28	13213	2.86
2	Kings	183.42	261.06	684.31	4.39	14233	3.73
3	New York	59.13	163.67	6900.41	15.58	27680	116.70
4	Queens	281.09	230.76	808.23	4.32	8209	2.88
5	Richmond	151.18	47.25	122.59	5.09	3126	0.81
6	Dutchess	2060.68	3.80	125.47	4.99	18	0.06
7	Nassau	737.42	135.53	907.62	7.90	1838	1.23
8	Orange	2102.28	37.62	145.60	4.70	179	0.07
9	Putnam	596.50	9.92	29.29	5.94	166	0.05
10	Rockland	449.49	32.31	209.10	5.52	719	0.47
11	Suffolk	2362.21	149.23	847.62	6.04	632	0.36
12	Westchester	1115.00	96.92	758.94	9.41	869	0.68
13	Bergen	603.50	92.70	689.11	7.68	1536	1.14
14	Essex	326.88	79.05	529.75	6.01	2418	1.62
15	Hudson	119.63	66.47	436.67	5.54	5557	3.65
16	Hunterdon	1108.05	12.54	66.49	8.08	113	0.06
17	Middlesex	800.08	82.59	607.57	5.42	1032	0.76
18	Monmouth	1214.17	62.43	327.66	7.02	514	0.27
19	Morris	1191.87	49.44	557.14	8.75	415	0.47
20	Ocean	1628.54	58.71	209.32	4.68	361	0.13
21	Passaic	478.09	50.46	201.66	4.66	1055	0.42
22	Somerset	781.69	32.97	393.16	8.75	422	0.50
23	Sussex	1344.24	14.30	39.21	5.55	106	0.03
24	Union	266.38	55.04	383.20	6.06	2066	1.44
25	Pike	1411.45	5.54	10.20	4.17	39	0.01
	NYC	783.86	846.82	8827.30	6.38	10803	11.26
	NYMA	21482.00	1974.38	16302.08	6.55	919	0.76

数据来源：美国人口普查局①，美国经济分析局②。

---

① https://factfinder.census.gov/faces/nav/jsf/pages/index.xhtml。
② www.bea.gov。

(二) 主要城市经济

1. 纽约市

从名称便可以看出，NYMA 最核心的城市就是纽约市 (NYC)。纽约市由五个区构成：布鲁克林、皇后、曼哈顿、布朗克斯、斯坦顿岛，1898 年这五个区合并为一个城市。纽约市位于纽约州的南端，拥有天然良港，交通区位优越，是外国移民进入美国的主要门户。纽约市土地面积约 784 平方千米，2017 年人口超过 862 万，这使得它成为美国人口最多、密度最高的城市。纽约市表现出极高的生产率。2015 年纽约市地区生产总值达到 8827.3 亿美元，占到纽约州地区生产总值近 60% 的份额，而在 NYMA 的地区生产总值中，超过一半是由纽约市创造的[①]。

历史上，纽约曾是美国的制造业中心和航运中心。随着信息时代的到来，纽约逐步转变成以金融业和服务业为主导的城市[②]。纽约充满活力的商业氛围吸引了许多优质的企业进驻，有 100 多家世界五百强企业坐落在纽约市。而位于曼哈顿下城金融区的华尔街则奠定了纽约世界金融中心的地位，这里有两家最著名的证券交易所——纽约证交所和纳斯达克证交所。对金融资源的掌控使纽约被誉为全球资本的首都。美国许多软件及计算机相关产业聚集在纽约，以此为基础，纽约雄心勃勃地模仿加州的"硅谷"打造"硅路"，以增强自身的经济发展能力。除了强大的经济实力，纽约在科研和教育、艺术和时尚、娱乐、体育、旅游、国际交往方面也表现出很强的全球影响力。纽约有 120 多所大学和学院，包括哥伦比亚大学、纽约大学、洛克菲勒大学，这些大学都是世界顶级名校。作为联合国总部的驻地，纽约是国际外交的重要中心城市。此外，数量众多的酒吧、餐厅、酒店、画廊、博物馆、剧院、体育场每年接待着数以百万计的世界游客。21 世纪，纽约是全球文化、金融和媒体之都，并被视为自由和文化多元的象征。

2. 纽瓦克

NYMA 的另外两个重要城市是纽瓦克和泽西城。自 1666 年清教徒从纽黑文殖民地到此定居算起，纽瓦克是美国最古老的城市之一。它是新泽西州人口最

[①] 2015 年纽约州的地区生产总值约 1.49 万亿美元，NYMA 的地区生产总值约 1.62 万亿美元。数据来源：BEA, Data Table for GDP by County, 2012–2015; Gross Domestic Product by Metropolitan Area, 2017。

[②] "New York City", Britannica Online Encyclopedia。

多的城市，也是埃塞克斯县的县治。2018年该市人口约有28.2万，在全美人口最多的城市中排名第73位，比2000年跃升了10位。纽瓦克坐落在帕斯卡河流入纽瓦克湾的河口，这使得它的码头区成为纽约和新泽西港的一部分。发达的机场、海港、铁路站点和高速路网使纽瓦克成为美国东海岸最繁忙的货运枢纽，如纽瓦克-伊丽莎白港是很多集装箱航运的目的地。此外，纽瓦克自由国际机场是美国第一个市级商务机场，现在也是全美最繁忙的空港之一。同时，该市也是个大学城，有将近5万名学生就读于该市的大学、法学院和医学院。许多重要的高等教育机构也位于该市，包括罗格斯大学纽瓦克分校、新泽西理工学院、西东大学法学院等。

尽管纽瓦克以前不是产业重镇，但它拥有可观的产业规模和轻工业。"二战"后很多工厂在本地建立起来，包括一个Anheuser-Busch公司建立于1951年的大啤酒厂，2007年生产了750万瓶啤酒。服务业的发展也很快，并逐步取代了以往作为纽瓦克支柱产业的制造业。纽瓦克是新泽西州最大的服务业中心，每天有超过10万人到纽瓦克上班，集中了包括保险、金融、进出口、健康医疗和政府等部门的许多白领。纽瓦克是美国第三大保险业中心，仅次于纽约市和哈特福德。Prudential金融、互惠生命保险（Mutual Benefit Life）、Fireman保险以及美国保险公司都发源于该市，至今Prudential的本部还在该市。一些领先的公司将总部设在纽瓦克，包括Prudential、PSEG、松下（北美）公司、Audible.com公司、IDT公司以及Manischewitz食品公司。新泽西片区联邦地区法院也位于该市。作为各级法院集中的城市，纽瓦克有超过1000家律所。此外，运输业也成为当地一个大的就业部门，2011年大约吸纳了1.7万人就业[①]。

3. 泽西城

泽西城是新泽西州的第二大城市，是哈德逊县的县治。2018年美国普查局推算该市的人口为26.6万。自2010年以来，它是新泽西州人口增长最快的城市，大概增长了9.4%，人口规模全美排名第78位。泽西城是纽约大都市区的一部分，在哈德逊河东侧，海肯塞克河和纽瓦克湾西侧。港口、海滨以及铁路站点和基础设施使它成为一个重要的交通枢纽，同时它还是纽约和新泽西港的一个制造业中心。泽西城与曼哈顿的公共交通紧密对接。重新开发的泽西城海滨区是全美最大的银行业和金融业中心之一，该区域被戏称为"华尔街西街"。

---

①https://www.britannica.com/place/Newark-New-Jersey.

该区域拥有超过 12 万平方米的 A 级写字楼，超过 10 万人在此就业。该市私营部门 1/3 的工作岗位来自金融服务业，其中，60% 以上是证券业，20% 是银行业，8% 是保险业。此外，航运、物流和零售业等也是当地重要产业。泽西城是风险评估公司 Verisk Analytics 和私人财富管理公司 Lord Abbett 的总部所在地。中央证券登记公司（Computershare）、NEX 集团、ADP 和 Fidelity 投资公司也在该市运营。由于服务业的繁荣，泽西城的税基在 2017 年提高了 1.36 亿美元，成为新泽西州税基最高的城市。①

（三）人力资本

2015 年，NYMA 一共有 1974 万人。2015—2016 年间，NYMA 人口减少了 0.14%，家庭收入中位数从 68743 美元提高至 71897 美元，大约上涨了 4.59%。NYMA 的人口年龄中值是 38.5 岁。大约有 21.5% 的人在 18 岁以下，63.2% 的人在 18～64 岁之间，15.3% 的人在 65 岁及以上②。2015—2016 年间，NYMA 的就业人数增长了 0.54%。住在 NYMA 的人大多数从事管理、商业、科学、艺术、销售和服务业。③

NYMA 是很多著名高等教育机构的所在地。该区有两所常青藤大学，即在纽约曼哈顿的哥伦比亚大学和新泽西州的普林斯顿大学。根据《美国新闻与世界报道》，截至 2018 年，这些大学均跻身美国国立大学前三之列。还有位于曼哈顿的纽约大学和洛克菲勒大学都在世界排名前 35 位。因此，NYMA 的人力资本较高。其中，86.5% 的人拥有高中及以上学历，这个比例大概与纽约州和整个美国的数据相同；39.6% 的人拥有本科或以上学历，这个比例大概比纽约州高 10%，比全美高 25%④。

据 2010 年美国社区调查显示，该地区 25 岁以上人口（1497.3 万）的学历结构为研究生或专业学位占 14.8%，学士学位占 21.1%，两年制大学肄业占 6.4%，接受大学教育但无学位的占 16%，高中或同等学力占 26.8%，高中以下占 14.8%。2010 年，CNN 财经频道将该地区列为美国最聪明的 10 个地区之一⑤。

---

① https://www.britannica.com/place/Jersey-City。
② https://censusreporter.org/profiles/31000US35620-new-york-newark-jersey-city-ny-nj-pa-metro-area/。
③ https://datausa.io/profile/geo/new-york-northern-new-jersey-long-island-ny-nj-pa-metro-area/#economy。
④ https://censusreporter.org/profiles/31000US35620-new-york-newark-jersey-city-ny-nj-pa-metro-area/。
⑤ https://www.britannica.com/place/New-York-state。

（四）交通基础设施

作为 NYMA 的一个交通中枢系统，纽约—新泽西港包括入海口的通航水道系统、纽约市附近 1050 千米的海岸线、新泽西州东北部的门户地区，以及该地区的机场、配套的铁路和公路网络。2010 年，有 4811 艘船只进入港口，装载超过 3220 万吨货物，价值超过 1750 亿美元。2011 年，该港口处理了价值 2080 亿美元的航运货物。此外，每年大约处理 320 万个标准箱和 70 万辆汽车。2014 年上半年，港口吞吐 158 万个集装箱，较 2012 年 6 个月的记录增长 3.5 万个；2014 年 10 月，港口吞吐量为 30 万个集装箱。

该地区拥有美国最繁忙的航空系统，国内外航班频繁在此起降。2011 年，超过 1.04 亿的乘客使用由纽约—新泽西港务局管理的三个主要机场：肯尼迪国际机场（JFK）、纽瓦克自由国际机场（EWR）和拉瓜迪亚机场（LGA）（图 2-2）。2016 年，这三个机场共接待旅客 1.31 亿人次。[①] 肯尼迪国际机场和纽瓦克自由国际机场分别通过各自的机场快线连接到区域铁路系统。

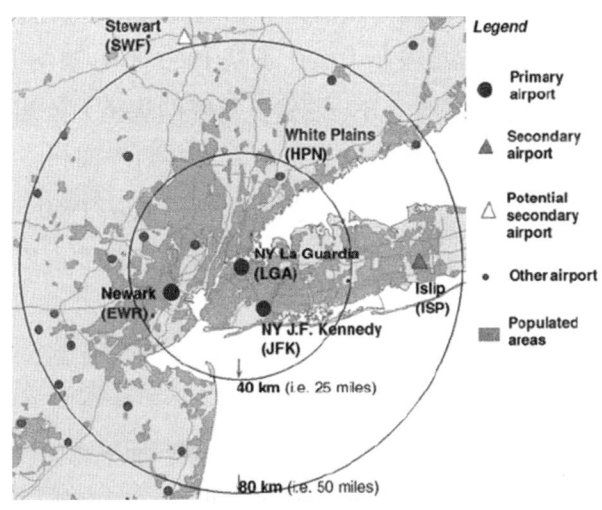

图 2-2 纽约大都市区机场分布

根据 2010 年对美国社区通勤者调查，54.3% 的人单独使用汽车或其他私家车，27% 的人使用公共交通，7% 的人拼车，5.5% 的人步行，6.2% 的人使用自行车及其他交通工具。平均来说，在 NYMA 工作的人的通勤时间为 35 分钟，长

---

①https://www.britannica.com/place/New-York-state.

于美国25.3分钟的平均通勤时间。另外,6.83%的劳动力有超长通勤时间(超过90分钟)。

在NYMA,大约1/3是公共交通用户,另外2/3为铁路乘客。纽约地铁是世界上规模最大的快速交通系统,有472个车站。2006年,它的年客运量达到15亿人次,这个规模使之成为全球第三大地铁系统。2013年,NYMA地铁的客运量超过17.1亿人次,但却下滑至全球第七。纽约地铁系统全天24小时开放,而香港、伦敦、首尔、东京和多伦多等大多数城市的地铁系统通常在夜间关闭。

三、产业结构及分工

(一)产业结构

NYMA内部的就业有分化的趋势,并且纽约市和新泽西州呈现出不同的就业增长趋势。自1960年以来,纽约市的总就业人数相对稳定在400万左右,但是在同一时期,新泽西州的就业人口总数翻了一倍。尽管在人口和就业增长方面存在这些差异,纽约市和新泽西州的产业结构都经历了从制造业向服务业的巨大转变。制造业在纽约市总就业中的比重从1960年的27%下降到2000年的7%,与此同时,服务业比重的上升与制造业下降的规模大致相当。这一转变有多种原因,最明显的是该地区较高的运营成本。在新泽西州,就业构成的变化甚至比纽约市和全美都更为极端,制造业就业占比从1960年的40%下降到2000年的12%左右,与纽约市一样,新泽西州服务业就业占比的上升大致抵消了制造业占比的下降。

与产业结构转变密切相关的是工人平均技能水平的提高。这种提高在纽约市表现得最为明显。2003年,纽约市工人的平均工资比全国平均水平高出60%以上,高于1980年的20%。工人工资的相对上涨,加上总体就业水平大致保持不变,意味着现有工作中工人的生产率有较大提高,同时他们正转向薪酬更高的职业。因此,尽管制造业就业占比大幅下降,但该市似乎能够调整其就业基础,即使在"911"恐怖袭击这种重大冲击之下,城市的收入优势也没有改变。

由于纽约商业成本相对较高,纽约大都市区作为某些类型活动的场所处于劣势。但是,对于其他活动来说,该地区相对较高的成本被相对较强的生产力所抵消,这一点可以从其较高的人力资本和相对工资水平得到反映。可以用两个例子说明该地区吸引企业进入的竞争优势:纽约市的金融服务业,以及纽约和新泽西两州的生物技术产业。

在这样的背景下，很容易理解图 2-3 及图 2-4 中所显示的特征。图 2-3 和图 2-4 是 NYMA 各县 21 个二位码产业的就业占比，我们把排在前五位的产业定义为支柱产业，非支柱产业不在图中显示，行业代码含义和具体数值参见表 2-3 至表 2-5。各县前五位行业的就业占比总和（亦即就业集中度）都超过了 50%，最高的超过了 70%。图中的横轴对应于各县的代码，纵轴是行业代码。气泡越大，表明就业占比越大。容易看出，NYMA 整体上已经进入了后工业化阶段，以制造业（代码 5）作为支柱产业的县只有 9 个，其中只有 Passaic 县的占比超过 10%。而以建筑业（代码 4）为支柱产业的县只有 7 个，并且占比均在 10% 以下。相反，服务业普遍成为各县的支柱产业，其中，零售业（代码 7）、医疗及社会服务业（代码 16）、食宿业（代码 18）在所有 25 个县都有较大的就业比重，这反映了 NYMA 私人消费驱动型经济的特征。其中，医疗及社会服务业的就业占比很突出，Bronx 县和 Kings 县甚至在 30% 以上。医疗及社会服务业的大市场为相关的科技研发活动提供了沃土。

表 2-3 美国行业代码表

行业代码	英　文	译　名
1	Agriculture, Forestry, Fishing and Hunting	农林牧渔业
2	Mining, Quarrying, and Oil and Gas Extraction	采掘业
3	Construction	建筑业
4	Manufacturing	制造业
5	Wholesale Trade	批发业
6	Retail Trade	零售业
7	Transportation and Warehousing	交通运输和仓储业
8	Utilities	基础设施建设业
9	Information	信息服务业
10	Finance and Insurance	金融保险业
11	Real Estate and Rental and Leasing	房地产及租赁业
12	Professional, Scientific, and Technical Services	专业及科技服务业
13	Management of Companies and Enterprises	企业管理服务业
14	Administrative and Support and Waste Management and Remediation Services	公共设施管理服务业
15	Educational Services	教育服务业

续表2-3

行业代码	英文	译名
16	Health Care and Social Assistance	医疗及社会服务业
17	Arts, Entertainment, and Recreation	娱乐业
18	Accommodation and Food Services	食宿业
19	Other Services (except Public Administration)	其他服务业
20	Public Administration	公共管理服务业
21	Unclassfied	无法分类行业

表2-4 纽约州各县前五位全行业就业占比(2017)

单位:%

行业代码	Br	Ki	NY	Qu	Ri	Du	Na	Or	Pu	Ro	Su	We
1												
2												
3												
4		4.74		9.07	9.42				9.57			7.14
5						7.98		6.47		6.42	8.29	
6												
7	10.82	11.29		10.93	15.72	14.32	14.03	18.10	11.24	13.62	12.37	12.69
8				12.82			6.02					
9			7.03									
10			12.35									
11												
12				15.01			6.79					6.71
13												
14							5.49			7.03		
15		17.38	11.89						13.50		8.79	
16	35.17	32.44	10.60	23.70	29.66	20.25	22.13	18.20	18.54	22.41	14.76	18.86
17												
18	6.07	7.32	10.11	8.79	8.35	10.11	8.75	8.26	7.87	8.26	8.08	7.95
19												
20	4.71					6.10	8.13					
21												

注:1. Br = Bronx, Ki = Kings, NY = New York, Qu = Queens, Ri = Richmond, Du = Dutchess, Na = Nassau, Or = Orange, Pu = Putnam, Ro = Rockland, Su = Suffolk, We = Westchester。2. 表中每列仅列出排名前五位的数字。3. 数据来源于美国劳工统计局网站。

表2-5　新泽西及宾州各县前五位全行业就业占比（2017）

单位：%

行业代码	Be	Es	Hu	Hun	Mi	Mo	Mor	Oc	Pa	So	Su	Un	Pi
1													
2													
3													
4						5.95		6.02					
5	7.62								11.35	8.30	5.77	8.82	
6	8.15												
7	12.65	8.33	12.00	14.80	11.24	15.82	10.60	18.15	15.38	10.84	15.28	13.44	16.36
8		10.29	12.32		9.83								
9													
10			16.30										
11													
12				8.59	10.09	7.64	13.56			11.69			
13													
14				11.08			8.85		6.79	8.47		7.50	
15		9.74	8.91						10.54		13.82	8.75	14.31
16	18.80	16.04	11.64	13.89	12.57	18.71	13.36	22.41	17.20	12.20	16.89	14.85	11.21
17													
18	7.57		7.91	8.04	11.17	7.58	10.29			9.51			21.44
19												8.87	
20		7.23					6.82						
21													

注：1. Be = Bergen，Es = Essex，Hu = Hudson，Hun = Hunterdon，Mi = Middlesex，Mo = Monmouth，Mor = Morris，Oc = Ocean，Pa = Passaic，So = Somerset，Su = Sussex，Un = Union，Pi = Pike。2. 表中每列仅列出排名前五位的数字。3. 数据来源于美国劳工统计局网站。

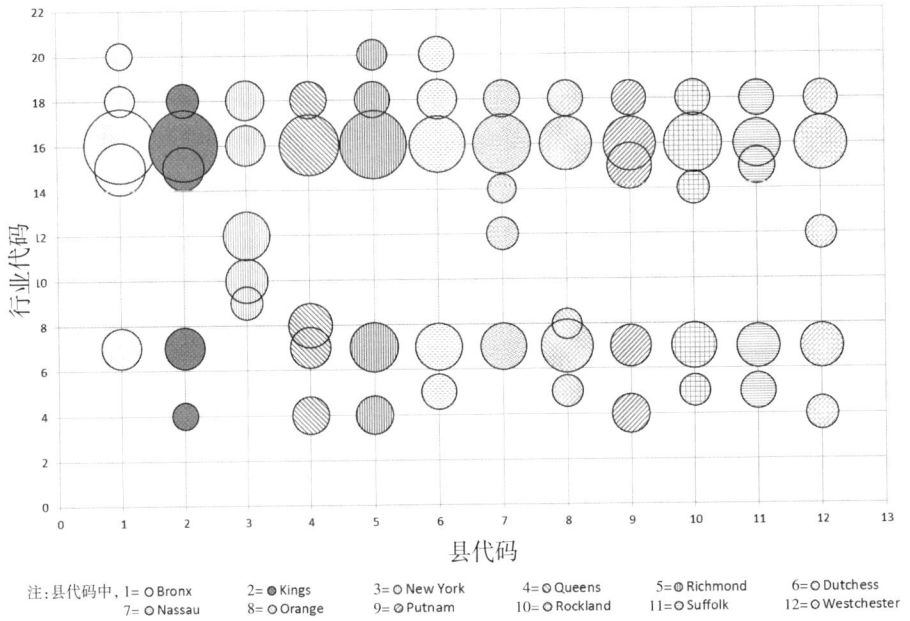

图 2-3 纽约州各县支柱产业（2017）

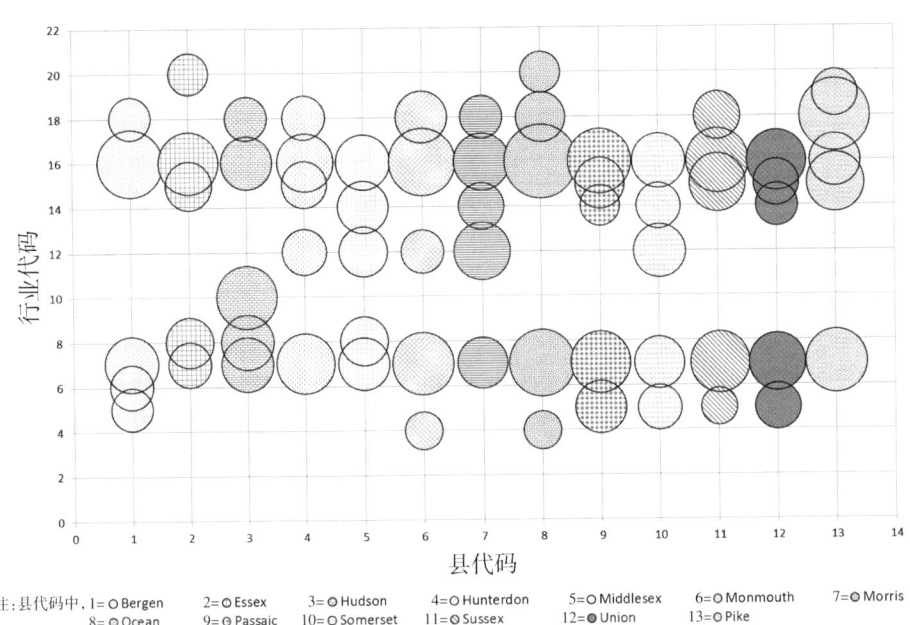

图 2-4 新泽西及宾州各县支柱产业（2017）

以专业及科技服务（代码12）、教育（代码15）为支柱产业的县也较多，分别有8个和10个，反映出NYMA较高的人力资本水平和知识经济特征。值得注意的是，近年来，由于科学研究力量的充实，以及公共财政和商业资本的支持，NYMA的生物技术产业成长较快。2011年12月19日，时任纽约市长的布隆伯格（Michael R. Bloomberg）宣布在曼哈顿罗斯福岛建造康奈尔理工学院，这是一所价值20亿美元的应用科学研究生院，目标是把纽约市打造成世界上最重要的科技之都。到2014年，生物技术投资公司Accelerator已经从包括礼来（Eli Lilly）、辉瑞和强生在内的投资者那里筹集了3000多万美元的初始资金，用于在亚历山大生命科学中心创建生物技术初创企业。该中心旨在促进科学家和企业家，以及附近的学术、医疗和研究机构之间的合作。纽约市经济发展公司的早期生命科学资助计划和风险投资伙伴承诺，至少提供1亿美元帮助启动15～20个生命科学和生物技术项目。Westchester县的生物技术产业也在蓬勃发展，截至2016年，私人投资超过10亿美元，为该县赢得了Biochester的绰号。[①]

一些县在特定的服务业上显现出独特优势，金融业（代码10）占比最大的属New York县（12.4%）和Hudson县（16.3%），众所周知，金融机构云集的华尔街就位于New York县（即曼哈顿区），而Hudson县则坐落着被称为"华尔街西街"的泽西城。纽约市最重要的经济部门在华尔街，它是美国金融业的总部。2013年8月，该市证券业共创造了16.3万个就业岗位，是该市金融业的最大组成部分，也是一个重要的经济引擎。2012年，证券业创造了该市私营部门就业的5%，税收收入的8.5%，工资总额的22%，行业年人均工资为36万美元。2013年曼哈顿大约有4810万平方米的办公空间，是美国最大的中心商业区。曼哈顿下城则是美国第三大CBD，也是纽约证券交易所和纳斯达克的总部所在地。许多华尔街的公司在泽西城增加或移入了辅助的金融或技术业务，这样一方面可以利用新泽西州相对低的商业地价和租金，另一方面又不远离曼哈顿的金融生态系统。[②]

New York县的信息服务业（代码9）独树一帜，占到7%的就业比重，这显然与金融业的发达有着紧密的关联。以纽约市为中心的"硅路"（Silicon Alley），已经发展成为覆盖NYMA的高科技产业中心，这些产业包括互联网、

[①] https://www.britannica.com/place/New-York-state。
[②] https://www.britannica.com/place/New-York-state。

新媒体、金融科技、电信、数字媒体、软件开发、生物技术、游戏设计,以及其他信息技术领域,这些领域的成长依赖于该地区创业生态系统和风险资本。2015年,NYMA 创造了超过 73 亿美元的风险投资,其中的大部分来自于 New York、Kings、Queens 三县。纽约作为北美领先的互联网中心和信息中心,拥有几条跨大西洋光纤干线,这些都促进了 NYMA 的高科技初创企业数量的增长。[①]

(二) 产业分工

1. 制造业和金融业

为考察 NYMA 内部的产业分工情况,我们使用区位商指标考察各县的产业专业化程度(同时也是产业集中度)。区位商的计算方法是某行业在某县的就业占比除以该行业在 NYMA 总体中的占比。数据时间为 2017 年,来自于美国劳动统计局网站。此处选取展示的行业区位商的具体数值可参见表 2-6。

表 2-6 纽约大都市区各县主要行业区位商 (2017)

	制造 5	零售 7	信息 9	金融 10	专业及科技服务 12	医疗及社会服务 16	食宿 18
Bronx						1.992	
Kings		1.034				1.837	
New York			2.188	1.976	1.753		1.189
Queens		1.001				1.342	1.033
Richmond		1.440				1.680	
Dutchess	1.928	1.312				1.146	1.189
Nassau		1.285				1.253	1.028
Orange	1.562	1.659				1.031	
Putnam	1.422	1.030				1.050	
Rockland	1.549	1.248				1.269	
Suffolk	2.002	1.134					
Westchester		1.163				1.068	
Bergen	1.840	1.158				1.065	

---

① https://www.britannica.com/place/New-York-state。

续表 2-6

	制造 5	零售 7	信息 9	金融 10	专业及科技服务 12	医疗及社会服务 16	食宿 18
Essex	1.244						
Hudson		1.099	1.107	2.609			
Hunterdon	1.339	1.356		1.057	1.003		
Middlesex	1.906	1.029			1.178		
Monmouth		1.449				1.059	1.314
Morris	1.627				1.583		
Ocean		1.663				1.269	1.210
Passaic	2.740	1.409					
Somerset	2.004		1.105		1.365		
Sussex	1.394	1.399					1.118
Union	2.130	1.231					
Pike		1.499					2.520

注：只显示区位商大于1的数值。

作为过去的支柱产业和现在的支柱产业，制造业与金融业在NYMA内的分布是一个有趣的对比。我们对两个行业的区位商数值按降序排列，然后分为五组（<1.0；1.0~1.5；1.5~2.0；2.0~2.5；>2.5）（有些组别的数值不会出现，因此有的图中不显示相应的图例），分别用由深至浅的灰度标识。图2-5显示，在NYMA的核心地区——纽约市，制造业的集中度是最低的，制造业已经转移到纽约州的外围地区，如Dutchess县和Suffolk县，或者分布在新泽西州的Passaic、Somerset和Union等县，其中，Passaic县的集中度最高（最深色）。相反，图2-6显示，金融业只集中在New York、Hudson及Hunterdon三县，金融业集聚特点明显，这与制造业的相对分散形成鲜明对比。NYMA依赖于金融业的经济结构极其不稳定并具有周期性，随着华尔街利润的波动，大都市区的收入也随之波动。尤其是纽约市，这种特征更加明显。1993年，纽约市FIRE部门的就业比重是14.5%，但却创造城市工资总额的27%。1980年代，证券业占了私营部门新增就业岗位的1/3。1987年股市崩盘时，证券业的失业潮导致了经济衰退。纽约是全球最大的法律市场，近年来一直在蓬勃发展，律师事务所与三大投行——摩根士丹利、高盛和美林关系密切。纽约市的税收也依赖于华尔街,这是一个丰厚、专业和不可预测的收入来源。

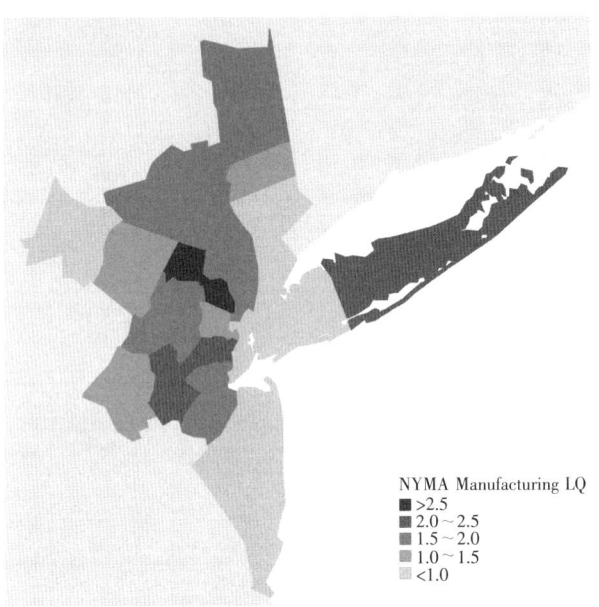

图2-5　NYMA各县制造业集中度(2017)

地图来源：https://mapchart.net/usa-counties.html。图2-6至图2-11同。

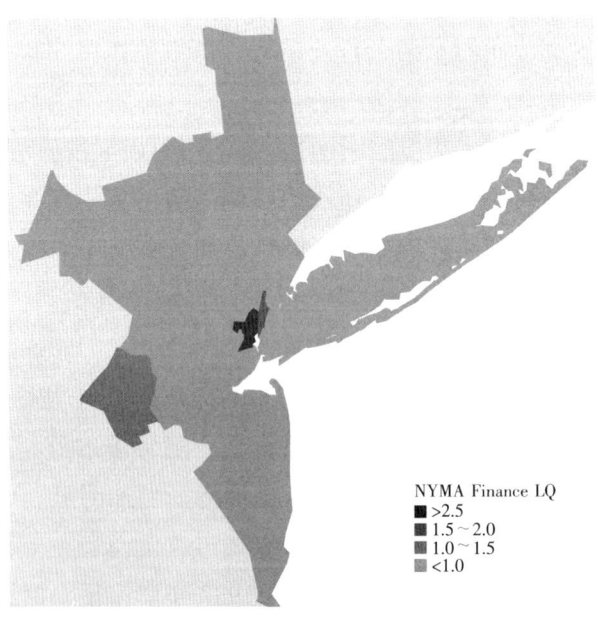

图2-6　NYMA各县金融业集中度(2017)

2. 信息服务业和专业及科技服务业

金融业是 NYMA 的经济引擎，它带动了其他产业的发展。金融业需要专业服务处理相关业务，专业服务与金融服务业是紧密相连的。华尔街公司股票价值的涨跌会立即转化为兼并、收购和恶意收购。企业家从股票市场的 IPO 开始就需要金融服务。所有这些都需要律师、会计、保险、公关和商业地产的专业服务。此外，信息服务业的进步可能会在较长时间内影响金融业就业的数量和类型。一方面，新技术可以扩大活动范围，从而成为金融业就业增长的潜在来源，特别是在开发相对复杂的金融产品方面。另一方面，电子交易的日益发达会增加现有交易所的交易量，并减少就业。图 2-7 显示，信息服务业在 New York 县及其紧邻的 Hudson 县高度集中，在新泽西的 Somerset 县也有较高的集中度。而专业及科技服务业在 New York 县的集中度也是最高的，其次是新泽西州 Morris、Somerset、Middlesex 和 Hunterdon 四县。

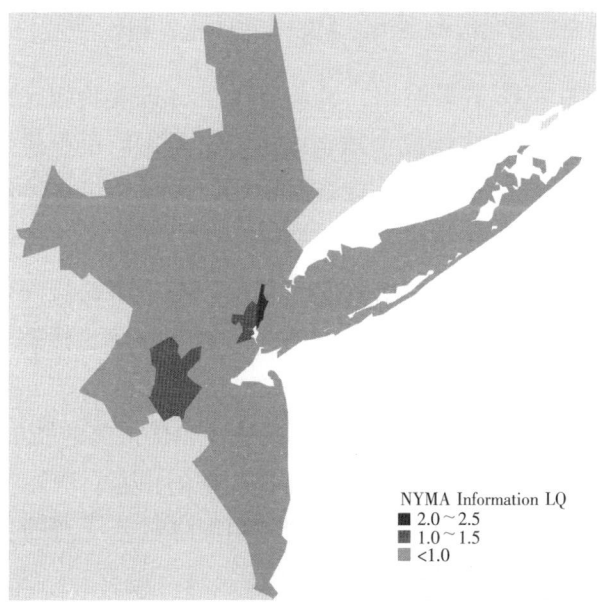

图 2-7　NYMA 各县信息服务业集中度（2017）

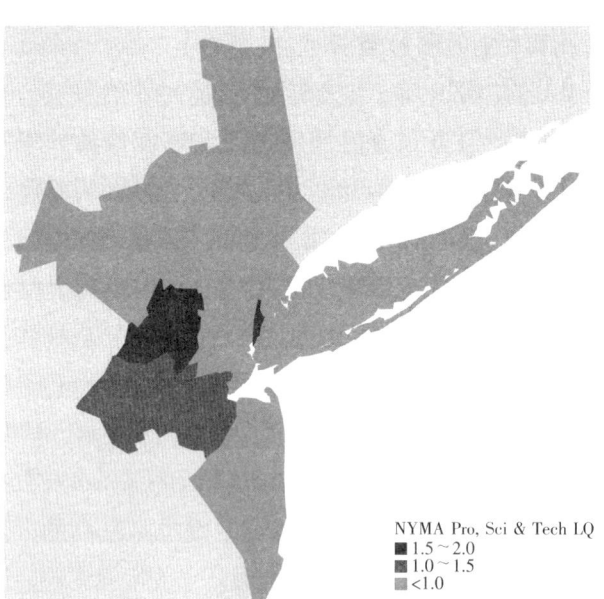

图 2-8　NYMA 各县专业及科技服务业集中度（2017）

从图 2-6 至图 2-8 容易看出，New York 县（即曼哈顿区）是这些行业活动的中心。纽约市通常被描绘成全球金融中心，但人们很少注意到它在信息生产方面的强大力量。纽约市既是全球金融中心，也是"世界经济的信息之都"，它在与商业有关的信息生产方面处于领先地位。广义上的"商业信息"包括广播、电视、书报杂志以及互联网等媒介传播的内容。纽约最开始是欧洲商人和移民进入美国的门户，作为国际门户的纽约逐渐获得信息传播的优势，这种优势后来为它成为商业信息中心铺平了道路。由于信息的收集和处理需要位于金融、商业和文化活跃的地区，因此纽约市集中了全美最多的图书和杂志出版社，同时它也是美国的电台、电视以及有线电视广播的中心。1998 年，纽约、旧金山和洛杉矶大都市区拥有超过四分之一的美国网络域名（纽约占 9.9%）。1999 年初，位于这三个大都市区的域名占全球域名总数的 7.7%。纽约市的信息活动主要集中在曼哈顿，这里可能是世界上信息生产最密集的地区。

纽约市作为专业及科技服务业的集聚地，得益于政府实施的产业转型策略。生物技术行业是转型的重点。生物技术是一个相对年轻的行业，它利用生物过程或技术开发农业、工业和医药产品。1973 年，斯坦福大学和加州大学旧金山分校的研究人员申请了几项生物技术专利，这些专利被授权给初创公司，以鼓励学术研究的商业应用。2001 年，美国大约有 1500 家生物技术公司。生物技术产业的三分之二集中在 8 个州，新泽西州排名全美第五，纽约州排名第七。

虽然 NYMA 不在生物技术产业的前五大之列，但它在该产业中所占的份额逐步增长。2001 年，NYMA 的生物技术公司在美国的排名从 1997 年的第 8 位上升到第 6 位。NYMA 有许多吸引生物技术公司的特点。具体来说，该地区的医疗及社会服务业发达，医药产业可以吸引生物技术集群和大型医院，同时，医疗中心可以为医学研究和临床试验提供所需的条件。最后，强大的金融部门的存在有利于初创公司的建立。然而，NYMA 也面临着来自其他大都市区的激烈竞争，如波士顿、圣地亚哥和旧金山，以这些城市为中心的大都市区集中了研究型大学和专业、熟练的劳动力。虽然在 NYMA 的金融业中，高学历员工占比在美国前十大都市区中排名第一，但在生物技术产业的高学历员工占比仅排名第五。

3. 三大支柱产业

对图 2-3 和图 2-4 的分析显示，所有的县都以零售业、医疗及社会服务业、食宿业为支柱产业，尽管如此，这些行业的地区分布并不均匀。图 2-9 至图 2-11 显示了三大行业在地区间的分布情况。零售业最为集中的地区分别位于纽约州的 Orange 县和新泽西州的 Ocean 县，它们都处于 NYMA 的外围地区（图 2-9）。与此同时，大部分县在零售业上的专业度普遍较高。就医疗及社会服务业而言，从业人员高度集中在纽约市，尤其是 Bronx、Kings、Richmond 三县，同时在 NYMA 的北部和南部也比较集中（图 2-10）。正如前文所说，医疗市场的集中为纽约市培育和发展生物技术产业提供了土壤，推动了纽约市的产业结构多样化，避免了地区经济随着金融业的波动而大起大落。食宿业集聚的地区相互间较为分散，分别位于 NYMA 的西部（Sussex、Pike）、南部（Monmouth、Ocean）、北部（Dutchess）和中部（New York、Queens、Nassau）。纽约市活跃的商务和消费活动带动了餐饮业和酒店住宿业的繁荣。食宿业在 NYMA 外围地区的集中与各地的旅游观光业相联系。宾州 Pike 县的食宿业集中度最高，这是因为 Pike 县丰富的旅游资源带动了食宿业的发展。当地水资源形态多样，有 Lackawaxen 河、Shohola 湖、Pecks 池、Bushkill 溪等，同时还有许多自然景观公园，包括 Delaware 州立森林公园、Delaware 州立河谷国家休闲区、Delaware 州立国家风景区以及 Promised Land 州立公园[①]。

[①] https://www.britannica.com/place/Pike-county-Pennsylvania。

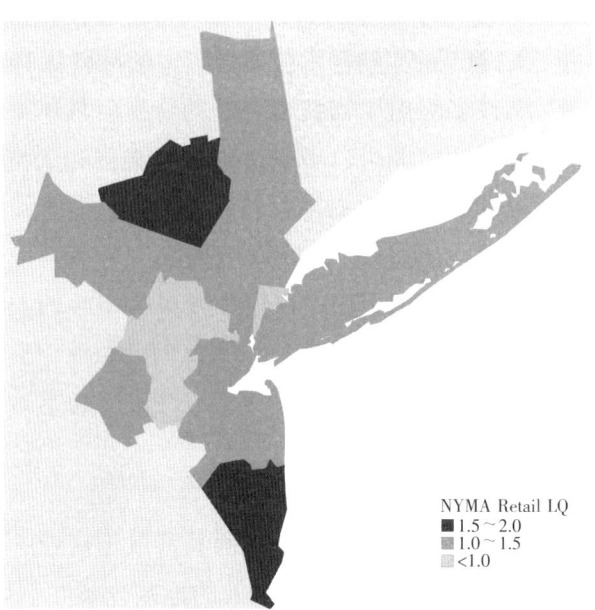

图 2-9 NYMA 各县零售业集中度（2017）

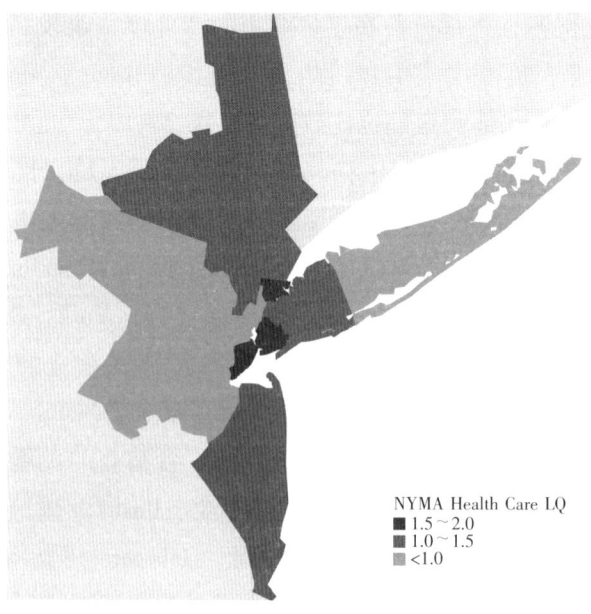

图 2-10 NYMA 各县医疗及社会服务业集中度（2017）

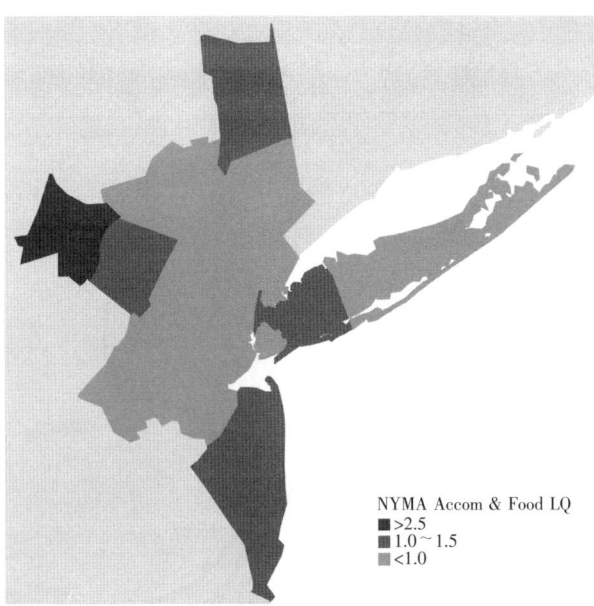

图 2-11 NYMA 各县食宿业集中度（2017）

从上述分析可以看出，作为 NYMA 的核心，纽约市在诸多第三产业的发展上都占据了重要位置，尤其是在金融业、保险业、信息服务业、科技服务业，以及会计、律师、广告、营销、咨询等专业服务业上，反映出其知识密集型经济的特质。这些行业之间具有高度的相关性，一方面，金融市场中的交易需要信息服务业、专业及科技服务业的支撑，另一方面，金融业能够为其他行业的发展提供融资渠道，特别是那些具有高成长性和高技术含量的行业。正因为这种相互需要的关系，这些行业都倾向于在纽约市集中，从而在地理上呈现出这样的图景，即在大部分第三产业上，纽约市都有较高的集中度。此外，我们还发现，一些地区显现出高度专业化的特征，如 Passaic 县的制造业，Hudson 县的金融业，Morris 县的专业及科技服务业，Orange 县和 Ocean 县的零售业，Pike 县的食宿业等。这些都表明，NYMA 内部的各地区之间有比较好的分工协作关系。

第二节 东京大都市圈

一、地理区位及经济概况

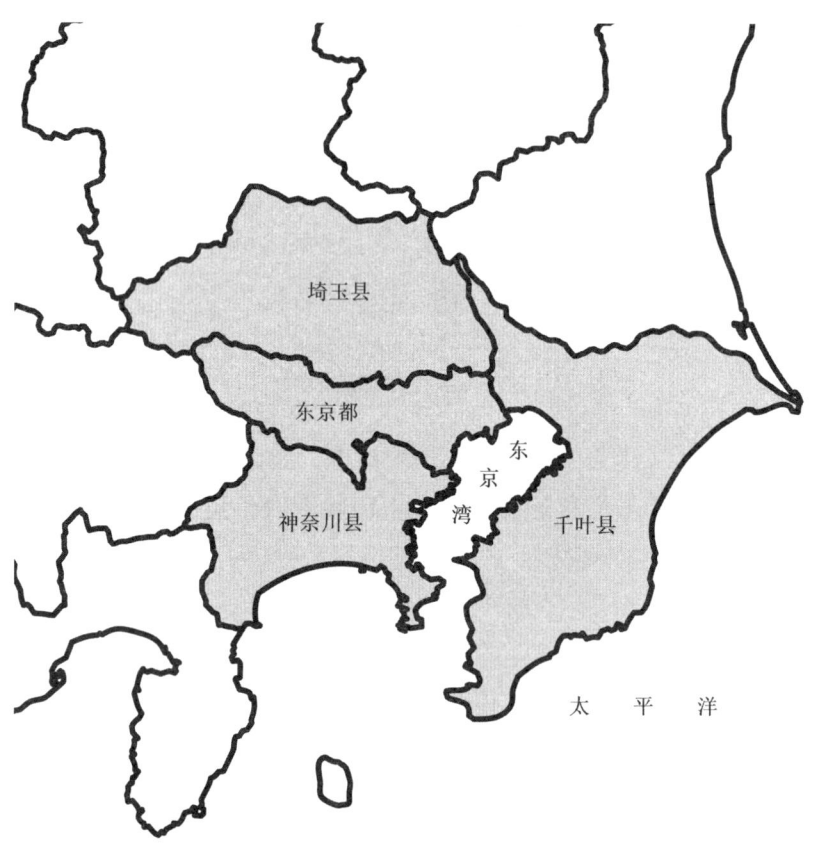

图 2-12 东京大都市圈区位图

（一）地理范围的界定

东京是日本的政治、经济、文化、对外交往中心，按照不同的地理层级，它有着多重含义，如东京市（Tokyo City）、东京都（Tokyo Metropolis）、东京大都市圈（Tokyo Metropolitan Area，以下简称 TMA）、首都圈（The National Capital Area）等（Nomura，1982）。图 2-12 清晰展示了这些概念之间的联系。东京市由 23 个特别区组成，但在 1943 年它作为一个行政单位被取消，取而代之的是东京都①，它涵盖了 23 个特别区及其西面的 26 个市。东京大都市圈由一都三县构成，即东京都、神奈川县（Kanagawa）、埼玉县（Saitama）和千叶县（Chiba），它们都被涵盖在以东京车站为中心，半径 50 千米的圈内。有的研究者将茨城县南部地区也纳入 TMA 的范围（Shimizu，2018；Zheng，1991）。再大一点的范围是所谓的首都圈，即在 TMA 的基础上纳入北面的群马（Gunma）、枥木（Tochigi）、茨城（Ibaraki）三县。尽管这些地理概念都濒临东京湾，但日本并没有所谓的"东京湾区"概念，要选择一个与粤港澳大湾区有可比性的对象并无标准，因此，综合考虑地理规模、数据可获得性及区域间联系紧密度等条件，本节描述的是 TMA 的情况。

TMA 位于日本本州岛东部的关东平原，环抱东京湾，濒临太平洋。TMA 土地面积约为 1.36 万平方千米，经济情况见表 2-7。TMA 是日本人口规模最大、密度最高的地区。2015 年一都三县的总人口约 3613 万人。日本超过 800 万人的县级区域只有东京都、神奈川县和大阪府②。日本国势调查将每平方千米 4000 人以上的连片人口密集地区定义为 DID 地区，2016 年，TMA 的 DID 地区比例为 89%，主要集中在东京 23 区、神奈川县东半部、埼玉县东南部和千叶县西北部，其中，东京都内的 DID 地区比例高达 98.2%，远高于日本全国的 67.3%（胡俊凯，2019）。

TMA 是日本的经济中心，它以占全国 3.6% 的土地，28.4% 的人口，创造了日本 33% 的 GDP，2015 年 TMA 的名义地区生产总值超过 1.49 万亿美元，体现了高度发达的生产力水平。自"二战"以来，东京取代大阪成为日本的主要工业中心，因此，在东京及其周边地区形成了高度多样化的制造业基地。金属、化学品、机械、运输设备和炼油等重工业集中在千叶市、川崎市和横滨市，东京都则偏向于聚集轻工业，例如，日本的大部分印刷业和电子设备制造业都集中在东京。商业和金融机构在东京的集中更明显，许多大公司和金融机构都在东京设立总部，位于千代田区的丸之内是这些大公司的大本营。1980 年代，随着金融的去管制化和全球化，东京变成了一个国际金融中心，日本银行和东京证券交易所是日本最重要的两个金融机构。③

---

①Tokyo-Yokohama Metropolitan Area—Britannica Online Encyclopedia：https://www.britannica.com/print/article/598501。
②神奈川县统计指标：https://www.pref.kanagawa.jp/docs/x6z/tc20/ran_kana/jikeiretsu/main.html。
③Tokyo-Yokohama Metropolitan Area—Britannica Online Encyclopedia。

表 2-7 TMA 经济情况（2015）

	土地 （km²）	人口 （万人）	人口密度 （人/km²）	地区生产总值 （亿美元）	人均收入 （美元）
东京都	2190.93	1351.53	6169	8623.07	44446.28
神奈川县	2415.83	912.62	3778	2803.21	24677.69
埼玉县	3797.75	726.65	1913	1845.64	24603.31
千叶县	5157.65	622.27	1207	1670.96	24132.23
TMA	13562.16	3613.07	2664	14942.88	31963.55
日本	377970.75	12709.47	341	45169.46	26363.64

数据来源：《社会生活统计指标2019》，日本总务省统计局：https://www.stat.go.jp。

（二）各县经济概况

1. 神奈川县

神奈川县位于东京都南面，截至 2015 年 10 月 1 日，该县人口约为 912.62 万，位列全国第二。神奈川县人口密度为 3778 人/km²，这大约是全国平均水平的 11 倍。日本有 3 个县的人口密度超过 3000 人/km²，神奈川县位列第三。

1920 年神奈川地区的面积为 2351.63 平方千米，由于沿海地区的垃圾填埋，近 100 年来增加了约 64.2 平方千米。2015 年神奈川地区面积为 2415.83 平方千米，占日本国土总面积的 0.64%，与卢森堡大公国的总面积大致相同。

2014 年，神奈川县的从业人数为 376.6 万人，在日本排名第四。第一名是东京（965.7 万人），第二名是大阪（472.9 万人），第三名是爱知县（398.4 万人）。前四名县市的从业人数的总和约占全国的 35%。在神奈川县的产业结构中，批发零售业的员工人数占 18.6%，其次是保健卫生和社会事业，占 13.7%，制造业占 12.9%，这三大行业的从业人数占比之和超过 40%。2016 年神奈川县的地区生产总值占国内生产总值的 6.42%，以美元计算为 3194 亿美元，位于香港地区和以色列之间。[①]

2. 埼玉县

埼玉县位于东京都北面，2015 年的总面积为 3797.75 平方千米，约占全国土地面积的 1%。人口密度为 1913 人/km²，位列全国第四。根据《埼玉县社会

[①] 神奈川县统计指标：https://www.pref.kanagawa.jp/docs/x6z/tc20/ran_kana/jikeiretsu/main.html。

生活统计指标》，2016 年县内可居住面积占总面积的 68.1%，约为全国平均水平的两倍，是日本第三大高密度聚居区。根据日本全国人口普查数据，截至 2015 年 10 月 1 日，埼玉县白天的人口达到 645.6 万人，常住人口（夜间人口）为 726.7 万人。昼夜人口比率为 0.89，该比例全国最低。年龄在 15 岁以上的埼玉县永久居民有 385.9 万人，其中 106.7 万人在县外工作或上学，是全国第二大人口跨地区通勤的县。到东京都的通勤者人数最多，达到 93 万人。其次是去千叶县的 42.9 万人和群马县的 29.1 万人。[①]

2016 年，埼玉县的名义地区生产总值为 2.27 万亿日元，实际值为 2.21 万亿日元，连续四年实现正增长，名义同比增长 0.6%，连续两年实现正增长 0.6%。2016 年度人均县民收入为 295.8 万日元，比上年增加 0.3%，连续四年增长。以美元计的名义地区生产总值为 2094 亿美元。与 OECD 国家相比，它位于芬兰（第 24 位）和葡萄牙（第 25 位）之间。县内收入为 2.16 万亿日元，比上年增长 0.6%，已经实现连续四年增长。分行业来看，第一产业 GDP 为 1148 亿日元，占全县地区生产总值的 7%。第二产业 GDP 为 6.1 万亿日元，占 27%，其中建筑业有所下滑。第三产业的 GDP 是 16.3 万亿日元，占 71.9%，其中专业、科技和商业服务业，卫生及社会事业增长较快。[②]

3. 千叶县

千叶县位于 TMA 东侧，是一个向太平洋突出的半岛，河流密布，拥有丰富的水资源和绿地。它的西北与东京都和埼玉县接壤，北面为茨城县。2015 年县土地面积为 5158 平方千米，大于东京都和神奈川县面积之和。当地地形多样，包括 200～300 米高的房总丘陵、相对平坦的下总高原，以及利根川河流域和九十九里海滨开阔的平原。该县海岸线长达 533.5 千米，呈现出变化丰富的自然景观。2002 年，县人口突破 600 万，根据 2015 年 10 月 1 日的全国人口普查，人口已达 622.3 万人，目前是日本第六大县。[③]

2016 年，千叶县的名义地区生产总值为 20.39 万亿日元，除去价格波动影响后实际地区生产总值为 19.54 万亿日元。名义同比增长 0.3%，实际增长 0.3%。名义上，千叶县已连续四年增长。县民收入总额为 18.83 万亿日元，比

---

① 埼玉县统计：https://www.pref.saitama.lg.jp/a0206/a360/kennosugata2021.html。
② 埼玉县统计：https://www.pref.saitama.lg.jp/a0206/a360/kennosugata2021.html。
③ 千叶县概况：https://www.pref.chiba.lg.jp/kouhou/profile/sugata.html。

上年增加 0.5%。人均县民收入为 302 万日元,比上年增长 0.3%。

从 2016 年的各类经济活动来看,在该县的总产量构成中,制造业占比最大,为 18.2%,其次是房地产业(15.1%)。千叶县在电力、燃气、水和废物处理业,以及运输邮政业上表现出较高的专业化水平。而批发零售、信息通信服务等行业的集中程度低于全国水平。千叶县是制造业大县,在 2016 年各类制造业的产值构成比例中,排前四位的依次是化学品(20.9%)、食品饮料(19.3%)、石油煤炭制品(12.8%)和初级金属(12.6%)。千叶县的制造业以原材料的初次加工为主,与国内其他地区相比,石油煤炭制品、化学品制造的集中度较高,而运输机械、电气机械,以及信息通信设备制造的集中度相对较低。①

二、核心城市的经济

在 TMA 中,五大核心城市——东京都、横滨市、川崎市、埼玉市和千叶市支撑起了该地区的发展格局,它们通过以点带面的方式将核心城市的经济能量辐射到其他城市。这些城市之间并不是平起平坐的关系,而是具有明显的等级性,东京都属于第一等级,横滨市和川崎市属于第二等级,而埼玉市和千叶市属于第三等级。这是国家战略安排、城市行政等级、距离远近、产业特质、资源禀赋,乃至城市历史等多重因素共同作用的结果。表 2-8 对五大核心城市的经济情况做了简要的概括。

表 2-8 五大核心城市经济情况(2015)

	土地 (km²)	人口 (万人)	人口密度 (人/km²)	地区生产总值 (亿美元)	人均收入 (美元)
东京都*	627.57	927.27	14776	8623.07	44462.81
横滨市	437.56	372.48	8513	1119.25	25314.05
川崎市	144.35	147.52	10220	506.98	25322.31
埼玉市	217.43	126.40	5813	349.10	25884.30
千叶市	271.77	97.19	3576	300.93	24190.08

数据来源:《大都市比較統計年表(平成 29 年)》。

*东京都数据中,土地和人口数据只涵盖东京 23 区。

---

① 2016 年千叶县县民经济计算概要:https://www.pref.chiba.lg.jp/toukei/toukeidata/kenminkeizai/index.html。

（一）东京都

1. 经济能量

2015年东京都人口约为1352万，白天活动的人口有1592万。这些在大城市生活和工作的人，以及大约62万个私营企业单位构成了东京旺盛的经济。2015财年东京的地区生产总值达到95.4万亿日元，约占全国GDP的19%，是全国经济最好的城市。2016年东京的名义地区生产总值为9640亿美元，超过了土耳其的8637亿美元，与荷兰的GDP相近。

东京还是一个国际性的商务运营基地，有超过七成的外资企业将总部设在东京。为了支撑起国际商务运营基地的功能，东京集聚了大量中小企业。中小企业涉及各个细分领域，涵盖制造、营销以及其他专业化的服务活动，对提高区域经济活力发挥着重要作用。

自1984年达到峰值以来，2011年东京的工厂数量减少了60%以上，已降至约3.5万所。八成以上的工厂位于东京23区，特别是集中在城东和城南地区。另一方面，多摩地区[①]有许多规模较大的工厂，它们的出货值占到全部工厂的50%以上。由于数字化和网络化技术的应用，以及技能人才的短缺，业务环境正在发生变化，因此工厂的出货值持续下降。

东京是日本最大的商贸基地，批发业的企业数、员工数和产品销售额在全国范围内遥遥领先。但近年来，由于激烈的价格竞争和销售链条的缩短，企业面临着较为严峻的经营环境。在消费市场较大的零售业，特别是在小型零售领域，企业数量不断减少。企业需要应对快速变化的经营环境，例如客户老化、利润压缩和电子商务兴起。

随着经济朝着服务化和信息化的方向发展，在东京的地区生产总值中，服务业GDP约占20%，信息服务业GDP约占10%，它们是东京经济活力的源泉。[②]

2. 交通设施

2012年，东京23个区的公共交通用户平均每天约2880万。从交通运输系统来看，JR用户占36%，私营铁路占28%，地铁占30%，公交车占3%。特别是近年来，地铁在公共交通中发挥了重要作用。截至2016年底，政府经营的交

[①] 东京都除23区以外的地区称为多摩地区。
[②] 2016年东京都民经济计算年报：https://www.toukei.metro.tokyo.lg.jp/index.htm。

通业务包括五个:都营地铁、都营巴士、路面电车、新交通和单轨电车,平均每天约有340万人使用。2012年度东京都政府经营的交通系统占东京都所有交通运营机构的10.5%。在近期严峻社会经济形势下,政府经营的交通系统在努力提高管理效率的同时,也持续地努力为东京居民提供安全、舒适、方便的日常出行服务。

3. 东京港

东京港是日本海运的基地,同时也是一个国际港口,拥有全日本最多的外贸集装箱业务,其已经成为维持东京大都市区4000万人生产和生活的重要生命线。近年来,由于日本产业结构的转变,东京港在更大程度上承担进口的功能。因此,将从船上卸下的货物顺利、稳妥地运送给托运人和消费者是一项越来越重要的任务。临海地区已发展成为一个集工作、居住、学习和休闲为一体的功能区,现在每年有5500万人到港参观访问。未来,该地区计划利用靠近市中心和羽田机场的区位优势,构建陆、海、空交通枢纽,以及利用海滨和运河等战略性空间资源,努力发展成为世界顶级的大型国际会展和旅游基地,增强区域魅力,这不仅可以带动东京的经济发展,还可以带动东京大都市区和日本的发展。①

(二)横滨市

1. 日本第二大城市

横滨市位于神奈川县的东部边缘,东面是东京湾,北面是川崎市,西面是町田市、大和市、藤泽市,南面是镰仓市、逗子市、横须贺市。从横滨市中心到东京市中心大约30千米。它以日本首屈一指的国际贸易港口横滨港为基础,在TMA中扮演着核心城市的角色。总面积约435平方千米,大约是东京23区面积的70%。

横滨是一个人口超过370万的大城市,是日本仅次于东京的第二大城市。2014年度数据②显示,横滨"市内总产值"约为12.3万亿日元,排在东京、大阪和名古屋之后。横滨的"市民总所得"约为15.5万亿日元,全国排名第二。代表市民生产附加价值的"市民总所得"大于代表本地经济活动的"市内总产

---

① 东京都概要: https://www.metro.tokyo.lg.jp/tosei/tokyoto/profile/index.html。
② 2014年度横滨市市民经济计算: https://www.city.yokohama.lg.jp/city-info/yokohamashi/tokei-chosa/portal/sna.html。

值"，表明还有很多收入来自于市外。此外，根据2016年经济普查①数据，横滨的企业单位数仅次于东京、大阪和名古屋，位居全国第四，而就业人数位列全国第三，仅在东京和大阪之后。

2. 产业结构

横滨市的产业是以集中在京滨工业带的制造业为基础发展起来的，但随着产业结构服务化的深入，近年来第三产业的比重已超过80%。另一方面，以制造业和建筑业为主的第二产业占比一直在16%~17%的范围内。从制造业的产品出货值来看，石油生产的占比最高，超过30%；其次是食品（12.6%）和运输机械（8.9%）。此外，制造企业的单位数和从业人员数量持续下降。横滨市的批发零售业的店铺和员工数量正在减少，但对于零售业务，员工人数在政令指定都市中排名第一，企业数量和年销售额仅次于大阪市，全国排名第二。横滨的批发业的企业和员工数量位于大阪、名古屋和福冈之后，排名第四。在横滨的服务业里，"住宿和餐饮服务"和"医疗保健和福利"的企业和员工数量占有很高的比例。此外，与全国平均水平相比，"学术研究、专业及科技服务业""教育、学习支持"和"医疗、福利"等行业的占比很高。

3. 横滨港

自1859年开埠以来，横滨港已有150多年的历史。横滨港在横滨市的发展中发挥了重要作用，并且作为贸易大国的物流和生产中心，它支撑着日本经济的发展。此外，繁华的横滨"港区"受到市民的喜爱，并且被许多市民视为横滨的象征。

横滨港是日本领先的国际贸易港口，拥有日本第一的远洋轮船数量。2017年进入横滨港的船舶数量为35941艘，其中有9864艘远洋船舶，这个数量在日本排名第一。远洋船舶中，集装箱船只数量为4731艘（比上年增长2%），占远洋船舶的48%。横滨港的货物运输以集装箱货运为主。2017年横滨港的海运货物总量超过1.13亿吨，其中，对外贸易货物量为7410万吨，国内贸易货物量为3940万吨，同比增长4%。贸易额超过11.3万亿日元，占全国7.4%的份额，在国内港口中名列第三。货物出口量为3158万吨。按出口货物类型来看，"整装汽车"（占38.8%）排名第一，其次是"汽车零部件"（占13%）。货物

---

① 2016年日本经济普查：https://www.stat.go.jp/data/e-census/2016/index.html。

进口量达到 4252 万吨。其中，"LNG（液化天然气）"（占 19%）排名第一，其次是"原油"（占 13.4%）。目前的海上运输主要是集装箱货物运输。横滨港通过集装箱化大量运输整装汽车、天然气和石油等产品。出口货物中的 51.1% 和进口货物中的 52.8% 是通过集装箱运输的。亚洲国家是横滨港进行贸易的主要对象。从国家来看，无论是进出口货物量还是进出口集装箱货物量，中国（包括香港）自 2000 年起取代了美国而占据首位。从集装箱货运合作伙伴来看，亚洲国家占进出口货物总量的 50% 以上。横滨港出口产品主要是汽车零部件，进口产品则为食品、电机、服装、个人物品以及鞋类等。[①]

（三）川崎市

1. 区位优势

川崎市位于 TMA 的中心位置，北边以多摩川为界接邻东京都，南面是横滨市，西北面是广阔的多摩丘陵，东面濒临东京湾。整个城市区域从海滨延伸到多摩川上流，是一条东南至西北走向的狭长地带。川崎市交通发达，离羽田机场很近，乘坐京滨快速电车约 15 分钟就可以到达（该线路电车 10 分钟左右一趟），如果驾车的话只需 10 分钟左右。作为羽田空港经济区的战略支点，川崎市的殿町地区正在开发连通羽田机场的快速通道。通过建设连接道路，两地之间的联系得到加强，通过促进人员、货物、商业的交流产生协同发展效应，为提高日本的国际竞争力和经济的可持续发展做出贡献。

川崎市拥有国际贸易港——川崎港，它作为京滨工业带的核心工业港，是钢铁、汽车等相关行业的进出口基地，也是石油化工、液化天然气发电厂等各种能源相关产业的能源基地。它在支持 TMA 的生产活动和居民生活方面发挥着重要作用。近年来，川崎港的东扇岛被开发为一个具有商业功能的港区，是 TMA 非常重要的物流基地。由于接入了湾岸线、横羽线等高速公路网络和主干线道路，加之靠近羽田机场，川崎港具有成为海陆空交通枢纽的巨大潜力。

2. 人口及产业结构

近年来，川崎市的人口持续增加，2017 年 4 月超过 150 万，截至 2018 年 3 月人口约为 156 万。据估计，未来川崎的人口将继续增长，并在 2030 年达到约 158.7 万。在年龄构成方面，虽然日本的工作年龄人口持续下降，但川崎的工作

[①] 横滨市市政记录 2018 年版：https://www.city.yokohama.lg.jp/city-info/yokohamashi/gaiyo/kiroku/。

年龄人口却持续增加，预计在 2025 年达到约 102.8 万人的高峰，此后则会进入下降通道。川崎市的劳动力人口在 2005—2010 年间显著下降，男性下降 11.9%，女性下降 3.4%。这是由于"婴儿潮"一代的劳动力在 60 岁退休所致。另一方面，在 2010—2015 年，男性劳动力增加了 1.3%，女性增加了 8.7%。据推测，这是由于 2014 年后，川崎市的社会总人口显著增加，以及女性就业人数增加。川崎市的劳动参与率在主要大城市中排名第二，仅次于东京 23 区之后。

从 2004 年度开始，川崎市的名义地区生产总值在 2007 年达到约 5.49 万亿日元的峰值后出现下降趋势。2012 年之后，它再次增加，2014 年的地区生产总值为 5.37 万亿日元。川崎市的名义地区生产总值在 16 个大城市中排名第九。从行业构成来看，2014 年制造业的 GDP 占比最高（20.1%），其次是房地产业（19.2%），第三是服务业（17.8%）。从 2010 年开始，产业结构变化的特点是信息通信业和服务业 GDP 不断增长，而制造业和批发零售业 GDP 则持续下滑。

3. 企业及创新

川崎市吸引了很多企业入驻，其中 27 家是总部设在该市的上市公司。企业的产业类别也是多样化的，但大多数都与制造业有关。川崎市有许多外资企业，根据东洋经济新报社《外资企业概况（2017）》的数据，截至 2017 年，共有 40 家外资企业在川崎市设立了日本总部。除总部外，许多外资企业的研发机构也设在市内的各个创新基地中，例如殿町国际战略基地 King Skyfront 有美国强生，神奈川科技园有杜邦公司，新川崎创新集群有 IBM 东京基础研究实验室。

川崎市聚集了许多学术及研发机构，包括神奈川科技园、新川崎创新集群、川崎技术创新中心、殿町国际研发集群等孵化平台，这些地区集中了约 400 个研发机构，由此可见，川崎在促进产业技术创新方面有非常雄厚的基础。与其他大城市相比，川崎市所有行业的 R&D（研究与开发）机构和人员比例均排名第一。

在新川崎地区，通过政企学合作，产业科技创新集群逐渐形成，成为川崎市新的产业创造基地。到目前为止，庆应义塾大学的前沿技术研究平台、川崎企业孵化中心，以及全球纳米微技术企业孵化中心（NANOBIC）、高级创新研究和企业孵化中心（AIRBIC）已经成立。这些大型平台都配备了充足的研究空间，以及包括可容纳 300 人的多功能会议室、餐厅等。有了这些创新资源，新川崎地区的创新功能将得到进一步加强。①

（四）埼玉市

1. 东日本门户

埼玉市位于埼玉县东南部，是该县的首府。相比上述三个历史悠久的城市，埼玉市相当年轻。该市于 2001 年 5 月由以前的浦和、大宫、与野三市合并而成，并于 2003 年 4 月 1 日成为全国第 13 个政令指定都市。2005 年 4 月 1 日又并入岩槻市，由此成为引领关东地区发展的核心城市。历史上，它是中山道的驿站，并在此基础上发展起来。现在，它是东日本的重要交通枢纽，东北、上越等六条新干线的始发站，JR 各线路和私人铁路线在此交汇。埼玉市距离东京站和新宿站约 30 分钟，到达羽田机场大约需要 1 小时。2016 年 3 月由国土交通大臣制定的《大都市区域计划》将该市的大宫区定位为东日本门户。

2. 宜居城市

埼玉市是一个宜居的城市。2018 年的《埼玉市市民意见调查》显示，"购物和生活方便""交通便利""居住及生活环境良好"等城市印象得到居民的广泛认同。在民调中，超过八成的人认为埼玉市适宜居住，与十年前相比，这个比例增加了约 10 个点，人们对该市宜居性的评价不断上升。超过八成的人想要长期留在埼玉市生活，这个比例也在增加。这些数据都说明该市的居住环境备受赞誉。据《全国都道府县幸福指数排名》，埼玉市的幸福指数在 2017 年下降一位，在政令指定都市中排名第二。《SUUMO 宜居街区排名（关东版）》显示，埼玉市的大宫和浦和区跻身前十，分别排在第四和第八位。由于宜居，埼玉市的人口每年增加约 1 万人。2018 年 9 月，埼玉市的人口超过 130 万。根据《居民基本登记人口迁移报告（2018 年）》，埼玉市是日本第三大人口流入地，而 0~14 岁的人口流入量居全国第一，这可能是因为埼玉市优良的居住环境适宜培养下一代。②

3. 经济与产业结构

埼玉市 2015 年的名义地区生产总值为 4.22 万亿日元，与上一财年相比增长 2.8%，连续三年实现正增长。从具体数据来看，2015 年制造、健康和社会服务、金融保险、批发零售的 GDP 比上一年有所增加，助推了经济增长。其

---

① 《川崎市的产业（2018）》：https://www.city.kawasaki.jp/280/page/0000105754.html。
② 埼玉市概要：https://www.city.saitama.jp/006/012/001/007/p006217.html。

中，金融保险业的贡献率最大（0.7%），其次是批发和零售业（0.5%）、制造业（0.4%）、健康和社会服务业（0.4%）。这些行业的正增长极大地推动了2015财年的实际经济增长率。另一方面，公共服务、其他服务，以及信息通信业GDP减少，弱化了增长。整体而言，2015年埼玉市的地区生产总值大部分是由房地产、批发零售业、专业和科技及商业服务、制造业和公共服务业创造的。其中，房地产的占比最大，为16.1%（6799亿日元），其次是批发零售，占13.4%（5648亿日元）。专业、科技及商业服务占10.3%（4331亿日元），制造业占9.3%（3915亿日元），公共服务业占8.9%（3741亿日元）。2015年埼玉市的市民收入为3.96万亿日元，比上年增长1.8%。市民可支配收入为4.45万亿日元，比上年增长2.5%。人均市民收入为313.2万日元，比上年增长0.8%。相对于埼玉县人均县民收入（297.7万日元）和日本人均国民收入（305.9万日元）而言，埼玉市的市民收入保持较高水平。

通过将埼玉市各产业的GDP占比除以埼玉县或日本层面的各产业GDP占比可以得到表示专业化程度的区位商，从中可以看出与埼玉县和日本全国的平均水平相比，埼玉市的产业专业化特征。无论是在县还是国家层面上，埼玉市的金融保险、专业和科技及商业服务、公共服务、教育，以及其他服务业的区位商都大于1，说明在这些产业上，埼玉市的专业化程度较高。其中，与埼玉县平均水平相比，埼玉市的公共服务（1.721）、金融保险（1.676）、专业和科技及商业服务（1.646）较为突出。而相对全国平均水平而言，埼玉市的公共服务（1.764）、金融保险（1.471）及房地产（1.408）较为突出。[①]

（五）千叶市

1. 地理区位

千叶市是千叶县的首府，位于该县的中央位置，距离东京都中心区东面约40千米，面向东京湾最深入的凹槽部位。千叶市地处交通要冲，在其30千米范围内有成田国际机场和木更津港等重要交通枢纽（图2-13）。此外，千叶市还汇聚了县内铁路及干线道路的重要节点。千叶市市域面积约为272平方千米，地形大致分为高地和花见川等河流冲积形成的低地，以及东京湾周边约34平方千米的填海土地。

---

① 埼玉市民经济计算（2015）：https://www.city.saitama.jp/006/013/007/index.html。

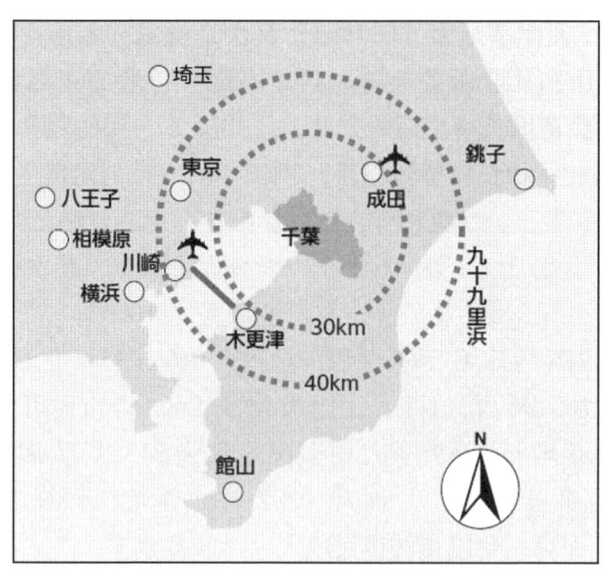

图 2-13　千叶市的地理区位

2. 发展轨迹

1873 年,明治政府实施"废藩置县"改革,在千叶町设立县府,成为现代千叶市的雏形。此后,医学校、师范学校相继成立,1894 年又设置了总武铁路千叶站。与东京连接的铁路是千叶市发展的基础,它逐渐成为千叶县的政治、经济、文化中心,而且还推进了军用设施的建设,因此也就带有了"军都"的性质。"二战"后,随着日本经济的起飞,首都圈的人口快速增长,此时需要东京都周边的核心城市承担高层次的城市功能。因此,1991 年以来,千叶市成为业务核都市,千叶市中心和幕张新城市中心的建设得到快速推进,与此同时,京叶铁路、千叶城市单轨铁路等项目充实了城市公交系统。1992 年千叶市成为全国第 12 个政令指定都市,设立了 6 个行政区。从 2001 年开始,为了进一步充实城市功能,政府投入资源培育和建设苏我副城市中心。经过长期的基础建设和积累,千叶市的城市公共设施不断完善,此外还保留了丰富的绿色环境和海滨景观。得益于良好的城市功能和宜居环境,2010 年 8 月城市人口突破 96 万,成为一个支撑起首都圈的大城市。①

3. 经济及产业结构

2015 年,千叶市的名义地区生产总值是 3.64 万亿日元,实际地区生产总值

---

① 千叶市新基本计划:https://www.city.chiba.jp/sogoseisaku/sogoseisaku/kikaku/new-gplan.html。

是 3.43 万亿日元，占全国 GDP 的 0.7%，占千叶县地区生产总值的 18%。2015 年名义地区生产总值增长率增加 1.9%，实际则减少 0.2%。市民收入 2.84 万亿日元，人均市民收入为 292.7 万日元，市民收入连续 3 年增加，但人均市民收入减少了。与千叶县和全国相比，千叶市的人均市民收入超过了千叶县的人均县民收入（292 万日元），但低于日本人均国民收入（305.9 万日元）。2015 年城市名义地区生产总值同比增长 1.9%，这主要得益于制造业同比增长 7.4%，保健卫生和社会事业同比增长 0.2%，专业和科技及商业服务业同比增长 3.1%。以区位商来度量的专业化水平，数据显示，在全国层面，千叶市在电力、燃气、水生产及废物处理业，建筑业，运输邮政业，金融保险业，房地产业，专业和科技及商业服务业，公共服务业，教育业，保健卫生及社会事业等 9 个行业上专业化水平较高。另一方面，从千叶县层面看，千叶市的建筑、批发零售、信息通信服务、金融保险、专业和科技及商业服务、公共服务、教育等行业的专业化水平较高。

三、都县产业结构及分工

（一）都县产业结构

为了探究 TMA 的产业分工情况，这里我们考察两个指标，一是地区产业结构，即各都县的行业 GDP 占比情况，另一个是城市产业专业化水平，即行业区位商，计算方法是某行业在都县层面的占比除以其在国家层面的占比。

首先，来看各都县的产业结构（表 2-9）。2015 年，在东京都诸产业中，批发零售、专业和科技及商业服务、房地产、信息通信服务等 4 个行业的占比超过 10%，而且这 4 个行业基本上都高出全国平均水平，它们为东京贡献了一半以上的 GDP，尤其是批发零售业，单独创造了超过 20% 的 GDP，体现了东京作为日本国内和国际商贸、旅游、消费中心的地位。东京是国际金融中心，其金融保险业发达，行业 GDP 占比达到 8.61%。这个比例看起来在东京都内屈居第五，然而，这是其他三县无法比拟的，各县的金融保险业占比不到东京的一半。尽管东京的第三产业占据了主导地位，但它仍然保留了一定规模的制造业，其创造的 GDP 与金融保险业相近。要知道，对于同为国际金融中心的纽约大都市区而言，其 2015 年的制造业 GDP 只有不到 5% 的规模，而金融保险业则在

16%以上①。

表2-9 一都三县及日本的全行业GDP占比（2015）

单位:%

编号	行业	东京都	神奈川县	埼玉县	千叶县	日本
1	农业	0.04	0.14	0.46	1.05	1.00
2	矿业	0.07	0.01	0.03	0.07	0.08
3	制造业	8.59	21.27	22.22	19.12	21.69
4	建筑业	5.09	4.47	5.54	5.56	5.44
5	电气水生产及废物处理	1.58	3.18	2.75	6.05	2.85
6	批发零售	20.19	9.34	10.77	8.12	12.62
7	金融保险	8.61	3.34	3.95	3.63	4.60
8	房地产	11.22	16.34	16.92	15.12	11.63
9	运输邮政	4.64	5.31	4.50	6.88	5.14
10	信息通信服务	10.74	5.95	2.69	3.15	4.92
11	餐饮和住宿服务	2.39	2.72	2.09	2.64	2.51
12	专业和科技及商业服务	11.78	8.44	6.29	5.98	7.55
13	公共管理	3.74	4.60	5.19	4.61	4.44
14	教育	2.97	3.20	3.77	3.83	3.83
15	卫生及社会事业	3.87	6.89	8.16	8.14	7.19
16	其他	4.47	4.79	4.69	6.06	4.53

数据来源：日本总务省统计局②。

与东京都相反，三县无一例外地以制造业作为最大的支柱产业，它们的制造业GDP占比在20%左右，其中，埼玉县超过了全国的平均水平。而对于金融保险业，各县的数值均低于全国平均水平，更远远低于东京的水平。此外，在批发零售、信息通信服务、专业和科技及商业服务等三个东京的优势产业上，各县也望尘莫及。这些反差一方面表明，东京作为日本的首都以及位于全球城市体系顶端的国际化大都市，其城市功能的多样化程度很高，而三县相对单一，

①数据来源BEA：https://apps.bea.gov。
②日本政府统计综合窗口：https://www.e-stat.go.jp/regional-statistics/ssdsview/prefectures。

专注于制造业。另一方面,这也说明,东京都与三县存在不同程度的分工合作关系。

图 2-14 对此进行了总结。我们把 GDP 占比排名前五位的产业定义为支柱产业,图中只显示支柱产业,横轴数值是都县编号,纵轴数值是产业编号(参见表 2-9 的编号),气泡大小代表产业 GDP 占比大小。容易看出,东京在批发零售(代码 6)、金融保险(代码 7)、信息通信服务(代码 10)、专业和科技及商业服务(代码 12)上占有优势,而三县的结构比较一致,它们在制造业(代码 3)和卫生及社会事业(代码 15)上占有优势,其中,千叶县的运输邮政业(代码 9)比较突出。

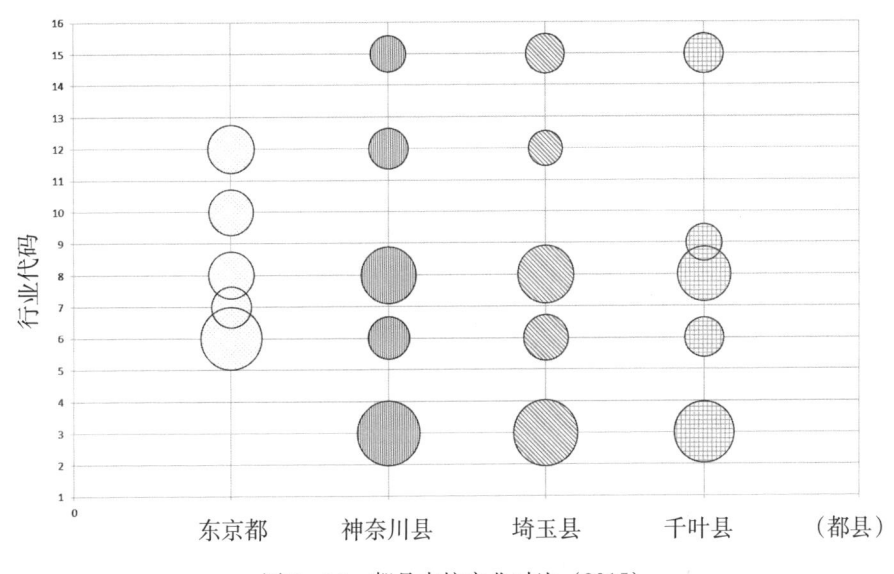

图 2-14　都县支柱产业对比(2015)

(二)都县产业分工

为了更准确地看出一都三县之间的产业分工关系,我们使用产业区位商进行分析。表 2-10 的数据显示,批发零售、金融保险、信息通信服务、专业和科技及商业服务等 4 个行业非常明显地聚集在东京,或者说,东京在这些行业上的专业化程度较高,尤其是在信息通信服务方面,东京扮演着"神经中枢"的角色。这些结果与前面的产业结构分析相呼应。相比之下,三县的产业专业化水平则与产业结构分析所显示的图景有所不同。尽管三县都以制造业为最大支柱产业,但是从全国范围来看,只有埼玉县的制造业集中度稍微超过了全国水平。三县的房地产业发达,区位商都高于全国水平,这显然得益于东京的经济辐射。相较于东京而言,三县面积广阔,人口密度相对较低,而且都位于关东平原,是支撑东京发展的理想腹地。TMA交通网络发达,人员和商品的跨都县流动非常便利,因此三县成为企业和居民避开高地价同时又吸收东京经济能量的理想选择。其中,神奈川县最先受益。从数据中可以看到,在信息通信服务、专业和科技及商业服务两个行业上,神奈川的区位商仅次于东京。神奈川的横滨和川崎更是支持东京发挥信息处理和科技创新中枢功能的重要支点。神奈川和千叶县在运输邮政、餐饮和住宿服务、电气水生产及废物处理等方面有较高专业化。从地理位置上看,两县分别位于东京两侧,且占据了东京湾绝大部分的海岸线,优良的地理区位优势方便了与国际的经济联系,这对于具有外向型经济特质的日本是非常重要的。神奈川有横滨港和川崎港,千叶县有木更津港,它们都对东京港形成了重要的辅助支撑作用。千叶县的电气水生产及废物处理业较为突出,体现了千叶县作为关东地区能源生产与供应,以及环保大县的地位。埼玉县和千叶县的卫生及社会事业区位商较为突出,表明两县以良好的自然环境和优质的居住条件著称,适宜发展医疗、保健,以及养老育儿等社会福利事业。

表2-10 一都三县全行业区位商(2015)

行　业	东京都	神奈川县	埼玉县	千叶县
农业				1.05
矿业				
制造业			1.02	
建筑业			1.02	1.02
电气水生产及废物处理		1.11		2.12
批发零售	1.60			
金融保险	1.87			
房地产		1.41	1.45	1.30
运输邮政		1.03		1.34
信息通信服务	2.18	1.21		
餐饮和住宿服务		1.09		1.05
专业和科技及商业服务	1.56	1.12		
公共管理		1.04	1.17	1.04

续表 2-10

行　业	东京都	神奈川县	埼玉县	千叶县
教育				
卫生及社会事业			1.14	1.13
其他		1.06	1.04	1.34

注：1. 计算指标为各行业的名义 GDP；2. 以全国水平为比较基准，全国的行业区位商 = 1；3. 只列出区位商大于 1 的数值。

数据来源：日本总务省统计局。

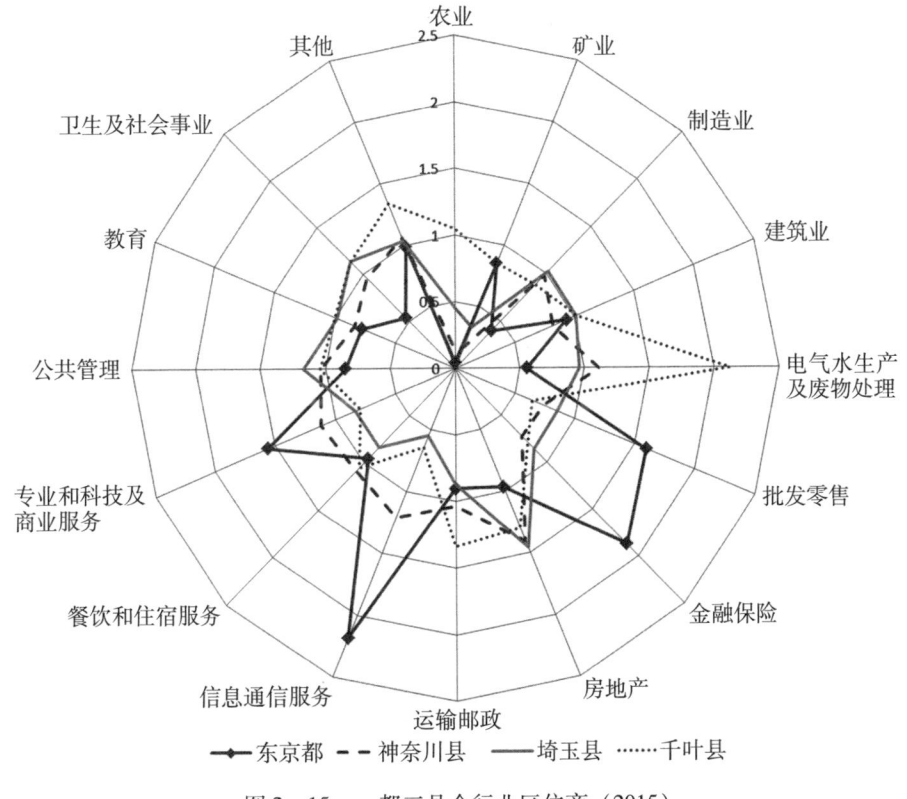

图 2-15　一都三县全行业区位商（2015）

图 2-15 清晰地显示了各都县的产业专业化特征。雷达图显示，各都县曲线最突出的尖端都指向不同的产业，这表明都县间有较强的产业分工关系，各自的产业强项是差异化的。如东京的产业强项指向信息通信服务、金融保险、批发零售、专业和科技及商业服务，而千叶县则在电气水生产及废物处理、运输邮政等行业脱颖而出。

神奈川、埼玉和千叶三县是制造业大县,制造业的 GDP 占比都在 20% 左右,那么在制造业内部它们是否存在差异呢?同样,我们用区位商指标来分析它们的制造业内部的分工情况。表 2-11 及图 2-16 显示,神奈川的运输设备、专用/通用机械制造,埼玉县的造纸、印刷设备制造,千叶县的食品饮料、化学品制造、石油化工、陶瓷土石制品、初级金属、金属制品制造独占鳌头。尽管东京的制造业规模相对较小,但是它在纺织、电子部件/设备、电气机械等制造业上也有较高的专业化程度,从一个侧面反映了东京作为高科技产业中心的存在。

表 2-11 一都三县各类制造业区位商(2015)

行 业	东京都	神奈川县	埼玉县	千叶县
食品饮料			1.20	1.60
纺织	1.18			
造纸			1.70	
化学品制造	1.30	1.32	1.30	1.90
石油化工		2.36		3.00
陶瓷土石制品				1.30
初级金属				1.40
金属制品			1.40	1.50
专用/通用机械		1.25	1.00	
电子部件/设备	1.02			
电气机械	1.35			
通信设备	2.89	1.73		
运输设备	1.08	1.10		
印刷设备	3.37		3.50	
其他			1.30	

注:1. 计算指标为各行业的名义 GDP;2. 以全国水平为比较基准;3. 只列出区位商大于 1 的数值。
数据来源:各都县统计资料①。

---

①《东京都民经济计算年报(2016)》(https://www.toukei.metro.tokyo.lg.jp/index.htm),《神奈川县县民经济计算(2016)》(https://www.pref.kanagawa.jp/docs/x6z/tc20/sna/top.html),《埼玉县县民经济计算(2016)》(https://www.pref.saitama.lg.jp/a0206/kenminkeizai.html),《千叶县县民经济计算(2016)》(https://www.pref.chiba.lg.jp/toukei/toukeidata/kenminkeizai/index.html)。

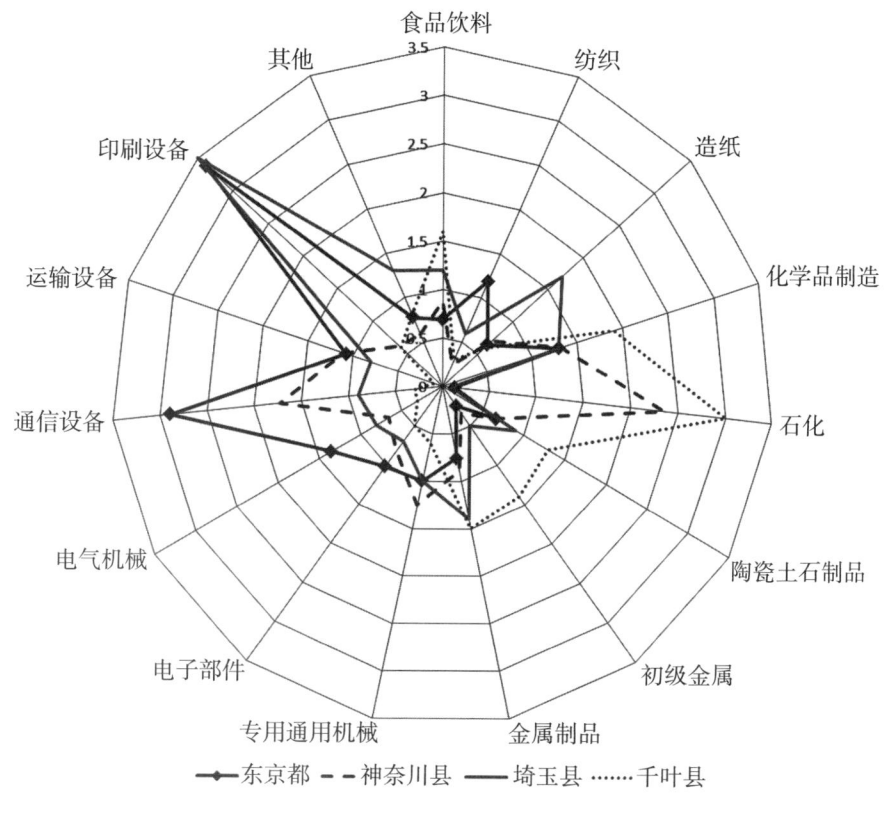

图 2-16 一都三县各类制造业区位商 (2015)

第三节 旧金山湾区

一、地理区位及构成

旧金山湾区（San Francisco Bay Area）泛指美国加利福尼亚州北部旧金山及圣巴勃罗河口人口稠密的海湾地区（图2-17），分为东湾、北湾、半岛和南湾四大片区，占地面积共计约1.78万平方千米。通常意义上的旧金山湾区共涵盖了9个县[①]，101个城市。该区域人口超过740万。东湾有阿拉梅达和康特拉湾两县，北湾在湾区中土地面积最大，由马林、索诺马、纳帕和索拉诺四个县组

---

①其中包括一个特殊的旧金山县市，它是加州自1856年起唯一的市县合一的行政区。旧金山市长是县政系统里的最高行政长官，市议会也同时兼具县监事会议的功能。

成，旧金山市和圣马特奥县组成了旧金山半岛，而南湾属于圣克拉拉县。

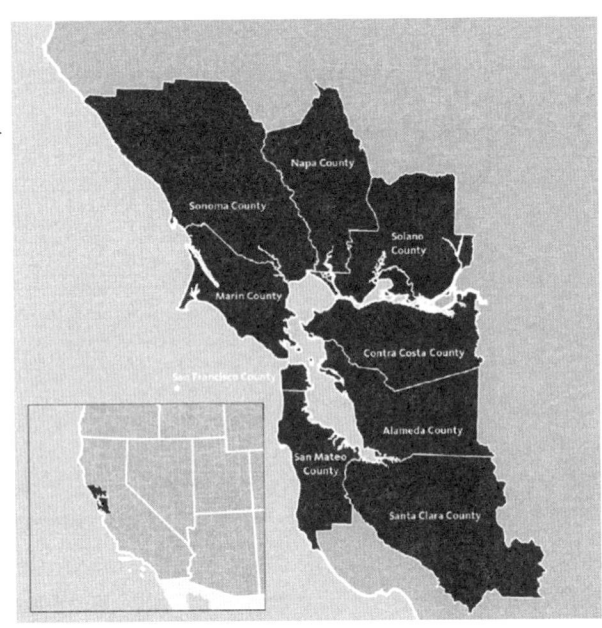

图 2-17 旧金山湾区行政区划

同时，对于旧金山湾区的涵盖范围还有另外两种界定。一个是圣何塞－旧金山－奥克兰联合统计区（San Jose-San Francisco-Oakland），美国人口普查局认为该地区是一个经济和社会活动联系紧密的大都市区。[①] 联合统计区把大湾区东南面的三个县也纳入湾区整体统计范畴，即圣华金、圣克鲁兹以及圣贝尼托县，总面积约2.6万平方千米。另一个是更狭义的湾区，即旧金山－奥克兰－海沃德都市统计区（San Francisco-Oakland-Hayward），这一统计区由湾区的核心城市和县构成，包括阿拉梅达、康特拉湾、马林、圣马特奥和旧金山市。本文采用的是湾区九县概念。

二、湾区经济概况

（一）经济地位

旧金山湾区以环境优美、科技发达、经济实力雄厚著称。2016 年旧金山湾

[①] United States Census Bureau. San Jose-San Francisco-Oakland, CA Combined Statistical Area, https://www2.census.gov/geo/maps/econ/ec2012/csa/EC2012_330M200US488M.pdf.

区地区生产总值达到 7810 亿美元，人均 GDP 超过 11 万美元。若将湾区视为一个州，其 2016 年经济总量位居美国第 5，领先于芝加哥所在的伊利诺伊州。若将其视为一个"国家"，则可位居全球第 18 名，领先于荷兰、瑞士和瑞典等欧洲传统经济强国。2018 年 4 月美国"商业内幕"网站以失业率、平均周薪、就业创造率、人均 GDP 及 GDP 增速等五个指标对美国最大的 40 个大都市区的经济情况进行了评估，位于湾区的两大都市区 San Jose-Sunnyvale-Santa Clara 和 San Francisco-Oakland-Hayward 分别位居第一和第二。[1]

旧金山湾区被视为全球的"科技心脏"，是众多科技巨头企业全球总部所在地，包括苹果、谷歌、甲骨文、英特尔、惠普、脸书等。同时，旧金山湾区在金融、健康、能源等领域的实力也很强劲，拥有全球诸多顶级名企，如金融领域的富国银行、富兰克林资源公司和 Visa，健康领域的麦克森和吉利德科学，能源领域的雪佛龙公司和太平洋燃气电力公司，以及日用消费品领域的 GAP。在 2017 年《财富》美国 500 强企业中，旧金山湾区拥有 36 家，在美国仅次于纽约（46 家）；而在世界 500 强企业中，旧金山湾区拥有 12 家。而且，由于拥有大量"独角兽企业"，旧金山湾区的巨头企业数量呈现出不断上升的趋势。截至 2017 年 9 月，在全球 216 家估值超过 10 亿美元的独角兽企业中，美国占有 108 家，其中旧金山湾区就占据了 56 家。旧金山湾区还是美国风险投资最为集中的区域，在 2015 年集中了加州 81%，美国 46% 的风险投资，远远超过纽约、新英格兰等地区。

旧金山湾区雄厚的经济实力来源于其强大的科技创新能力。这首先就体现在湾区的专利申请的情况上。2013 年旧金山湾区的专利申请总数，每百万居民拥有的专利数以及在 2013 年美国专利授予总数中的占比都要领先于纽约、波士顿等美国其他创新中心。其次，湾区的科技创新能力还依托于当地发达的教育。湾区拥有以斯坦福大学、加州大学伯克利分校为代表的 20 多所著名科技研究型大学。该湾区人口的受教育程度也领先于美国其他发达的都市区。

（二）湾区内经济联系

旧金山湾区各区域的产业分工较为明确，北湾以休闲养老区域和葡萄酒产地而闻名，人口密度小且环境优美，是湾区内唯一没有通勤轨道交通的地区。

---

[1] Business Insider. The Economies of the 40 Biggest US cities, Ranked from Worst to Best [EB/OL] 2018-4-25：http://www.businessinsider.com/us-economy-by-metro-area-ranked-san-francisco-seattle-austin-2018-4。

南湾以硅谷所在地闻名,高科技企业云集,涉及计算机、通信、互联网、新能源等多个产业。旧金山市为美国西海岸的金融和商业中心,服务业发达。表2-12对湾区9个县的基本经济情况进行了总结。

表2-12 旧金山湾区九县基本经济情况(2016)

县	土地(km²)	人口(万人)	人口密度(人/km²)	地区生产总值(亿美元)	人均收入(美元)
Alameda	1910	166.3	871	1067	4.83
Contra	1865	114.7	615	539	4.19
Marin	1346	26.1	194	182	3.55
Napa	1937	14.1	73	91	3.55
San Francisco	100	88.4	8844	1347	6.97
San Mateo	1163	77.1	663	817	6.82
Santa Clara	3343	193.8	580	2142	7.96
Solano	2000	44.5	223	170	4.03
Sonoma	4082	50.4	124	238	3.16
旧金山湾区	15836	609.1	385	5526	9.07

数据来源:美国人口调查局①,美国国家县联合会②。

旧金山湾区的交通网络发达。湾区拥有数个港口,包括美国第五大集装箱港口奥克兰港以及内陆深水港斯托克顿港。2016年,奥克兰港的集装箱吞吐量为236.96万个标准箱。③旧金山国际机场是该地区的主要国际机场,此外还有奥克兰国际机场和圣何塞国际机场。较小的机场包括索诺玛县机场和斯托克顿大都市机场。2016年,旧金山湾区三大机场的客运量达7590万人次。公路交通方面,湾区已建立起构建成联系旧金山、奥克兰、圣何塞三大人口聚集区的环湾公路系统,国家级和区域级公路总长度达到4863.42千米,人均公路长度达

---

① 各县人口和陆地面积数据来源于 https://www.census.gov/quickfacts/fact/table/US/PST045217。
② 其他经济数据来源于 http://explorer.naco.org/。
③ Port of Oakland Seaport: http://www.oaklandseaport.com/performance/facts-figures/。

到约 6.4 千米/万人。湾区还构建了旧金山湾区快速交通系统，用以解决湾区内各个主要城市（如旧金山、奥克兰、柏克莱、达利市等）间的运输需求，总长度约 170 千米，设有 52 座车站。

发达的交通网络能够让湾区居民便利地跨城市、跨县通勤。不过，截至 2015 年 1 月，65%的湾区上班族都选择在其居住的县内工作，在圣克拉拉县的硅谷地区这一数字达到了 88%。在吸引跨县上班族方面，旧金山独占鳌头，每天接纳超过 15 万跨县通勤人员，圣克拉拉县紧随其后，每天吸引的跨县通勤人员达到 10 万。此外，湾区每天还涌入超过 12 万居住在湾区范围以外的上班族。[1]

三、湾区的区域治理

旧金山湾区并不存在一个统筹区域发展或统揽区域事务的"大政府"。但由于湾区内部经济社会等各方面联系极为紧密，在相当多的情况下又不得不进行跨市、跨镇、跨县甚至囊括整个湾区的联合治理。为此，湾区内成立了众多的区域性机构来履行特定功能，协调区域内某一具体领域的事务或达成特定目的。这些区域组织是由地方政府自愿联合，获得美国联邦和州政府支持的具有半官方性质的、较为松散的行政组织，也被视为湾区地方政府进行协商、协调和合作的范例。表 2-13 总结了一些较为重要的区域治理机构。本节简要地介绍其中尤为关键的两个机构——湾区政府联合会和都市区交通委员会。

（一）湾区政府联合会

湾区政府联合会（the Association of Bay Area Governments, ABAG）成立于 1961 年，是首个湾区地方政府共同参与的委员会和全面的区域规划机构，其成员来自湾区内 9 个县和 101 个市、镇。该机构以增进湾区地方政府间合作协调为目标，自成立起就承担了研究住房、交通、经济发展、教育以及环境保护等区域性议题并提供长期规划的重任。联邦政府和州政府的财政拨款、地方政府的会员费以及 ABAG 的服务项目收费共同构成了联合会的财政来源。

---

[1] Metropolitan Transportation Commission：www.vitalsigns.mtc.ca.gov/commute-patterns#chart-0。

表2-13 湾区区域治理的主要机构

机构名称	主要职能
湾区政府联合会	研究湾区的住房、交通、经济发展、教育以及环境保护等议题并提供长期规划
都市区交通委员会	管理湾区的区域交通项目，监督域内桥梁运营，为区域交通项目筹集资金
湾区空气质量管理特区	检测与管理湾区内空气质量和废气排放
湾区保护和发展委员会	审查与批准旧金山湾区的采掘或填埋项目
旧金山湾区区域水质量控制委员会	保护旧金山湾区的自然水系以及管理相关废水排放
加利福尼亚海岸委员会	与地方政府合作负责保护和管理太平洋沿岸的土地使用

资料来源：根据公开信息整理。

1. 成立背景

ABAG的成立与湾区经济在"二战"后的蓬勃发展，以及地方政府希望能够保障自身权力不受限制的意愿紧密相关。"二战"期间湾区的军工企业迅猛发展，吸引了大量技术工人的涌入；而战后许多退伍军人也选择在湾区居住。这一方面刺激了湾区经济的发展，另一方面也让当地政府官员和商业界担心湾区能否顺利实现从战时经济到和平时期市场经济的转型。在这样的背景下，1945年湾区委员会（Bay Area Council）作为一个企业资助的公共政策推动组织成立。湾区委员会成立后对交通和土地使用方面的议题非常感兴趣，认为统筹管理和发展湾区的交通系统很有必要，并因此从1946年开始推动一项提议，要求成立一个区域性的组织统一管理和运营湾区的主要机场、港口和桥梁。在此期间，加州州参议院成立了一个临时委员会来处理湾区面临的问题，该委员会支持湾区委员会的上述提议并开始在立法机构中推动相关提案的出台。

湾区的地方政府对这些动议产生了警惕，担心相关提案一旦通过成为法律会让地方政府丧失对区域内桥梁、港口和交通网络的控制权。很快地方政府的担心就演变为一场反对削弱地方政府自身权力的运动，湾区的各地方政府开始联合起来发声并从整个区域的角度出发来规划土地使用。在这一背景下，ABAG

于 1961 年应运而生。①

2. 组织架构

ABAG 的管理架构由全体大会、执行董事会和常设委员会构成。全体大会是联合会的最高决策机构，负责决定该机构的年度政策、预算和工作项目，并且监督执行董事会的工作。9 个县和 101 个市、镇各派一名民选官员组成大会代表。全体大会每年 4 月召开，参会成员除上述各县市镇的民选官员组成的大会代表外，还包括湾区的社会和商业领袖、著名学术机构的研究人员等。

执行董事会是联合会的常设决策机构，负责执行全体大会的决定以及日常事务的决策。执行董事会成员由具有投票权的成员与不具有投票权的成员构成。具有投票权的成员一共有 38 位，其中 35 个名额按照各地方的人口分布情况分配给各县市镇政府，由它们任命相关民选官员来承担执行董事会成员角色（各地方政府有权更换其任命的民选官员），剩下三个具有投票权的名额分配给执行董事会主席、副主席以及前任主席。此外，应执行董事会邀请，还有联邦政府和州政府的相关机构工作人员来担任不具有投票权的咨询性成员。执行董事会每两个月召开一次会议。

常设委员会是执行董事会下负责执行的机构。目前有 4 个常设委员会，分别是行政委员会、财政和人事委员会、立法和政府性组织委员会和区域规划委员会。行政委员会负责在执行董事会休会的月份或者紧急情况下，执行董事会成员人数达不到法定人数时，承担执行董事会的职责，同时还负责研究和提交关于应由执行董事会决定的事项的相关建议和报告。财政和人事委员会负责管理联合会的财政运转，起草联合会的年度预算以及人事管理等。立法和政府性组织委员会是湾区内民选官员交流和共同塑造可能影响区域内地方政府的法案的平台，负责给执行董事会提供关于联合会立法项目方面的建议，研究与湾区相关的州法案和区域性组织的法案，提供关于湾区、州以及联邦层面相关议题的政策建议等。区域规划委员会负责给执行董事会提供关于湾区区域规划筹备和执行方面的建议，同时还负责管理规划方面的专门工作组以及其他区域性组织提出的相关规划方案和报告等。②

---

①Hing Wong, Regional Governance in San Francisco Bay Area: The Association of Bay Area Governments [EB/OL] http://digitalcommons.calpoly.edu/cgi/viewcontent.cgi?article=1252&context=focus。

②Association of Bay Area Governments. ABAG Governance: https://abag.ca.gov/overview/governance.html。

（二）都市区交通委员会

都市区交通委员会（Metropolitan Transportation Commission，MTC）于 1970 年由加州州政府主导成立，是一个负责规划、协调、监督湾区九县的区域交通项目，以及为区域交通项目筹集资金的政府机构。MTC 的职责范围较为广泛：根据联邦政府的授权，MTC 是旧金山湾区大都市区的规划组织，根据州政府的授权，MTC 又是湾区区域交通规划机构。其核心职能之一是针对湾区未来 25 年的交通与住房制定长期指导计划。该计划每四年更新一次，为了确保有足够资金来实现该计划的愿景，MTC 经常在首都华盛顿特区和州府萨科拉门托进行游说活动。①

1. 成立背景

MTC 的成立与旧金山湾区经济的进一步发展和区域交通网络的拓展密不可分。1960 年代末期，湾区处于变革和增长的新时代。湾区快速交通系统——作为美国新一代快速铁路系统的先驱——正处于热火朝天的建设过程中，其首轮建设的 11.5 公里轨道延伸出了旧金山市县的地界，越过海湾直抵奥克兰和伯克利，并穿过东湾的丘陵延伸至康特拉湾县。在这一背景下，一位有远见的州议员——来自旧金山的约翰·福伦（John Foran）于 1970 年起草了建立 MTC 的法案并推动了该法案上升为州法。福伦准确地预见了湾区需要由一个区域性机构来协助将支线公交车和铁路网络与蓬勃发展的湾区快速交通系统整合起来。同时，人们认为 MTC 能够帮助湾区摆脱以高速公路为中心的发展趋势，转向更加平衡、模式多元化、亲环保的发展前景。

成立之初，MTC 负责规划区域运输并审查地方政府向州和联邦政府递交的关于获取交通方面资金支持的相关申请。而后，随着州和联邦政府对 MTC 作用的认同和支持，MTC 的职能和获取资金支持的能力不断增强。现在，MTC 每年直接向地方公共交通机构和其他机构分配超过 7 亿美元的资金。通过下辖的湾区收费管理局，MTC 每年收取超过 6 亿美元的桥梁使用费，并将这些资金用于湾区内七座国有收费桥梁的运营和维护。②

2. 组织架构

MTC 的旗下机构自成立以来不断充实。在委员会之外，加州州立法机构又

---

① Metropolitan Transportation Commission：https://mtc.ca.gov/about-mtc/what-mtc/what-we-do。
② Metropolitan Transportation Commission：https://mtc.ca.gov/about-mtc/what-mtc/mtc-history。

逐渐在 MTC 的名下成立了两个功能性机构：湾区收费管理局（BATA）、高速公路和共乘快速路服务管理局（SAFE）。其中 BATA 和 MTC 又共同成立并运营湾区基础设施融资局（BAIFA）和湾区总部管理局（BAHA）。就各机构的职能而言，MTC 负责规划和协调湾区九县的交通项目以及这些项目的融资；BATA 根据州相关立法成立于 1997 年，负责确保区域内七座国有收费桥梁的健康平稳运营以及管理相关收入；SAFE 根据州相关立法成立于 1987 年，负责管理巡回高速公路巡逻拖车队伍和公路旁黄色紧急呼叫盒网络。这三个机构都受同一组委会的管理，工作人员队伍也完全重合。此外，BAIFA 负责监督湾区内高速共乘快速路及相关交通项目的规划、融资、建设和运营。BAHA 负责监督都市区交通委员会、湾区政府联合会和湾区空气质量管理特区这三个机构共同入驻的办公大楼的再开发、管理和运营。①

（三）湾区区域治理的整合

长期以来，旧金山湾区都有呼声要求合并部分区域性机构以实现对湾区的更有效治理，也取得了一些进展。譬如，自 2004 年起都市区交通委员会、湾区政府联合会、湾区保护和发展委员会、湾区空气质量管理特区组建了一个联合政策委员会，每两个月召开一次会议来讨论四个组织的职能共同覆盖的议题，成员由各组织的董事会和执行层成员参与。这些努力终于在近年来取得了突破。经过两年多的努力，2017 年 7 月 1 日湾区政府联合会和都市区交通委员会完成了员工的整合，两个机构接下来将会对各自的组织内部治理机构进行调整，其最终的整合结果将类似于我国的"一个机构，两块牌子"——虽然两个机构的法定职责、项目、服务、资产都将各自保留，但其内核将是隶属于都市区交通委员会的同一个工作团队。此外，湾区政府联合会、都市区交通委员会和湾区空气质量管理特区于 2016 年进驻同一栋大楼办公，旧金山湾区区域水质量控制委员会和旧金山河口伙伴项目也计划在未来进驻。

---

① Metropolitan Transportation Commission：https://mtc.ca.gov/about-mtc/what-mtc/mtc-organization。

四、旧金山湾区的发展规划

为了更好地推进旧金山湾区的协调发展，湾区的区域性机构以及相关智库和民间机构发布过诸多关于湾区各层面发展的宏观规划。目前获得 MTC 和 ABAG 审批通过，并且得到湾区绝大多数地区地方政府支持的宏观规划是《湾区区域规划 2040》，这一规划建立在 2013 年通过的《湾区规划》基础之上，应加州州法的要求而生。本节对《湾区规划》和《湾区区域规划 2040》进行扼要介绍。

（一）《湾区规划》

《湾区规划》（*The Plan Bay Area*）是 2013 年 7 月起生效的一项关于湾区发展的综合且具有前瞻性的规划文件。该规划融合了 ABAG 的区域住房规划和 MTC 的区域交通规划，为湾区未来 25 年的交通项目投资和土地使用优先事项拟定了方向。《湾区规划》的出台与 2008 年通过的加州第 375 号参议院法案密不可分。该法案要求加州的 18 个大都市区减少源自小汽车和轻型货车的温室气体排放，其中非常重要的一项规定就是要求加州所有地区制定"可持续社区战略"以作为区域交通规划的新组成要素，从而将交通、土地使用和住房的相关规划加以整合以达到温室气体的减排目标。按照这一法律的要求，ABAG 和 MTC 从 2011 年春季起启动《湾区规划》的制定，并在制定过程中将温室气体减排之外的其他发展目标也融入进来，历时两年多的时间最终形成了这份湾区未来发展的综合性规划文件，于 2013 年 7 月 18 日由上述两个机构投票通过。

《湾区规划》首先明确制定了 10 项预期目标——其中前 2 项为州法明确要求，旨在解决气候保护和住房问题；剩余 8 项为自愿性目标，旨在达成建设健康安全的社区，保护开放空间和保存农业，提供公平的使用交通设施的机会，保持经济活力和增加交通系统的有效性等。《湾区规划》继而对区域经济和人口发展的趋势进行了预判，并基于一系列的条件假设（如健康的区域和国家整体经济、合乎历史水准的投向房地产领域的公共投资等）对 2040 年湾区的人口、就业和住房等主要指标进行了预测。基于这些目标和预测，ABAG 和 MTC 提出了一系列土地利用和交通方案，经过深入的建模、分析及公共讨论，最终《湾区规划》结合五个原始方案的优劣势形成了一套最优的土地使用方案。这一方案主要聚焦在三个核心要素——土地、就业和住房。

《湾区规划》将2个强制性目标和8个自愿性目标进一步细化为15个小目标，预测如果实施该规划的方案，湾区将达到或超越其中6个目标，另5个目标将取得不同程度的进展，但也将难以达到剩下的4个目标。《湾区规划》提出ABAG和MTC将重视寻求制定突破性的策略来达到这4个目标。最后，《湾区规划》对其提出的方案进行了公平性分析、交通项目等级评估及环境影响报告。此外，值得注意的是，《湾区规划》的执行充分尊重地方政府对各地方土地使用的控制权，区域内的县、市、镇政府仍然充分掌握采用或否决相关开发项目的权力。《湾区规划》将通过为有意在地方层面执行这一规划的地方政府提供优先发展区域和交通项目的相关资金的方式来实施。

（二）《湾区区域规划2040》

由于美国法律要求区域性交通计划至少每四年更新一次以反映对财政资源的最新预测与应对新的发展议题，ABAG和MTC自2015年起开始更新《湾区规划》。更新后的规划被命名为《湾区区域规划2040》（*The Plan Bay Area 2040*，以下简称为《规划2040》），并于2017年7月批准通过。《规划2040》对区域住房、工作、人口的预测以及土地利用和交通投资方案的制定在大方向上与《湾区规划》基本一致，但对于具体指标的数值进行了全面更新。

在"战略与成效"部分，《规划2040》将发展集中于近200个优先发展区域内，同时致力于保护近100个优先保护区域。具体而言，《规划2040》将湾区的101个市镇划分为三个类别的次区域：三大核心城市（圣何塞、旧金山和奥克兰）；旧金山湾沿岸市镇，指直接和旧金山湾相连的市镇；内陆、沿海和三角洲地区市镇，指不毗邻旧金山湾的其他区域内市镇（图2-18）。《规划2040》预测在2010—2040年间，三大核心城市将会为湾区提供46%的新增住房和44%的新增工作机会，沿岸市镇将会为湾区提供33%的新增住房和40%的新增工作机会，而其他市镇将会提供21%的新增住房和17%的新增工作机会。从县的角度来看，圣克拉拉、旧金山、阿尔梅达、康特拉湾这四个县将会在2010—2040年间提供83%的新增住房和新增工作机会，而湾区其余五个县在这一期间相关增长将非常缓慢。

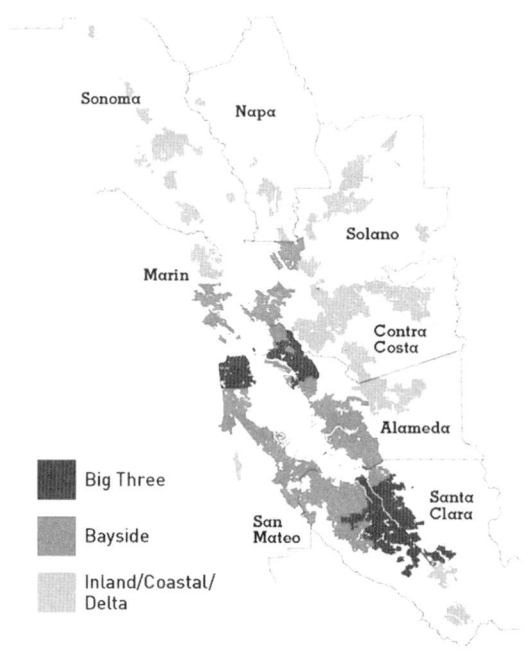

图2-18　旧金山湾区内的次区域

资料来源：《湾区区域规划2040》①

为了克服未来将愈演愈烈的住房和交通危机，《规划2040》最后制定了相关行动计划，这一行动计划的目标有三个：①住房方面：降低住房和交通支出在湾区居民收入中所占比重，在抑制"离开湾区"的风险的同时增加中低收入家庭能够负担的住房；②经济发展方面：改善通勤系统，增加中等收入工作机会，同时维护区域基础设施；③区域韧性方面：强化气候保护和适应气候变化的相关措施，加强对开发空间的保护，构建健康且安全的社区，并且保护社区不受自然灾害影响。

---

① http://2040.planbayarea.org/strategies-and-performance。

第三章　城市分工的概念及理论

第一节　关键概念

为建立严谨而规范的研究,第一步是要清晰地界定研究对象,其中会涉及许多概念,这一节将对其中的几个关键概念详加阐述。

一、湾区、城市群与大都市区

从城市经济理论的视角来看,湾区经济体的本质就是由多个地理相邻、经济联系密切的城市组成的城市群。更严格地说,湾区对应的学术概念是大都市区(metropolitan area)。一个都市区通常包含一个作为核心的大城市,它的周围环绕着一些中小城市,中小城市与大城市存在紧密而频繁的互动关系,亦即核心和周边城市实现了经济一体化。大都市区是城市发展过程中的一个高级的经济空间组织形态,其形成的根本动力在于生产活动在该地区的持续集中,及其引起的城市规模扩张。核心城市的扩张带动了周边城市的扩张,这些原本零散的城市化地区最终连成一片。有时,城市的扩张覆盖了更广阔的地理范围,达到了惊人的程度。在美国,最典型的一个例子就是北起波士顿、南至华盛顿的波士华(Boswash)城市群,此外还有"克利夫堡"(Cleveburgh)城市群、大湖区(Lower Great Lakes)城市群等。

我国业界和学界对湾区有多种定义,张日新和谷卓桐(2017)在回顾已有观点的基础上,提出"湾区"是由一个或若干个相连海港湾、岛屿组成,衔接众多分布于港口或入海口城镇群的区域发展系统。这个定义与已有文献的定义一样,强调了湾区的海湾、港口的区位属性。李立勋(2017)认为,在谈及粤港澳大湾区时应该把重点放在"粤港澳"上,而非"湾区",也就是说,城市群的属性比区位属性更重要。集聚经济理论认为,港口、区位、交通枢纽只是城市经济发展的一个诱因而非全部,城市经济最终会随着交通通信技术的进步超越地理区位的限制，进而演化出更丰富的经济形态。今天世界上一些高度发达的沿海城市，如纽约、东京、洛杉矶已不再以航运作为其支柱产业，而是以金融、科技研发、文化教育、商业服务为主。临海临港可能是城市发展的充分条件，但不是必要条件，像以伦敦、巴黎、法兰克福等城市为核心的城市群并不位于沿海湾区，但同样也是生产力高度发达的经济体。

事实上，除了旧金山湾区的确公开称为"湾区"外，"东京湾区""纽约湾区"都是我国学者创造出来的概念，这两个湾区没有确切的定义，人口规模上比较接近的概念分别是东京大都市圈和纽约大都市区。从这些称谓也反映出"海湾"的地理特征并非这些区域取得经济成功的关键要素。这就意味着，大湾区建设的重点应放在协调城市与城市之间的生产关系上，而非聚焦港口和航运等具体产业。只有协调了湾区内城市间的生产关系，才能实现湾区整体生产力的提升。

二、水平专业化与垂直专业化

一个城市参与产业分工的水平通常反映在其产业结构上，分工程度越高，则它的生产活动越集中在少数几个产业上。换言之，城市会在一些产业上表现出高度的专业化。有很多种指标可以用于测量城市的专业化水平，包括区位商、相对专业化指数、Herfindahl-Hirschman 指数、Gini 系数等，本书的实证研究部分会用到其中的一些指标，届时再进行详细介绍。这里要着重讲不同类型的专业化。城市的产业专业化大致可以分为水平专业化和垂直专业化两种。水平专业化是从城市生产的最终产品和服务来划分的专业化，可以简单理解为不同的城市生产不同的产品。而垂直专业化是从一个给定的产业或企业的内部活动和任务类型来划分的专业化，可以理解为，不同的城市处于同一产业的不同环节上，或者它们在生产中发挥着不同的功能。

水平专业化的研究已经有很多，而垂直专业化的研究也在逐渐增多。垂直专业化的研究视角有两个。一是生产周期视角。总部、R&D 实验室、专属服务部门集中在大城市，而工厂和售后服务以及类生产性活动分布在较低等级的城市。大城市作为创新中心而存在，负责孵化新产品，技术成熟后转移至次级城市进行标准化的大规模生产。另一个是产业链视角。一种产品的生产存在许多不同的阶段，每个阶段分散在不同的城市进行。Duranton & Puga（2000）对城市专业化的典型事实有这样的总结：在欧美发达国家，大城市专业化于服务业，而小城市专业化于制造业和其他非服务部门。如果使用管理者与蓝领工人的比率，或 R&D 人员与蓝领工人的比率作为功能分工的指标，就会发现大城市倾向于有较高的比率，而中小城市的该比率较低。

在一个城市群中，城市之间的分工可能呈现出一种复杂的情形，即产业分工（水平专业化）和功能分工（垂直专业化）交织在一起。不同的城市生产不同的产品，如广州生产汽车、深圳生产电子通信产品、佛山生产家电。与此同时，不同城市扮演不同的功能，如无论生产汽车、通信产品，还是家电，广州、深圳都集中了这些产业（企业）的管理决策、研发功能，而佛山则集中了生产制造功能。区分产业分工的不同定义很重要，这直接影响到结论。例如，比较一下表 3-1a 和表 3-1b。在表 3-1a 中，从产业来看，城市 1 和 2 都有产业 A 和 B，那么它们的产业结构是多样化的，结论是不存在分工。但从功能来看，城市 1 集聚了功能Ⅰ（管理），城市 2 集聚了功能Ⅱ（制造），结论则变成了存在分工。实际上，第一种情况是产业间分工，第二种情况是产业内分工。表 3-1b 的情形就相对简单一些，只存在产业间分工，不存在产业内分工的情况，因为只有城市 1 生产产品 A，只有城市 2 生产产品 B。

表 3-1a　产业内分工

产业分布	产业 A	产业 B
功能Ⅰ（管理）	城市 1	
功能Ⅱ（制造）	城市 2	

表 3-1b　产业间分工

产业分布	产业 A	产业 B
功能Ⅰ（管理）	城市 1	城市 2
功能Ⅱ（制造）		

三、专业化与多样化

在现实中，一些城市，尤其是大城市，包含一系列不相关的产业，并且没有哪个产业占主导地位。此时，它们的产业结构就表现出多样化特征。多样化是相对于专业化的概念。从理论上说，城市专业化意味着城市间分工，而多样化意味着城市自给自足（Abdel-Rahman，1990），不需要分工和贸易。然而在现实中，没有哪个城市只生产一种产品，也没有哪个城市是自给自足的，专业化和多样化都是相对的概念。这也就意味着多样化概念与分工并不是对立的。专业化和多样化是城市的产业结构问题，而产业分工是城市间的经济关系问题。两者既有区别，又有联系。

长期以来，研究者们一直关注专业化和多样化到底哪种产业结构有利于城市经济增长，这种争论忽视了一个重要的情境，即城市间是相互依存的，尤其是相邻的城市。一个城市的专业化或多样化水平受其周边城市的影响。一些文献忽略了这个"力场"，在做计量实证时，假定它们的专业化/多样化不受其他城市的影响，基本上都是把每个城市看作是一个单独的观测单元，而不是把它们看作是一个体系中的成员。所以，从计量技术的使用上来说，应该使用空间计量的方法把其他城市对观测城市多样化/专业化的影响考虑进来才能得到准确的结果。

如果孤立地看一个城市（不考虑它与其他城市的联系），把它当成一个独立的经济系统，要保全它的稳定性，避免专业化结构易受外界波动冲击的结果，最好的选择就是多样化，实现自给自足，而不是专业化与贸易。有的实证研究基于这一点得出多样化比专业化更有优势的结论。而当把单个城市放在城市体系（城市群）的环境下，即考虑它与其他城市的关系时，无论专业化还是多样化城市，它都存在与其他城市的分工。在讨论这一问题时，理论模型分析也存在误导，因为在简化的模型中，一般一个经济体中只有两个城市，一个城市是完全可以通过多样化实现自给自足，避免与其他城市贸易的。但在现实世界中，在现代经济体系下，大多数国家都存在对外贸易，一个庞大的国家尚且不会自给自足，更何况一个比国家小得多的城市？

所以城市间是否存在分工不是问题，问题是采取什么样的方式参与分工。有的城市以专业化的方式参与城市分工，有的则以多样化的方式参与分工。这就是专业化/多样化与城市分工之间的关系。

四、大都市区内部结构

前面提到，大都市区内部通常有一个大的核心城市，然后周围环绕着一些中小城市，两者之间有着密切的经济联系。这反映了大都市区内部的单中心结构。这种结构有其合理性。大都市区是城市化进入高级阶段的产物，其内部有规模不一、功能各异的城市。成功的世界级大都市区通常有一个居于核心地位的城市，这个城市是规模最大、人口密度最高、经济实力最强、辐射带动作用最明显的城市，它扮演着大都市区发展中枢的角色，它对大都市区整体发展具有举足轻重的作用。核心城市聚集了金融、研发、管理咨询、法律和教育、规划设计以及商业服务等现代服务业，为负责制造业生产的外围城市提供生产性支撑。核心城市还引领着大都市区的经济增长。新的企业、行业、产品、商业模式、生产技术、管理方法源源不断地从核心城市创造出来，并通过城市间的人员、资金、信息、货物流等纽带溢出到外围城市。可以说核心城市就是整个大都市区的领头羊和发动机，带领着其他城市获得新的发展。大都市区城市群内部的这种"主导—跟随"结构保证了大都市区内部经济活动有序进行，从而形成较高的生产率。

近年来，关于多中心结构的研究日益增多，这反映了大都市地区进一步扩张的结果，在更广阔的地理范围内必然会有更多的中心城市出现。但就目前我们研究的湾区规模来看，单中心结构还是比较具有解释力的。即使像"一都六县"（关东地区）定义上的东京都市圈都也是单中心的。

第二节 理论准备

前述诸多关键概念已经透露了本书的理论内核，即城市经济学（urban economics，UE）和新经济地理学（new economic geography，NEG）。UE 和 NEG 可以看作是空间经济理论的两个分支，尽管两者研究不同的问题，但是它们之间有着紧密的联系，而且研究者越来越感到需要将两者结合起来研究。本书将利用这两个学科的概念、理论和方法对研究主题进行分析。为读者更好地理解本书的研究内容，有必要对 UE 和 NEG 的发展脉络、相互之间的联系以及融合的趋势进行简要的介绍。

一、城市经济学与新经济地理学

（一）理论渊源

在历史上，空间经济思想有四个范式，它们来自几个经济学家的开拓性工作，包括 Thünen，Launhart 和 Weber，Christaller 和 Lösch，以及 Hotelling（Baumont & Huriot，2000）。最早的范式是由 Thünen 开创的，形成于 190 多年前。在《孤立国同农业和国民经济的关系》（1826）一书中，Thünen 讨论了一个重要的问题：围绕着一个中心城镇，如何在空间上合理地安排一系列农作物的种植位置。他由此发展出一个农业土地利用和地租关系的理论：根据各地到中心城镇的距离远近，地租有高低之分，经过权衡收益与成本（包括生产、运输、土地等成本），不同区位应该种养的农产品（如蔬菜、谷物、牲畜等）将被确定下来。这个单中心经济模型后来演化成为空间经济一般均衡的基础理论，UE 的单中心城市结构、NEG 的中心 - 外围结构都是这一古老思想的复兴（Fujita，2012；Parr，2015）。

其余的理论范式也为整个学科的构建贡献了丰富的概念和思想。Launhart（1885）和 Weber（1929）认为，运输成本最小化是企业选址时最主要的考虑，而且下游企业的生产成本是上游企业所在区位的函数。企业要选择一个最佳的区位以便最小化其生产总成本。也就是说，企业间的地理距离和运输成本在企业选址时具有重要作用。Christaller（1933）建立了中心地理论。中心地是一个集聚区域或地点，它向周边地区提供高等级服务。Christaller 发现，不同区位、规模和生产结构的城市位于不同的功能等级，并认为，根据城市扮演的角色可将它们划分为中心地、运输城市、专业功能城市。这些城市在经济构成、社会和人口特征等方面不同，它们构成了一个城市体系。这个体系有其内在结构和秩序，它规定了城市的空间分布、城市间经济活动转移、要素流向，以及城市在空间中相互联系的复杂模式。和 Christaller 类似，Lösch（1940）对城市等级秩序进行了研究。他认为，在城市等级体系中，城市的规模及其提供的产品会展现出一些规则性。在他设想的城市体系中，存在一系列嵌套和规则的蜂窝结构，每个六边形的蜂窝生产一种产品，每个蜂窝的顶点设置一个城市，它向周围区域的消费者供应产品。Hotelling（1929）研究了企业的空间竞争行为。在一个两阶段博弈模型中，企业首先同时选择区位，然后确定商品价格。消费者在空间中连续均匀分布，企业的目标是尽可能获得最多的消费者，区位的选择会影响企业的市场需求和定价。结果在竞争均衡时，所有企业都集中到一个中心位置以获取最大的市场范围。这表明，对市场范围的争夺是形成集聚的一个向心力。

从对这些古典理论的简要回顾中可以看出，空间经济理论的一些核心概念已经有所提及，如集聚、单中心结构、城市功能等级、产业区位、运输成本、空间竞争行为等。与此同时，早期的一些模型已具备抽象理论的雏形，极富思想性，且影响深远。尽管如此，古典理论还有不完善的地方。一方面，工业区位、企业选址、城市体系、城市内部结构等各个理论分支仍处于相对独立的状态，它们相互间的内在联系尚未被完全揭示出来，因而从整体上看这个空间经济理论体系还比较零碎。另一方面，理论的阐述还没有通过数理建模的形式予以正式化。经典著作中一些光辉的思想被掩盖在冗长的文字论述当中，容易被研究者忽视。还有一些早期的作家，如 Christaller 和 Lösch，甚至借助于机械的几何规则构建模型，未能有效地揭示空间经济秩序的微观形成机制。更完善的模型都是在 20 世纪中后期新的研究方法出现后才逐步完成。

（二）城市经济学

关于城市土地利用的现代理论是对 Thünen 农业土地利用理论的重要复兴。尽管 Thünen 的理论对区域科学思想具有十分重要的意义，但是却被经济学家忽视了一个世纪之久。在此期间，人类聚居区以极快的速度扩张，以至于超出了传统的城市设计指导原则。自 1950 年代后期开始，城市问题日益凸显，人们急需关于城市空间的系统性理论作为指导，此时，人们才重新挖掘 Thünen 的理论遗产。

由 Thünen 的农业区位分析发展出来的单中心模型在 1960 年代被引入城市内部区位分析中，这些研究工作导致了所谓"新城市经济学"的诞生。Alonso（1964）首先成功地将 Thünen 的中心概念——竞租曲线——扩展到了城市结构中。在一个单中心城市模型里，原先的农产品贸易市场被就业中心，即中央商务区（CBD）所取代。消费者（同时也是劳动者）在 CBD 之外的地方租用土地居住，并在 CBD 上班，其每日往返于两地。当土地市场均衡时，求解模型将得出地租水平、土地利用类型以及人口密度的分布，这些变量都是居住地到 CBD 距离的函数。基于个体最优化行为，Alonso（1964）完成了第一个关于单中心城市的一般均衡分析。自此往后，城市经济学得到了快速的推进（Fujita & Thisse，1996）。到 1960 年代末，城市经济学的应用性研究在数量和质量方面快速提升。例如，Rothenberg（1967）首先从福利经济学的角度对政府热衷的城市更新计划进行了恰当的评估。Muth（1969）出版了《城市与住房》一书，成为城市经济理论和应用相结合的典范。Henderson（1974）的研究扩展了单体城市模型，将其发展成为城市体系模型。他认为，在城市（尤其是大城市）中，随着人口增加，交通拥堵和住房消耗会产生集聚不经济——通勤成本和地租上升。另一方面，同行业企业集聚能够产生使生产率提高的地方化经济。在模型中，城市间的商品运输成本被假设为 0，而城市内部的通勤成本不为 0。为了避免拥挤造成的集聚不经济，同时享受制造业生产的地方化经济，均衡时每个城市只生产一种产品，并且与其他城市交易商品（Tabuchi，1998）。Henderson（1974，1988）的方法具有原创性且优雅迷人，它能推演出由众多不同规模和产业结构的城市组成的城市体系，而且城市数目是内生的而不是事先给定的（Thisse，2010）。它相当成功地解释了现实中存在专业化城市和城市间贸易的原因。

上述经典模型奠定了城市经济学基本的理论框架，使城市经济研究进入了主流经济学的范畴。在此基础上，城市经济学不断开拓新的研究议题，包括多中心空间结构、城市间贸易、社会收入差距、住房问题、产业结构、城市公共财政、城市交通治理、逆城市化、社会分层等。与此同时，它还与内生增长理论、产业组织理论、新经济地理学等其他领域相融合，积极借鉴其思想、方法和工具，焕发出新的活力。

（三）新经济地理学

城市经济学最核心的目标是解释城市的内部结构，如土地如何在农作物、办公场所、住房和基础设施之间分配，为什么城市有一个或多个 CBD 等。从 Thünen 的模型到城市经济学，尽管其间有许多新的发展，但城市经济学仍然无法合理地解释许多空间经济学问题，例如城市间的贸易、城市体系的结构、城市空间的形成。直到 1990 年代新经济地理学的诞生，这些问题才有了令人满意的回答。

Krugman（1991）首次通过成熟的一般均衡模型推导出关于空间不平等现象的理论模型（Fujita & Thisse，2009）。围绕着 Krugman 的开创性工作，一系列新的概念、模型、方法和议题不断涌现，形成了一个独立的区域科学分支。NEG 理论的强大之处在于它的解释力跨越多个地理层级：从城市到区域再到全球层面。因此，与城市经济学相比，NEG 有更广阔的目标，它使用一种全新的方法，并且产生更一般化的、有时无法从直觉获得的结果。

NEG 研究空间异质性、空间集聚与分散等基本问题。它善于在空间一般均衡框架下解释城市形成和城市体系问题。它的微观经济假设与传统的区域科学有着重大区别，它强调规模报酬递增、垄断竞争和空间外部性的作用。NEG 模型最有价值的结果是指出经济活动的集聚程度能被多种因素促进，包括低运输成本或通信成本，以及高度的产品多样化。NEG 也有自己的缺陷。首先，许多模型都聚焦于单一的集聚因素，例如差异化产品的生产，公共品或信息交流产生的外部性。每个模型都只抓住了一个方面。然而，城市是综合多种集聚因素的复杂结果，其中的本质仍是一个谜。其次，城市的形成理论是基于集聚经济和空间外部性的概念，这些概念仍然是有待打开的黑箱。但不可否认，NEG 和集聚理论的兴起对于空间经济理论的整合有着重要的意义。在城市层面以及区域层面，集聚的一般机制在一定程度上是相似的。但促进经济活动集中和分散的主要因素可能因空间分析的尺度不同而不同。例如，城市形成模型中的驱散力包括通勤成本和土地价格，而区域集聚模型则将驱散力归结为不可移动的活动，例如农业。值得注意的是，两种方法之间的趋同是明显的。

空间经济理论在 19 世纪和 20 世纪的大部分时间里都处于经济理论的边缘位置。NEG 在某种程度上把空间经济理论重新置于现代经济理论的中心位置，是现代经济理论的最新发展。NEG 模型越来越深地融合到主流经济理论中，递增报酬、垄断竞争以及外部性等概念已经成为空间经济理论的基础，就像在内生增长理论、新国际贸易理论以及产业经济学中一样。NEG 在空间理论和其他经济理论领域之间建立了新的联系，使得它可以处理一系列新的问题，如城市经济学中的城市形成，增长理论中的不平衡增长，以及产业经济学中的策略性行为。

二、产业政策下的城市分工

UE 和 NEG 理论遵循新古典经济学的研究范式，问题界定清晰，概念和方法规范，框架和体系完善，为我们思考大湾区城市产业分工问题提供了强有力的理论支撑。同时，它们也继承了自由放任市场的思想，强调市场机制在城市经济运行中的作用。然而在现实中，政府是影响城市经济的一个重要力量，尤其是在政府主导经济发展的国家里。在空间经济学的许多标准模型中，政府的作用显然被低估了。尽管 UE 和 NEG 也探讨政府在空间经济行为中的作用，但是它们的政府大多是抽象的政府，政府行为被高度地简化。此外，它们考虑的大多是西方政治制度背景下的政府行为，对其他制度环境下的政府行为研究得较少，这就会大大限制这些空间理论在其他制度环境下的适用性。因此，如果要利用在欧美制度下发展起来的空间经济理论分析中国制度环境下粤港澳大湾区的城市分工问题，并得出具有可行性的政策建议，就必须谨慎地考察不同政治经济制度环境下，市场机制和政府行为对于城市间产业分工的影响。为此，我们求助于政治经济学和新制度经济学的相关概念和理论知识。城市间产业分工不仅仅是企业根据市场信号做出选择的结果,分工程度高低还与各级政府的经济发展政策,尤其是产业政策密切相关。

(一) 地方政府的作用

在1970年代末和1980年代初,受新自由主义和华盛顿共识的影响,市场变成了配置资源和促进经济增长的流行机制,关键的措施包括减少政府控制、推进自由贸易、鼓励私人部门发挥更重要的作用等。与此同时,欧美许多国家实施了旨在最小化国家角色的结构性调整政策,将许多权力下放到地方政府机构。到1990年代中期,全球大约有80%的国家都不同程度地实施了行政放权改革,尽管这些国家在政治制度上有很大的差异。这一波放权浪潮让人们重新认识了地方政府的作用,由于它们是最接近民众的政府层级,行政放权被认为是有效实施发展政策的工具。在此大背景下,各国中央政府大幅缩减了各种建设项目和资助经费,地方政府对当地经济发展负有更大的责任。地区间乃至国际间的竞争迫使地方政府不得不参与一场争夺全球市场领导权和主导地位的竞赛。参与这场竞赛意味着地方政府要发展高科技研发基地,促进新思想和创新的扩散;设立企业孵化基地,降低租金和提供管理支持;促进地方产品打入国际市场;提供各种优惠政策吸引有前途的企业。此外,还要提升劳动力技能和获得新的技术。

由于缺乏全国层面的统一规划,各地要根据当地的实际情况制定自己的发展战略。在地方的经济发展战略中,产业政策占有重要的一席之地。自1980年代以来,欧美地方政府的产业发展政策在目标、手段、组织方式等方面呈现出多样化特征。在美国,各地区的产业发展状况很不一样,那些支柱产业日渐式微的地区为重振经济急需改变自己的产业结构,它们等不及联邦政府出台指导性的产业政策,而那些增长势头良好的地区则不愿意错失产业转型升级的机会,它们希望本地区引进高新科技产业,实现产业结构高级化。为了使出台的产业政策能更好地符合当地的实际情况,各地区并不会盲目跟风,它们在目标产业选择、组织、技术能力上有很大的差异。Eisinger(1990)研究了1987年美国20个州正式签署的产业发展计划后发现,尽管高科技产业是最普遍的发展目标(16个州对高科技部门或者特定的高科技产业给予特殊的支持),但各州设定的目标产业还是有很大差异的。有9个州希望发展旅游业;7个州瞄准食品加工业；6个州聚焦农业和农贸产业；5个州瞄准木制品业。此外各地还发展一些特色产业，如通信设备（内布拉斯加）、制衣（夏威夷）、珠宝（罗德岛）、家具（加州）、采煤（宾州）。20个州的产业发展计划瞄准了至少34个不同的部门和特定的产业。

地方政府拥有许多政策工具，对城市产业结构施以强有力的影响。这些产业政策工具包括：特定产业补贴、贸易保护政策、政府采购、政府风险投资、大企业救助、税收政策、提供融资渠道、出口政策支持、扶持制造业和扶持中小企业。以特定产业补贴为例，美国地方政府都会采取各种措施支持当地的大型企业。2013年，华盛顿州为保住当地的制造业就业，给予了波音公司87亿美元的税收减免优惠，希望借此让波音公司将777X喷气式飞机的生产线留在当地。而美国铝业公司获得了56.4亿美元的补贴。这来自于它与纽约供电局达成的协议：前者可以享受长达30年的电费折扣，美国铝业大约只需支付标准价格的1/4。作为交换，美国铝业将对其位于纽约州的工厂投资6亿美元，并且该工厂裁减的工作岗位不得超过15%（Stensrud，2016）。

（二）产业分工的政治经济学

如果把欧美国家高度化的城市分工归结为行政放权改革的结果，无疑会把情况简单化。实际上，政府间行政权力的收放是经常变化的，然而城市间的分工关系长期来看却是相对稳定的，这说明放权只是其中的一个因素，更深层的机制来自于这些国家的政治制度。由于本书涉及的比较对象主要是美国，所以这里集中讨论的是美国城市分工所处的政治制度。

一般认为美国不存在系统的、持续的产业政策，政府也极力避免使用这个词汇。但为了应对政治压力和实现多样化的经济目标，政府仍有意识地使用大量政策工具提升特定产业和经济活动的竞争力。这些政策是由一系列联邦、州以及地方层面的政府部门和机构设计和执行的。美国在产业政策制定的过程中，有三对行为主体起到关键作用，即总统与国会、联邦政府与州政府、公共部门与私人部门。

美国经济政策制定的首要特点是总统与国会之间的博弈。在美国的行政体系中，总统能够设定政治议程，并利用他在总统任期内掌控的政治资源，将那些他认为非常重要的事务付诸实施。而对于国会，尤其是众议院里的成员来说，由于他们每隔一年就要面对选民，议员们更关心的是政策是否能为代表选区的选民争取直接的利益。在这种相互制衡的环境下，政策的出台必然是各方利益妥协的结果，政策的不协调性在所难免。

第二个特点是美国的州政府在许多经济政策领域扮演着重要角色，而且州之间的竞争关系导致它们的商业环境有很大的不同。州级发展战略的质量也有很大的差异性，各州政府形成了一整套强化本地竞争力的政策工具。近几年来，许多州和地方政府发起了名目繁多的经济发展战略，致力于优化当地营商环境，以便提高它们的投资吸引力。例如，马萨诸塞州的"竞争抉择"战略就是最先实践这种努力的计划之一。现在许多地方政府都模仿这种做法，同时一些非政府组织，如全美政府联合会也积极为地方设计现代经济发展战略。

第三个特点是在经济政策制定的过程中高层级政府与私人部门有着密切的合作关系。在各地，商业领袖都会参与到政策讨论当中，并寻求有影响力的制度平台和通道，这些活动和渠道塑造了相应产业的重要性。与其他国家相比，通过游说争取市场干预的行为很普遍，而且商业领袖通过结成广泛的联盟参与到设计和执行战略中去，以提高各自行业的竞争力（Ketels，2007）。

上述分析表明，三权分立、党派政治、民主选举、联邦制等构成了美国分权政治体制的要素，这种制度环境在提高地区产业差异化与城市分工水平上起着决定性作用。值得一提的是，分权体制在提高城市分工水平的同时，也有其弊端。例如，它导致了政府间关系过于松散，以至于无法通过有效的政府间合作解决系统性问题，如基础设施建设、国家产业竞争力培育、区域发展不平衡等。

（三）制度差异

粤港澳大湾区城市所处的政治经济制度环境迥异于欧美城市，因此城市产业分工机制必有自己独特之处。相对于欧美国家的分权体制，集权是我国政治经济制度的最大特征。集权体制赋予了党和政府在经济发展中的主导地位，具体表现在三个方面，即党的全面领导、单一制行政体系，以及政府的宏观调控能力。

首先，与欧美国家党派轮流执政不同的是，中国共产党是我国唯一的执政党，党主导了国家的一切政治生活，除此之外，军事、外交、司法、经济等领域的重大决策都首先要在党的层面凝聚共识，形成指导思想，然后交由政府系统付诸实施。每年党代会都要先于全国人民代表大会和全国人民政治协商会议召开，就是这种主导性的集中体现。在经济领域，由中共中央和国务院召开的中央经济工作会议是我国最高级别的经济决策会议，会议做出的决定对未来数年的宏观经济形势影响深远。党的绝对领导保证了经济政策的连续性、系统性和内在一致性，避免了欧美国家两党或多党轮流执政造成的政策不稳定性。例如，从1980年代的国家"863计划"到如今的创新驱动发展战略，科技产业政策横跨30年，精神一脉相承，内容与时俱进。

其次，我国实行"上管下"的行政等级体制，这使得由中央传递出来的政令得以贯彻实施。1978年以后，我国逐步废除了严格的中央计划经济体制，在财政、税收、土地、国有企业、私营经济、外商投资等领域实施了一系列重大改革，将许多经济发展权限下放至地方。地方政府对当地经济结构的塑造有了更大影响力。但与欧美国家的行政分权不同的是，我国中央政府对地方政府，以及地方的上级政府对下级政府仍然有很强的控制能力。这主要是通过人事任免权和财税分配权的向上集中实现的。在这种权力配置下，中央发布的大部分重大发展计划，如国民经济五年规划，地方都会遵从，并出台相应的地方版本予以落实。

第三，在市场和政府的力量对比上，后者占优。相较于企业、劳动力、外资等市场主体，中国的各级政府掌握着更庞大的经济资源，金融、财政、税收、土地、基础设施等工具是对市场进行宏观调控强有力的工具。更重要的是，政府具有规制市场的权力，市场主体能做什么，不能做什么，政府可以通过行政法规进行规定，从而调节着市场主体的行为。经常被人诟病的地方保护主义就是一例。近年来，我国涌现出各种"特区"，如高新技术开发区、国家级新区、自由贸易区等。在这些特区内，市场主体活动权限扩大，对生产要素形成了吸引力，极大地影响着区域经济发展格局。这显示了政府规制对市场活动的控制力。

上述政治经济体制要素使得我国的许多经济政策具有自上而下、统一规划和执行的特征，在后面，我们将看到这种自上而下的决策机制对城市间产业分工有着极大的影响。

第四章　城市分工的市场机制

第一节　城市体系中的产业分工

如何才能够形成提高城市效率的城市间产业分工体系？城市分工的形成机制是怎样的？有哪些因素影响着这一过程？为回答这些问题，城市体系理论是一个合适的组织框架和分析工具。本章将转向对城市分工机制的理论探讨。Abdel-Rahman & Anas（2004）对城市体系理论的相关文献有很好的概括和总结，本节主要利用其中涉及城市间分工的内容进行阐述。

一、没有城市分工的模型

最简单的城市体系模型是由 n 个相同的城市组成的体系，除了居民可以无成本地在城市间迁移外，城市之间没有其他互动。每个城市都建立在自给自足的有效规模上，各自有 N 个居民，因此全国或整个区域的总人口是 $P=nN$。尽管城市的数目 n 必须是个整数，但通常假设 P 相对于 N 足够大，所以 n 被看作是一个连续的变量。城市形成的方式有三种，即通过开发商、地方政府或者自组织方式建立。假定 P 足够大，$n^* = P/N^*$ 是一个稳定均衡，在该城市数目 n^* 下，每个城市的居民都能够达到最高的效用水平，迁移至其他城市并不会获得更高的效用水平。如果城市是由开发商建立的，并且 $n > P/N^*$，即 $n > n^*$，那么每个城市的规模 N 都会低于最优规模 N^*，开发商建立新城市会遭受损失，其中一些开发商必然退出市场，结果 $N \rightarrow N^*$，$n \rightarrow P/N^*$。相反，如果 $n < P/N^*$，即 $n < n^*$，每个城市都大于最优规模（$N > N^*$），正的收益诱使新的开发商建立城市，n 和 N 会再次趋于均衡。

城市间没有互动的原因是什么？根据地方公共品模型，每个城市生产相同的地方公共品和消费品。因而，交易这些商品不会增加任何福利。然而，在产品种类模型中，情况会有所不同。由于居民对产品种类有强烈的偏好（或者生产者对投入产品的种类有强烈的偏向性），他们不仅消费当地的产品，同时对其他城市生产的各种商品也有很强的需求。要使这些城市不贸易差异化的产品，贸易成本必须无限高，但这只是一种极端的情形。

一些早期文献刻画了孤立无贸易城市体系的一些重要特征。根据这些模型推导的结果，尽管每个城市都存在人口方面的内部规模经济，但城市体系从总体上展现出边际规模报酬不变的特性。当总人口 P 增长时，这个不变报酬通过增加相同规模（N^*）的新城市而得以维持，所有的加总变量（例如总产出）都按照人口增长率增长。这个性质表明，新城市的出现对经济体具有重要意义。当无法通过建立新城市进行扩展的时候，人口的进一步增长就必须由现有的城市容纳，这会超过城市自给自足时的最优规模，最终导致福利损失。

二、城市间分工的来源

城市体系中的城市在产业结构上是专业化的还是多样化的？这是城市体系理论的一个中心议题。当一个城市只有一个产业时，可以将其定义为专业化城市。多样化通常定义为两个或多个产业聚集于同一个城市中。研究这个问题最简单的方法是假定只有两个产业，并考察在什么条件下这两个产业会聚集在同一个城市中。

（一）专业化

假定两个产业之间没有直接的联系。每个产业生产一种产品，并在城市之间贸易。此时，有两种相反的效应需要考虑。第一种效应可以称之为"贸易节约效应"。其含义是，如果每个城市都包含两种产业，且能够生产出足够多的产品满足当地对两种产品的消费需求，那么该城市就不需要进口任何产品。这就节省了当地居民由于贸易而产生的许多成本，并提高他们的效用。第二种效应是"挤出效应"。它的含义是，如果一个城市包含两个产业，那么它的劳动力和人口规模就会很大。城市内部的平均通勤成本会更高，从而降低居民的效用。因此，无关联性且规模报酬不变的两个产业会在土地市场上相互竞争，当其中一个产业被排挤出城市时，就导致了城市的专业化。

挤出效应在 Krugman 的新经济地理理论（NEG）中是不存在的，因为在NEG 的模型中，城市里不存在土地市场。另一方面，在 Henderson 的模型中，虽然存在城市间贸易，但商品贸易的成本总被假定为 0，不存在贸易节约效应。

因此，挤出效应总是很强，所以城市总是专业化的。只要不限制城市的数目，由两个产业推导出来的机制很容易推广到 $k=1, \cdots, K$ 个产业的情形。假定所有的产品都可以在城市间以 0 成本进行贸易。那么将存在 n_k 个 k 型专业化城市，每个城市包含 k 个产业和 N_k 个居民。给定城市体系的总人口数 P，则 $P = \sum_{k=1}^{K} n_k N_k$。如果一个城市专业化于第 $k+1$ 个产品，它的有效规模比一个专业化于产品 k 的城市的有效规模大，那么 $k+1$ 型城市的地租会更高。由于效用在城市间都是一样的，作为补偿，$k+1$ 型城市的工资就应该比 k 型城市更高。同时，每种城市的数目将调整到一定的水平，从而城市体系所需要的每种产品在总量上都能够得到满足。

上述专业化结果可能与 Wilson（1987）的模型不同。在他的模型中，有许多同质化的居民（他们既是消费者又是劳动力），两个产业没有地方化经济，城市间的贸易成本为 0，各城市有专属的公共产品。模型假定城市由开发商建立。如果开发商发现在他的城市中只生产一种产品更好的话，该城市将是专业化的。如果不借助于地方化经济理论，而是用俱乐部理论的专业化和贸易概念进行解释的话，就容易引起争论。Papageorgiou & Pines（1999）分析该模型后认为，在最优城市体系下，城市的专业化或多样化取决于两样东西之间的不对称性，一是生产两种私有产品的技术，另一个是私有产品和公共产品之间的互补性。一般而言，在一个最优的专业化城市体系中，有一个城市会比它自给自足时的规模要大，而其他城市都较小，同时专业化产品的贸易会发生。在这种最优化的体系中，对于供应大量公共品的城市，其人口过多，工资较低，租金较高。此外，两种类型的城市在消费结构上也不同，因为各城市的工资取决于各城市的边际劳动产出，这意味着两种商品的相对价格不同。

（二）范围经济

为了摆脱完全专业化城市体系这种与现实不符的情况，有一种方法假定各产业间存在联系。例如假定两种产品在同一个城市中生产会形成范围经济。

Abdel-Rahman（1990）发展了第一个关于非对称范围经济的空间模型。模型假定有两个同质化商品，它们各自的生产函数是 $x_1 = f(H_1, H_2) h_1$，$x_2 = g(H_2) h_2$，其中，偏导数 $f_1 > 0$，$f_2 > 0$，$g_1 > 0$。x_1 和 x_2 分别是产业 1 和产业 2 的企业产出，h_1 和 h_2 是企业的劳动投入，H_1 和 H_2 是产业层面上的总劳动投入。因此，产业 1 具有城市化经济，因为生产函数形式反映了城市中存在于产业间的外部规模经济。产业 2 具有地方化经济。Abdel-Rahman 考察了由一个多样化城市和一个专业化于产业 2 的城市构成的体系。主要的结果是，如果至少有一个产业在某个点上表现出规模报酬递减，那么多样化城市在均衡时会比专业化城市更大。

Abdel-Rahman & Fujita（1993）的研究模型化了范围经济的成本。假定开发商能够建立城市，他要使区位成本与生产成本最小化。模型中有两种最终产品（$i=1, 2$），成本函数是 $C_i = F_i + c_i X_i$。F_i 是用以启动生产的固定成本，c_i 是不变的边际成本，X_i 是行业产出。由于贸易成本为 0，模型会得到纯专业化结果，即每个城市只生产一种产品。为了消除极端情况，假定当两种产品在同一个城市生产时，生产的固定成本是 F_d，且 $F_d < F_1 + F_2$，那么在该城市中生产两种产品的成本就变为 $C_d = F_d + c_1 X_1 + c_2 X_2$。显然，如果这种固定成本节省的程度不够大，那么城市就会专业化，因为挤出效应并不能完全被联合生产所节省的成本抵消。但如果这些节省的成本充分大，体系中的所有城市都将是多样化的，即每个城市都同时生产两种产品。也可能存在混合均衡，即有些城市是多样化的，而另一些是专业化的。混合均衡产生的条件是 $F_d > F_1$ 且 $F_d < F_2$，此时专业化城市生产商品 1。研究还显示，多样化城市可以比专业化城市更大。

与上述内容相关的一个文献是 Abdel-Rahman（1994）。该模型有两个规模报酬不变的产业，商品的贸易成本为 0。每种产品的生产使用同质化劳动力加上一个针对不同产业的专有服务。专有服务被假定不能在城市间贸易。两种专有服务的生产服从于范围经济。此时，联合生产导致的节约可能来自服务业的固定成本或可变成本。同样，当服务业联合生产节约的成本不够高时，就会得到纯专业化结果，即每个城市只生产一种最终品以及相关的中间品（服务）。在这种情况下，城市的存在取决于服务业生产中的规模经济（源于固定成本）。反之，如果两种服务联合生产的节约程度足够大，那么所有的城市在均衡时都是纯多样化的，即每个城市都生产两种最终品和两种服务。如果范围经济降低的是可变成本而不是固定成本，那么混合均衡就会出现，此时，专业化城市和多样化城市共存，且前者的规模比后者大。

上述模型将范围经济看作是一个黑箱，因为它们都没有清楚地说明生产率收益或者成本节约的来源是什么。一个直接处理该问题的模型是 Abdel-Rahman（1990b）的共享投入模型。城市生产一种可贸易品和一种地方公共品。两种生产过程都是报酬不变的，投入包括同质化的劳动，以及该城市生产的全部差异化的、不可贸易的服务种类。这些生产共用的服务是垄断竞争型的。

(三) 不存在范围经济的多样化

当上述模型通过生产过程中的范围经济概念得到多样化城市体系结果时，更具挑战的工作是如何放松这个假定而得到同样的结果。实际上，当施加范围经济假定时，多样化结果实际上直接来自于模型的前提假设。一种明显的替代方法是假设两种最终品产业在生产上不相关，并且两种产品的贸易是有成本的。如果这些产品贸易的成本非常高，那么就会产生城市的贸易节约效应，从而抵消挤出效应。Abdel-Rahman（1996）提出了这种模型。其中，有两种最终产品能够在城市间贸易。其中一种是消费品，另一种是用于生产通勤设施（交通基础设施）的产品，这种产品的生产要投入金钱而非时间。每个制造业都使用劳动和差异化的专有服务。专有服务是垄断竞争性质的。由于各产业不使用相同的服务，所以不存在范围经济。Abdel-Rahman 分析了两类均衡。当制造品在城市间贸易的成本足够低时，就会出现第一类均衡。此时，由于挤出效应超过了贸易节约效应，所有城市都专业化于一种产品及对应的专有服务。当所有城市都一样并且是纯多样化时，第二类均衡就出现了。这时，每个城市都生产两种制造品和对应的专有服务，城市间不存在贸易。当贸易成本很高时，贸易节约效应超过了挤出效应，因此第二类均衡得以实现。

(四) 城市间的服务贸易

在前述含有生产服务的模型中，服务不可贸易的假设导致了产业层面的规模经济。但服务不可贸易的假设是否具有真实性呢？一方面，Abdel-Rahman & Fujita（1990）将这些生产性服务业描述为"维修服务、工程和法律支持、运输通信服务、金融广告服务"。尽管其中一些服务难以出口到其他城市，但越来越多的服务，如通信、金融（银行业、保险业、投资业）和广告服务是可以在城市间贸易的。互联网的应用使这些服务变得可贸易。因此，服务和最终产品按照一定成本在城市间贸易的假设就更具现实性。Anas & Xiong（2003）的研究体现了这一改进。该模型的设置与 Abdel-Rahman（1996）相似，但在某些方面则不同。他们的模型假设城市内部通勤消耗的是时间而不是金钱，两种最终品都被用于消费（而不是其中一种被用于支付通勤成本）。这两个差异是次要的，主要的差异在于两种服务和最终品在城市间是可贸易的，但它们各自的贸易成本不同。最终品（制造品）的生产需要投入劳动和专有服务。因此，每个厂商都要从本地及其他城市购买生产所需的所有服务。为了简化分析，模型假设两个产业在技术上是对称的，对其产品的需求也是对称的。在这些对称性假设下，他们分析了两类均衡。其中一类是所有的城市都是多样化的，包括制造业和服务业的多样化。在另一类均衡中，有一半的城市是专业化于制造业和相关服务业的。城市的数量和每个城市的规模在两类均衡中都是一样的。因此，一个产业在多样化城市中的规模只有它在专业化城市中的一半。这意味着，与位于专业化城市的企业相比，一个位于多样化城市的企业只能获得一半数目的本地服务种类。这体现了挤出效应的运行机制。另一方面，贸易节约效应意味着，如果所有城市都是多样化的话，就不存在制造品在城市间的贸易。结果表明，每种均衡都有可能获得更高的效用，这取决于模型的各种参数。例如，提高服务业在生产中的投入比例有助于专业化城市，因为在这种城市内部就能找到更多的服务，因而进口更少。相似地，如果服务贸易过于昂贵，就会有利于专业化。相反，如果制造品贸易成本高，这将增强贸易节约效应，并且导致多样化城市均衡。如果通勤成本上升，城市就变得更小，当地可获得的服务种类更少，这会提高专业化城市相对于多样化城市的效用，因为在专业化城市中，当地的服务种类更多。

（五）生产周期

专业化和多样化的动态模型分析显示，它可以得到多样化和专业化城市共存的城市体系。在城市体系的文献中，Duranton & Puga（2001）提出了第一个生产周期模型。在该模型中，大都市区扮演着新产品的培育者的角色。他们构造了一个生产周期模型，企业在一个多样化的城市中试验各种生产程序，直至他们找到理想的生产程序。此后，企业就转移至一个专业化城市，在那里进行批量化生产。他们讨论了导致唯一稳定状态的条件。达到稳态时，专业化和多样化城市共存。然而，多样化城市的规模和专业化城市是一样的，这与现实观察不符，与其他推导出专业化和多样化城市共存的理论模型也不相符。

三、可贸易品种类的递增报酬

在上述一些模型中，城市间的贸易成本是节约效应的基础，它对两个产业是否共存于同一个城市至关重要。城市间贸易使城市体系总人口的递增规模报酬成为可能。而在由孤立城市组成的体系中，当需要创造新城市应对人口增长时，城市体系表现出边际人口增长的不变报酬特性。

为了探讨城市间贸易如何导致总人口的递增规模报酬，我们扩展一个简单的产品多样化模型。在这个模型中，均衡时只有一个城市生产 m 种制造品，产业在技术上是对称的。消费者将这些产品视为不完全替代品，无论价格如何，他们都有强烈的偏好消费所有种类的产品。如果我们有 n 个这种相同的城市，每个城市都生产 m 种不同于其他城市的制造品，那么会产生什么结果？Henderson & Abdel-Rahman（1991）给出了一个答案，但他们假设城市间的贸易成本为 0。根据 Anas（2004）的设置，假定在一个抽象的空间中，n 个城市呈对称分布。假设运输成本是融冰式的，即从一个城市运到另一个城市的任何一种制造品，货物运抵数量是运出数量的 τ 倍，$0 \leqslant \tau \leqslant 1$。当 $\tau = 1$ 时，运输成本为 0，而当 $\tau = 0$ 时，运输成本无穷大。令 P 表示整个城市体系的总人口，并且每个城市自给自足时的有效规模为 N，那么这个体系中的城市数目是 $n = P/N$。

该体系中的两个总变量很容易考察，其中一个是 GDP。使用数量关系，有

$$\text{GDP} = nmz = \frac{P}{N} \times \frac{N(1-kN^{1/2})}{f\sigma} \times \frac{f(\sigma-1)}{c} = \frac{\sigma-1}{\sigma c}(1-kN^{1/2})P$$

式中，m 是均衡时的产出数量；z 是单个企业在零利润条件下的劳动投入量；f 是企业的固定成本；c 是边际成本；σ 是需求的价格弹性；k 是标准化的通勤成本。GDP 随着全国人口 P 线性增长（或者说人均 GDP 是不变的）。因此，不存在递增报酬。这是因为产品多样化的好处只发生在需求面而不是供给面。另一个总变量是效用水平。通过对称性假定，直接效用函数是：

$$U = \left[m x_i^{(\sigma-1)/\sigma} + (n-1) m x_{-i}^{(\sigma-1)/\sigma} \right]^{\sigma/(\sigma-1)}$$

式中，x_i 是消费者买入且由本地生产的每种产品的数量；x_{-i} 是消费者买入但在其他城市生产的每种产品的数量。此时，使用间接效用函数进行说明比较方便，它的形式是：

$$V = \left[m p^{1-\sigma} + (n-1) m \left(\frac{p}{\tau}\right)^{1-\sigma} \right]^{1/(\sigma-1)} I(N)$$

式中，p 是产品的价格；τ 是产品的运输成本。使用之前推导的数量关系进行替代，得到

$$V = p^{-1} [N + (P-N)\tau^{\sigma-1}]^{1/(\sigma-1)} (1-kN^{1/2})^{\sigma/(\sigma-1)}$$

对 P 求一阶导数有，

$$\frac{\partial V}{\partial P} = \frac{\tau^{\sigma-1}}{P(\sigma-1)} (1-kN^{1/2})^{\sigma/(\sigma-1)} [N + (P-N)\tau^{\sigma-1}]^{(2-\sigma)/(\sigma-1)}$$

由于 $\frac{\partial V}{\partial P}>0$，所以效用随着总人口增长而增长，除非 $\tau=0$，此时由于运输成本太高，城市间没有贸易。此外，当对产品多样化的偏好足够大时（$\sigma<2$），效用随 P 增长。在一个城市体系模型中，如果生产者使用所有种类的投入品，而消费者购买这些生产者所有的同质化产品，那么 GDP 会随人口增长而增长，但效用水平不变。

城市体系总人口的递增规模报酬怎样才会耗竭？文献中还没有模型分析这一问题。一个明显的回答是，城市体系所拥有的土地有限，以及宜居地点的数量有限，这些条件可能会在某个点上限制总人口增长带来的报酬，因为有限的土地限制了新城市的数量。

四、劳动力异质性导致的分工

前述所有模型具有一个普遍的特征，即它们忽略了消费者和劳动力的异质性。异质性模型分为两类：一类外生引入不同类型的劳动力，另一类假设不同类型的劳动力是内生形成的。

Helsley & Strange（1990）及 Kim（1991）的模型假设劳动力存在差异，生产率的提高来自劳动力与企业的匹配。然而，在他们的模型中，所有城市都是一样的，并且所有劳动力都达到相同的均衡期望效用。Henderson & Becker（2000），Abdel-Rahman（1998）和 Abdel-Rahman & Wang（1995，1997）的模型设定了不同种类外生的特定劳动力，他们在均衡时达到不同的效用水平，而 Abdel-Rahman（2002）的模型能够内生推导出不同的居民类型。

在 Abdel-Rahman（1998）的模型中，劳动力分为技能型和非技能型，闲暇被纳入效用函数，城市的形成来源于公共基础设施投资。模型生成了由两种类型城市构成的体系，其中一类城市利用非技能型劳动力生产食品，另一类城市利用技能型劳动力生产高科技制造品。两种劳动力分别住在不同类型的城市中。模型识别了导致收入不平等的决定性因素，包括生产率和基础设施。然后，模型分析了收入不平等对社会福利的影响。

在 Henderson & Becker（2000）的模型中，居民要么是企业家要么是工人，两类居民共处于同一个城市，模型推导出由许多相同城市构成的体系。城市的形成是由于产业内专业化会产生正的外部性。该文章检验了城市形成的三种情况：由大土地开发商建立、自组织建立，以及两种情形的综合。文章的重点是均衡的效率,以及在各种城市形成机制下达到有效率状态的条件。

Abdel-Rahman & Wang(1995,1997)考察了全部劳动力被外生地划分为技能型和非技能型两类的情况(简称技能劳动和非技劳动)。非技劳动力是同质化的,而技能劳动力是均匀分布在一个单位圆上的。经济中有两种商品:用非技劳动生产的食品和用技能劳动生产的高科技品。食品产业具有地方化经济,它能够降低城市提供基础设施的平均成本,反过来,这些基础设施又能够促进食品生产。两种产品能够在城市间以0成本贸易。显然,由于两类产业间没有直接的关联,上述模型设置偏向于导致专业化结果。因此,模型中既没有贸易节约效应,也没有规模经济,也没有共享投入,这就无法抵消两种产品在同一个城市生产时形成的挤出效应。因此,模型达到均衡时就会出现中心—外围结构。外围城市只住着非技劳动力,专门生产食品,而中心城市住着技能劳动力,专门生产高科技产品。

一个重要的问题是:在均衡时,是否所有核心城市都是一样的?即,是否核心城市里都住着所有类型的技能劳动力?还是说,核心城市是不同的,它们各自具有不同类型的劳动力?作者假设企业不能通过带走最合适它们的工人建立新城市,即劳动力和企业并不是捆绑在一起的。为保证该条件成立,要假设企业事先不知道它们工人的技能类型,工人也不知道企业对技能的要求,同时在一个城市里匹配之后且在转移之前,企业和工人不能签订合约。因此,当一个工人从一个城市迁移至另一个城市之后会产生搜寻费用。尽管这个假设也许被认为有点不自然,但它保证了高技术城市在均衡时都是对称的。作者检验了一个特殊均衡结果:核心是单一的大都市区,外围是许多相同且规模较小的城市,它们专业化于食品生产,并只容纳非技劳动力。在第一个模型中,对称的纳什工资议价规则确定了统一工资,这对所有技能劳动力都是一样的,无论他们与企业的匹配程度如何。然而,在核心城市中技能劳动力的收入比外围城市的非技能劳动力高。在第二个模型中,纳什工资议价是非对称的,因此,企业可以给工人不同的工资,那些更匹配的工人将得到更高的工资。假设更匹配的工人有更高的议价能力,并且得到更高的工资。结果,第二个模型产生了核心城市内部的收入不平等,以及核心城市与外围城市间的收入不平等。非劳动收入在收入分配中不起作用,因为作者假设所有的土地都是公有的,总地租是城市层面规模经济的来源。在外围城市,总地租用来支付当地的基础设施投资,而在核心城市，总地租用于补贴企业的固定成本。这两个模型分析的主要结论是：改善效率会加剧收入不平等。例如，作者指出，在高科技产业中，较低的搜寻成本和更好的匹配使收入分配变得更加不平等。

Abdel-Rahman（2002）对上述工作进行了扩展。在这篇文章中，所有劳动力事先都是技能同质的，但他们在先天能力上是垂直差异化的（即在层次上有不同），这种差异通过在单位间距内的均匀分布定义。然而，教育投资是内生于模型的，即每个工人都有权决定是否接受特殊化的培训，培训可以帮助他们提升生产力水平，从而获得更高的工资。如果一个工人决定不接受特殊化的培训，他只能得到一个基本水平的教育，这种教育是公共品。经济中只有一种产品，它可以用两种技术生产。一种是基本的生产技术，使用受过基本教育的工人。另一类是特殊化的生产技术，要使用那些选择接受技能培训的工人。在均衡时，具有更高先天能力的工人更容易获得技能，并且所有在特定能力门槛之上的工人都选择接受技能培训。习得的技能与能力成正比。由于商品是同质化的，城市间没有贸易，并且每个城市在均衡时都是自给自足的。然而，存在多种类型的均衡。如果所有工人都接受特殊化的培训，所有城市都是高技术产业城市。如果没有一个工人接受特殊化培训，所有的城市都是低技术产业城市。更现实的情况是，如果只有部分工人接受特殊化培训，就会有两种类型的特殊化城市共存。一类是高技术产业城市，里面只居住技能劳动力，另一类是只居住非技能劳动力的低技术产业城市。在现实参数赋值的情况下，高技术产业城市只有一个或几个，而低技术产业城市有很多。在高技术产业城市里，能力最低的消费者与那些生活在低技术产业城市中的工人相比，情况没什么不同。

第二节　城市间的分工与贸易

可以说，到目前为止，在城市经济学家发展出来的城市分工模型中，最接近现实并广为接受的是存在贸易的专业化城市体系。在这方面，Anas & Xiong（2003）的模型具有重要启示，因此本节着重介绍该模型的结构和结论，并评价其对城市间分工机制的解释力。

一、建模策略

城市经济理论的一个中心议题是，城市的产业结构是如何变成多样化或者专业化的。目前已经有许多专业化城市体系的模型，包括 Henderson（1988）、Helsley & Strange（1990）和 Henderson & Abdel-Rahman（1991）的模型。在这些模型中，城市单个产业内部具有递增报酬（地方化经济），但不存在跨产业的范围经济（城市化经济）。在 Abdel-Rahman（1990b）和 Abdel-Rahman & Fujita（1993）的模型中，产业多样化的产生是由于不同产业间存在范围经济。但所有这些模型都有一个共同的局限：不存在城市间的贸易。在 Abdel-Rahman（1996）的模型中，最终产品可以在城市间贸易，但中间产品不可贸易。另一方面，贸易和运输成本在新经济地理理论中是一个重要条件，但不存在中间产品（服务），而只有最终产品。结果，NEG 无法解释为什么铁路或者州际高速路系统（可以降低制造品的运输成本），以及互联网（它使服务业部门的信息传输发生革命性变化）能够对城市结构产生影响。同时 NEG 也忽略了城市的土地市场。

通过引入制造品及生产服务在城市间的运输成本，同时不使用范围经济的概念，我们可以解释城市产业结构的专业化和多样化现象。在对城市集聚现象建模时我们遵循垄断竞争假设以及产品多样化的理论范式，但可以从两方面扩展这类模型。首先，差异化的中间产品（生产服务）对每种制造业都是专用的，它可以按一定的运输成本在城市间贸易。在文献中，所有使用中间投入品的技术特征来解释城市集聚机制的模型都假设这些产品在城市间是不可贸易的。这忽略了一个重要联系，中间品在城市间的贸易能够形成城市间的正外部性。其次，假定最终品（制造品）和中间品（生产服务）在城市间有不同的运输成本。制造品在城市间的运输要求物理移动，而许多服务的传递可以通过电信手段或者面对面交流的方式实现。包括互联网在内的通信革命改善了城市间的信息流。由于生产服务是信息密集型的，其传输成本相对于制造品要低。

在模型中，一个产业由一个制造商及相关专用服务的供应商构成。经济中有两种制造品，每个城市可以只生产一种产品（专业化），也可以生产两种产品（多样化）。两种制造品使用相互排斥的（即种类不同的）一系列生产服务，并且两两之间没有技术联系。遵循 Dixit & Stiglitz（1977）和 Ethier（1982）的设定，我们把制造业看作是竞争性的，且当劳动及差异化专用服务作为投入品时，生产具有规模报酬不变的特性。而服务的生产具有规模报酬递增特性，且存在垄断竞争。

在特定的参数下，我们应用模型分析两种对称均衡。一是，每个城市都专业化于一种制造品，然后从其他城市进口其余商品。该城市的专用服务及从其他城市进口的专用服务被用于生产同一种产品。在另一个均衡中，所有的城市都是产业多样化的，并且每个城市都生产两种制造品。这时，城市在生产和消费上自给自足，所以不用进口任何东西。假定两种产业在技术上都是对称的，如此一来，城市数目以及专业化和多样化城市的人口在每种均衡中都一样。研究推导出如下结果。

首先，不同的运输成本对城市的专业化和多样化有不同的影响。当制造品的运输成本下降时，多样化城市受益不多，因为它们不需要贸易，从而也不产生运输成本。相反，由于运输成本下降能够降低进口商品的支出，专业化城市进口自己不生产的产品会从中获益。因此，这种运输成本的冲击有利于专业化城市体系的形成。当生产服务的运输成本下降时，多样化城市受益更多。这是因为，受城市规模的限制，两种制造业聚集在同一个城市会导致两种产业所需的生产服务业相互排挤，同时整个城市体系的生产服务种类保持不变。更准确地说，如果该制造业和其他制造业聚集在一个城市中，而不是单独占据一个城市的话，每个制造业在规模上只有一半大，当地也只有一半的服务种类可用。多样化城市中的每个制造企业更依赖于从其他城市进口生产服务。因此，服务的运输成本降低会促进城市产业结构的多样化。换句话说，电信技术革命以及互联网的应用会促进城市产业结构的多样化。

其次，全国人口的增长影响城市产业的专业化和多样化。当人口增多时，会有更多的城市出现。在这种情况下，一个多样化的城市要进口大量的生产服务，而且产业之间的挤出效应就会变得不那么重要。因此，多样化城市常出现在较大的经济体中。更一般地说，当城市之间存在经济收益上的外部性时，即使不存在技术冲击，城市的增长路径也会出现跃变。

第三，每种均衡都不是最优的。数值方法显示，在一些参数值下，均衡结果是一个专业化城市体系，而最优结果则是一个多样化城市体系。均衡并不必然就是最优结果的根本原因在于，相对于最优状态来说，差异化服务在城市间贸易产生的经济外部性会导致在市场机制下形成的城市数目偏少。

二、单产业城市体系

本小节构造一个简单的模型：单产业城市体系。它是下一小节中分析双产业城市体系模型的基础。

考虑一个有 n 个城市的体系,全部人口是外生给定的,他们可以在各城市间自由流动。每个城市生产相同的制造品,它们可以在国际市场上贸易,同时一系列差异化的生产服务能够在国内的城市间贸易。制造品在生产时报酬不变,并且使用劳动和所有服务种类作为投入品。居民都有相同的 Cobb-Douglas 型效用函数,并且消费国内制造品以及从国际市场进口的商品。服务业生产只使用劳动力,且在企业层面具有递增报酬特性。生产和贸易在城市的 CBD 进行,假设土地不纳入生产过程。另一方面,每个居民都消费固定数量的土地,并被赋予 1 单位的时间禀赋。假定城市位于一个假想的空间中,任意两个城市之间都是等距离的。这种抽象的空间对称性有助于简化分析。

制造品生产函数具有 Ethier(1982)给出的形式:

$$X = H_x^u \left\{ \left(\sum_{i=1}^{n} \sum_{j=1}^{m_i} z_{d_{ij}}^{(\sigma-1)/\sigma} \right)^{\sigma/(\sigma-1)} \right\}^{1-u}, 0 < u < 1, \sigma > 1 \quad (4.1)$$

式中,X 是制造商的产出;H_x 是劳动;$z_{d_{ij}}$ 是购买自第 i 个城市的第 j 个服务的数量;n 是体系内部城市的数量;m_i 是城市 i 生产的服务种类数目。对于服务种类在生产中的使用,式(4.1)体现了一种极端的技术特征:当一种服务不投入生产时,它的边际产出就会无限高,因此,生产者会以任意价格使用城市体系中所有的服务种类。

假定在均衡时,所有服务都是对称的,并且所有城市都是一样的。令 m 表示在每个城市生产的服务的数量,z_{d_i} 表示城市 i 对自己生产的服务种类的需求,$z_{d_{-i}}$ 表示城市 i 对另一个城市生产的服务种类的需求。因此式(4.1)可以写为

$$X = m^{\sigma(1-u)/(\sigma-1)} H_x^u \left\{ \left[z_{d_i}^{(\sigma-1)/\sigma} + (n-1) z_{d_{-i}}^{(\sigma-1)/\sigma} \right]^{\sigma/(\sigma-1)} \right\}^{1-u} \quad (4.2)$$

服务在城市间运输的成本采取融冰形式:只有 τ 份额($0 < \tau < 1$)的服务能到达目的地,其他在运输过程中融化掉了。令 q 表示一种服务在城市 i 生产并使用的价格。由于融冰式运输,这种服务在任何城市的有效价格都是 q/τ。令 w 表示城市的竞争性工资,制造品的国际市场价格是 P_x。制造商的利润最大化问题是

$$\max \quad P_x X - mq z_{d_i} - (n-1) m \frac{q}{\tau} z_{d_{-i}} - w H_x$$

$$\text{s.t.} \, H_x, z_{d_i}, z_{d_{-i}} \geqslant 0 \quad (4.3)$$

$$P_x \frac{uX}{H_x} = w \quad (4.4)$$

$$P_x \frac{(1-u)X}{z_{d_i}^{(\sigma-1)/\sigma} + (n-1)z_{d_{-i}}^{(\sigma-1)/\sigma}} z_{d_i}^{-1/\sigma} = mq \qquad (4.5)$$

$$P_x \frac{(1-u)X}{z_{d_i}^{(\sigma-1)/\sigma} + (n-1)z_{d_{-i}}^{(\sigma-1)/\sigma}} z_{d_{-i}}^{-1/\sigma} = m\frac{q}{\tau} \qquad (4.6)$$

根据 Dixit & Stiglitz（1977），假设服务业的市场结构是垄断竞争的，并且劳动是唯一的投入。生产服务的劳动需求都是一样的，技术具有规模报酬递增特性

$$H_z = f + cz_s \qquad (4.7)$$

式中，H_z 是一个服务商的全部劳动投入；f 是固定劳动投入；c 是边际劳动投入；z_s 是服务产出。边际成本一定等于边际收益，而且在长期的 Chambeilin 式均衡中企业利润必须为 0。令 E 表示制造商对一种服务需求的价格弹性。根据 $E = \sigma$，给定工资 w，解出一种服务的价格是

$$q = \frac{\sigma c}{\sigma - 1} w \qquad (4.8)$$

一个服务商的产出是

$$z_s = \frac{f(\sigma - 1)}{c} \qquad (4.9)$$

将 z_s 代入式（4.7），得到一个服务商的总劳动需求

$$H_z = f\sigma \qquad (4.10)$$

在均衡时，每个城市服务种类的数目 m，以及制造商对服务的需求，z_{d_i} 和 $z_{d_{-i}}$，必须使得所有种类的服务市场出清，并且所有城市实现完全就业。因此，

$$z_{d_i} + (n-1)\frac{z_{d_{-i}}}{\tau} = z_s \qquad (4.11)$$

$$H_c = H_x + mH_z \qquad (4.12)$$

式中，H_c 是该城市的劳动供给，并且从现在开始假设它固定不变。

在式（4.4）-式（4.6）和式（4.8）-式（4.12）中，我们有 8 个方程和 8 个变量：w、q、z_s、z_{di}、z_{d-i}、H_z、H_x、m。解方程组得到，一个城市中的服务种类数目、制造业产出，以及工资分别为

$$m = \frac{1-u}{f\sigma} H_c \qquad (4.13)$$

$$X = \lambda \delta^{(1-u)/(\sigma-1)} H_c^{(\sigma-u)/(\sigma-1)} \qquad (4.14)$$

$$w = \lambda P_x \delta^{(1-u)/(\sigma-1)} H_c^{(1-u)/(\sigma-1)} \qquad (4.15)$$

其中，$\delta \equiv 1 + (n-1)\tau^{\sigma-1}$，$\lambda \equiv \left(\dfrac{1-u}{f\sigma}\right)^{(\sigma-u)/(\sigma-1)} \left(\dfrac{u}{1-u} \cdot \dfrac{c\sigma}{\sigma-1}\right)^u \dfrac{f(\sigma-1)}{c}$

现在来考虑消费方面。该经济中存在两种消费品：国内制造品 x 和进口的制造品 y。消费者选择 x 和 y 的数量使效用最大化，效用函数是

$$U = (\alpha^{-\alpha}\beta^{-\beta})x^\alpha y^\beta, \ 1 > \alpha, \beta > 0, \ \alpha + \beta = 1 \tag{4.16}$$

因此，给定国际市场价格 P_x 和 P_y，以及一个城市居民的可支配收入 $I(N)$ 和城市人口 N，直接效用函数是

$$U(N) = P_x^{-\alpha} P_y^{-\beta} I(N) \tag{4.17}$$

假定土地公有，一个城市总的级差地租在城市居民间平均分配。基础地租为 0，并且每个城市居民都消费 1 单位土地（即土地需求完全无弹性）。根据这个固定土地消费假设，如果城市人口是 N，且城市是圆形的，城市半径 r_f 是

$$r_f = N^{1/2} \pi^{-1/2} \tag{4.18}$$

假定城市内的通勤时间是居民点与 CBD 之间距离的线性函数。令每个居民的时间禀赋为 1。如果居民点与 CBD 的距离为 r，那么通勤后他的劳动供给是

$$H(r) = 1 - tr \tag{4.19}$$

式中，t 是每单位通勤距离的时间成本。由式（4.18）和式（4.19）可知，城市的总劳动供应为

$$H_c = \int_0^{r_f} 2\pi r H(r) \mathrm{d}r = N(1 - kN^{1/2}), \ k \equiv \dfrac{2\pi^{-1/2} t}{3} \tag{4.20}$$

均衡时，无论居民住在哪里工资都是一样的。因此，

$$(1 - tr)w - R(r) = (1 - tr_f)w - R(r_f), \ 0 \leqslant r \leqslant r_f \tag{4.21}$$

式（4.21）的右边是住在城市边缘的居民的净收入（扣除交通费和地租之后），左边是生活在距离 CBD 为 r 的居民的净收入。在城市边缘，$R(r_f) = 0$。因此

$$R(r) = t(r_f - r)w \tag{4.22}$$

对此积分得到总级差地租 TDR：

$$TDR = \int_0^{r_f} 2\pi r R(r) \mathrm{d}r = \dfrac{kN^{3/2} w}{2} \tag{4.23}$$

一个居民的可支配收入是其工资加上级差地租的再分配份额，然后减去他要支付的地租：

$$I(N) = (1 - tr)w + \dfrac{TDR}{N} - R(r) = (1 - kN^{1/2})w \tag{4.24}$$

把 H_c 由式（4.20）代入式（4.15），解得工资的表达式

$$w = \lambda P_x \delta^{(1-u)/(\sigma-1)} N^{(1-u)/(\sigma-1)} (1 - kN^{1/2})^{(1-u)/(\sigma-1)} \quad (4.25)$$

将式（4.25）代入式（4.24），得到

$$I(N) = \lambda P_x [(1 + (n-1)\tau^{\sigma-1})N]^{(1-u)/(\sigma-1)} (1 - kN^{1/2})^{(\sigma-u)/(\sigma-1)} \quad (4.26)$$

然后再代入式（4.17），得到城市效用函数

$$U(N) = \lambda P_x^{1-\alpha} P_y^{-\beta} [(1 + (n-1)\tau^{\sigma-1})N]^{(1-u)/(\sigma-1)} (1 - kN^{1/2})^{(\sigma-u)/(\sigma-1)} \quad (4.27)$$

从式（4.27）容易看出，$U(N)$ 最初随 N 增加而增加，然后下降。当 τ 上升（即服务的运输成本下降）时，$U(N)$ 上升。同时，$U(N)$ 随着城市的数目 n 上升，因为增加一个城市会提高服务种类的多样性，从而给其他所有城市带来正外部性。

达到均衡城市规模时，给定城市数目，居民的效用水平是最大化的，即 N 的取值满足条件 $dU(N)/dN = 0$，此处假定人口规模不小。根据这个条件，得到均衡城市规模 N^*，即

$$N^* = \frac{(1-u)^2}{k^2}\left(1 + \frac{\sigma}{2} - \frac{3u}{2}\right)^{-2} = \frac{4\omega^2}{(9\omega^2 + 6\omega + 1)k^2} \quad (4.28)$$

其中 $\omega \equiv (1-u)/(\sigma-1)$。给定全国人口 $\overline{N}$，均衡的城市数目为 $n^* = \overline{N}/N^*$，

$$n^* = \frac{k^2 \overline{N}}{(1-u)^2}\left(1 + \frac{\sigma}{2} - \frac{3u}{2}\right)^2 = \frac{\overline{N}(9\omega^2 + 6\omega + 1)k^2}{4\omega^2} \quad (4.29)$$

将式（4.28）和式（4.29）代入式（4.27），得到均衡效用水平。现在来考虑福利水平最优化的城市规模。正如之前注意到的，城市间的服务贸易存在外部性，而市场主体并不考虑这个外部性。假定在全国层面上有一个规划者，由他来决定城市的数目及规模，并且所有城市都是一样的。这样，城市间的外部性就可以内化。当规划者最大化城市居民的效用水平时，他并不视 n 为给定的，而是令 $n = \overline{N}/N$。因此，如果有更多的城市，则每个将会变小。为了得到最优城市规模，我们把 $n = \overline{N}/N$ 代入到式（4.27）中，并选择使 $U(N)$ 最大化的 N。在 Xiong（1998）的文章中，城市规模在最优时要比均衡时小。因此，最优时应该有更多的城市。其中的机制是很直白的：正外部性来源于服务业种类的数目。在个体城市层面上，当一个服务企业进入城市时，它不会考虑它对该城市及其他城市中的制造商产生的正外部性。由于每个企业只考虑其进入城市时产生的私人边际产出而非社会边际产出，所以服务种类太少（即服务种类的

均衡水平低于最优水平）。正如 Xiong（1998）的模型所示，规划者如果能够对服务业产出提供销售补贴，那么就可以纠正这种外部性并达到最优结果。新城市的出现能够提供新的服务种类，但建立新城市的开发者没有考虑这种正外部性对其他城市制造商的影响。因此，在均衡状态下，城市数量是不足的。

三、多样化城市体系的均衡

现在我们把两种产业引入城市体系。假定上一小节中的进口制造品 y 不再从国外进口，而是在城市体系中生产，并且假定它也是由不变报酬的制造商及相关专有的差异化服务业构成。在这个多样化的城市体系中，所有城市都生产两种制造品以及各自专有的服务种类。由于所有城市都一样，并且在制造品上自给自足，因此制造品并不在城市间贸易，但同一产业中的差异化服务种类可以在城市间贸易。多样化城市体系的均衡结构通过三个步骤决定。第一，在每个产业中，当产业就业给定时，确定产出和工资水平。第二，在一个城市中，确定均衡城市工资，并且在给定城市人口的情况下，将总的劳动供给在两个产业间分配。最后，当总人口给定时，确定均衡城市人口、城市数目，以及城市体系的均衡效用水平。

每个产业中的生产结构与上一小节中描述的基本模型一样。令一个多样化城市的人口为 N，由式（4.20）可得，该城市的总劳动供给是：

$$H_c = N(1 - kN^{1/2}) \tag{4.30}$$

假定有 N_i 的城市人口在产业 i 中工作，那么产业 i 的劳动供给是：

$$H_i = \frac{N_i}{N} H_c = N_i(1 - kN^{1/2}), \quad i = 1,2 \tag{4.31}$$

每个产业的总产出和工资可以像在上一节中那样推导出来。对于产业 $i = 1, 2$，

$$X_i = \lambda_i \delta^{(1-u_i)/(\sigma-1)} [(1 - kN^{1/2})N_i]^{(\sigma-u_i)/(\sigma-1)} \tag{4.32}$$

$$w_i = P_i \lambda_i \delta^{(1-u_i)/(\sigma-1)} [(1 - kN^{1/2})N_i]^{(1-u_i)/(\sigma-1)} \tag{4.33}$$

其中，X_i 和 w_i 是城市产业产出和工资，

$$\lambda_i \equiv \left(\frac{1-u_i}{f\sigma}\right)^{(\sigma-u_i)/(\sigma-1)} \left(\frac{u_i}{1-u_i} \cdot \frac{c\sigma}{\sigma-1}\right)^{u_i} \frac{f(\sigma-1)}{c}$$

均衡时，两个产业的工资率是一样的：

$$w_1 = w_2 = w \tag{4.34}$$

从式（4.24）可知，一个居民的收入是工资的函数

$$I(N) = (1 - kN^{1/2})w \qquad (4.35)$$

一旦工资确定后，由于每个居民在两种商品上的支出份额分别是 α 和 β，容易得到两种商品的 Marshall 需求函数：由于所有的城市在均衡时都是一样的，两种制造品在每个城市的本地市场出清，并且两个产业的劳动者的总和等于城市人口。即

$$N_1 + N_2 = N \qquad (4.36)$$

$$\frac{N\alpha I(N)}{P_1} = X_1 \qquad (4.37)$$

$$\frac{N\beta I(N)}{P_2} = X_2 \qquad (4.38)$$

令 $P_2 = 1$，由式（4.32）至式（4.38）可解出 N_1、N_2、P_1、X_1、X_2、w_1、w_2、$I(N)$。N_1、N_2、P_1：

$$N_1 = \alpha N \qquad (4.39)$$

$$N_2 = \beta N \qquad (4.40)$$

$$P_1 = \frac{\lambda_2}{\lambda_1} \frac{\beta^{(1-u_2)/(\sigma-1)}}{\alpha^{(1-u_1)/(\sigma-1)}} \delta^{(u_1-u_2)/(\sigma-1)} \left[(1 - kN^{1/2})N \right]^{(u_1-u_2)/(\sigma-1)} \qquad (4.41)$$

将 P_1 和 w_1 代入直接效用函数 $U(N) = P_1^{-\alpha} P_2^{-\beta} (1 - kN^{1/2})w_1$，可以将多样化城市体系的效用表示为城市人口 N 的函数：

$$\begin{aligned} U_d(N) = &\ \lambda_1^\alpha \lambda_2^\beta \alpha^{\alpha(1-u_1)/(\sigma-1)} \beta^{\beta(1-u_2)/(\sigma-1)} \delta^{(1-\alpha u_1-\beta u_2)/(\sigma-1)} \\ &\times N^{(1-\alpha u_1-\beta u_2)/(\sigma-1)} (1 - kN^{1/2})^{(\sigma-\alpha u_1-\beta u_2)/(\sigma-1)} \end{aligned} \qquad (4.42)$$

均衡城市人口使城市效用最大化，即 N 的取值满足 $dU(N)/dN = 0$。由式（4.42），对 $U_d(N)$ 求关于 N 的导数，就得到均衡城市规模 N^*：

$$N_d^* = \left\{ \frac{1 - \alpha u_1 - \beta u_2}{k[1 + \sigma/2 - 3(\alpha u_1 + \beta u_2)/2]} \right\}^2 \qquad (4.43)$$

由于全国人口为 $\overline{N}$，均衡城市数目 n^* 就是

$$n_d^* = \frac{\overline{N}}{N_d^*} \qquad (4.44)$$

将式（4.43）的 N^* 和式（4.44）的 n^* 代入（4.42），得到一个多样化城市体系的均衡效用水平

$$\begin{aligned} U_d^* = &\ \lambda_1^\alpha \lambda_2^\beta \alpha^{\alpha(1-u_1)/(\sigma-1)} \beta^{\beta(1-u_2)/(\sigma-1)} \left[1 + (n_d^* - 1)\tau^{\sigma-1} \right]^{(1-\alpha u_1-\beta u_2)/(\sigma-1)} \\ &\times N_d^{*\,(1-\alpha u_1-\beta u_2)/(\sigma-1)} (1 - kN_d^{*\,1/2})^{(\sigma-\alpha u_1-\beta u_2)/(\sigma-1)} \end{aligned}$$

$$(4.45)$$

四、专业化城市体系的均衡

在结构上有两种贸易模式。第一,不同类型的城市相互贸易制造品,出口一种然后进口另一种。第二,相同类型的城市对那些共享的服务业进行贸易。首先在每种城市的人口给定的情况下,解出每种城市的均衡。然后在城市体系的人口给定的情况下,分析每种城市的均衡规模和均衡城市数量。

只生产一种制造品的代表性城市的内部结构已经在第二小节中充分设定了。假定有 n_1 个类型 1 的城市,它们的总人口是 N_1,n_2 个类型 2 的城市的总人口是 N_2。由于两种类型的城市没有直接的生产联系,我们可以使用第二小节的结果得到总产出、均衡工资、每种城市的效用水平。对于专门生产产品 i($i=1,2$)的城市:

$$X_i = \lambda_i \delta_i^{(1-u_i)/(\sigma-1)} N_i^{(\sigma-u_i)/(\sigma-1)} (1 - kN_i^{1/2})^{(\sigma-u_i)/(\sigma-1)} \quad (4.46)$$

$$w_i = P_i \lambda_i \delta_i^{(1-u_i)/(\sigma-1)} N_i^{(1-u_i)/(\sigma-1)} (1 - kN_i^{1/2})^{(1-u_i)/(\sigma-1)} \quad (4.47)$$

$$U_1(N_1) = \lambda_1 P_1^{1-\alpha} (P_2/\theta)^{-\beta} (\delta_1 N_1)^{(1-u_1)/(\sigma-1)} (1 - kN_1^{1/2})^{(\sigma-u_1)/(\sigma-1)} \quad (4.48)$$

$$U_2(N_2) = \lambda_2 P_2^{1-\beta} (P_1/\theta)^{-\alpha} (\delta_2 N_2)^{(1-u_2)/(\sigma-1)} (1 - kN_2^{1/2})^{(\sigma-u_2)/(\sigma-1)} \quad (4.49)$$

其中 $\delta_i \equiv 1 + (n_i - 1)\tau^{\sigma-1}$,$\theta$ 是最终品到达进口城市的份额。令 $I_i(N_i)$ 表示类型 i 城市居民的收入。由式(4.24)可知

$$I_i(N_i) = (1 - kN_i^{1/2})w_i \quad (4.50)$$

如果两种类型的专业化城市共存,城市间的效用必须相等,全国劳动市场必须出清,同时满足人口约束。因此,均衡条件是

$$U_1(N_1) = U_2(N_2) \quad (4.51)$$

$$n_1 N_1 + n_2 N_2 = \overline{N} \quad (4.52)$$

$$n_1 N_1 \frac{\alpha I_1(N_1)}{P_1} + n_2 N_2 \frac{\alpha I_2(N_2)}{P_1} = n_1 X_1 \quad (4.53)$$

$$n_1 N_1 \frac{\beta I_1(N_1)}{P_2} + n_2 N_2 \frac{\beta I_2(N_2)}{P_2} = n_2 X_2 \quad (4.54)$$

给定 $P_2 = 1$,由式(4.46)—式(4.54)的 12 个方程①,可以求出 w_1、w_2、I_1、I_2、X_1、X_2、U_1、U_2、P_1、n_1、n_2。P_1 和城市数目的解是

---

① 注意,由于 $i = 1, 2$,(4.46)(4.47)(4.50) 各包含两个方程。

$$P_1 = \frac{\lambda_2}{\lambda_1} \frac{\delta_2^{(1-u_2)/(\sigma-1)}}{\delta_1^{(1-u_1)/(\sigma-1)}} \theta^{(\alpha-\beta)} \frac{N_2^{(1-u_2)/(\sigma-1)}(1-kN_2^{1/2})^{(\sigma-u_2)/(\sigma-1)}}{N_1^{(1-u_1)/(\sigma-1)}(1-kN_1^{1/2})^{(\sigma-u_1)/(\sigma-1)}} \quad (4.55)$$

$$n_1 = \frac{\overline{N}}{N_1} \cdot \frac{1}{1+(1-\alpha)\theta^{(\alpha-\beta)}/\alpha} \quad (4.56)$$

$$n_2 = \frac{\overline{N}}{N_2} \cdot \frac{(1-\alpha)\theta^{(\alpha-\beta)}/\alpha}{1+(1-\alpha)\theta^{(\alpha-\beta)}/\alpha} \quad (4.57)$$

将式（4.55）中的 P_1 代入式（4.48）和式（4.49），对于 $s=1,2$，效用为

$$U_s(N_1, N_2) = \lambda_1^\alpha \lambda_2^\beta \theta^{2\alpha\beta} \begin{bmatrix} \delta_1^{\alpha(1-u_1)} \delta_2^{\beta(1-u_2)} N_1^{\alpha(1-u_1)}(1-kN_1^{1/2})^{\alpha(\sigma-u_1)} \\ \times N_2^{\beta(1-u_2)}(1-kN_2^{1/2})^{\beta(\sigma-u_2)} \end{bmatrix}^{1/(\sigma-1)}$$
(4.58)

给定每种城市的数目 n_1 和 n_2，均衡城市规模通过以下条件求得：对于 $s=1$，$\partial U_s(N_1, N_2)/\partial N_1 = 0$；对于 $s=2$，$\partial U_s(N_1, N_2)/\partial N_2 = 0$。对于 $i=1,2$，

$$N_i^* = \left[\frac{1-u_i}{k(1+\sigma/2-3u_i/2)}\right]^2 = \frac{4\omega_i^2}{(9\omega_i^2+6\omega_i+1)k^2} \quad (4.59)$$

其中 $\omega_i \equiv (1-u_i)/(\sigma-1)$。将式（4.59）代入式（4.56）和式（4.57），得到均衡城市数目

$$n_1^* = \frac{\overline{N}}{1+(1-\alpha)\theta^{(\alpha-\beta)}/\alpha} \cdot \frac{k^2(1+\sigma/2-3u_1/2)^2}{(1-u_1)^2} \quad (4.60)$$

$$n_2^* = \frac{(1-\alpha)\theta^{(\alpha-\beta)}\overline{N}/\alpha}{1+(1-\alpha)\theta^{(\alpha-\beta)}/\alpha} \cdot \frac{k^2(1+\sigma/2-3u_2/2)^2}{(1-u_2)^2} \quad (4.61)$$

把 n_1^*、n_2^*、N_1^*、N_2^* 代入式（4.58），得到均衡效用水平：

$$U_s^* = \lambda_1^\alpha \lambda_2^\beta \theta^{2\alpha\beta} \left\{ \begin{matrix} [1+(n_1^*-1)\tau^{\sigma-1}]^{\alpha(1-u_1)}[1+(n_2^*-1)\tau^{\sigma-1}]^{\beta(1-u_2)} N_1^{*\alpha(1-u_1)} \\ \times [1-kN_1^{*1/2}]^{\alpha(\sigma-u_1)} N_2^{*\beta(1-u_2)}[1-kN_2^{*1/2}]^{\beta(\sigma-u_2)} \end{matrix} \right\}^{1/(\sigma-1)}$$
(4.62)

现在比较多样化和专业化均衡下的效用水平差异，即式（4.45）和式（4.62）。式（4.45）有一个前缀项 $\alpha^{\alpha(1-u_1)/(\sigma-1)}\beta^{(1-u_2)/(\sigma-1)}$，它小于1。同时，式（4.62）有一个前缀项 $\theta^{2\alpha\beta}$，同样小于1（因为 $\theta<1$）。在下一节，我们将看到，这些项表示多样化和专业化的收益。在确定两种均衡的相对效用中，它们扮演着关键的角色。

五、多样化和专业化城市体系的效率

上一节推导出了一个专业化城市体系和一个多样化城市体系的均衡，城市之间是相互对称的。以下将比较两种均衡，并考察外生参数如何决定各种均衡的相对效率。

我们考虑两种情形。首先，假定城市由一个开发商建立，他不考虑该城市的出现对其他城市的影响。接着，假设由一个中央层面的规划者决定城市的数目，以及每个城市的规模。

为了简化分析，假定 $u_1 = u_2 = u$，$\alpha = \beta = 0.5$，此时两种产业是对称的。把这些条件代入式（4.43）和式（4.59），发现多样化和专业化均衡下的城市规模相同：

$$N_d^* = N_1^* + N_2^* = \left[\frac{1-u}{k(1+\sigma/2 - 3u/2)}\right]^2 = \frac{4\omega^2}{(9\omega^2 + 6\omega + 1)k^2} \quad (4.63)$$

考虑到 $\omega \equiv (1-u)/(\sigma-1)$。将 $u_1 = u_2 = u$，$\alpha = \beta = 0.5$ 代入式（4.44）、式（4.60）与式（4.61），有

$$n_d^* = n_1^* + n_2^* = \overline{N}\left[\frac{1-u}{k(1+\sigma/2-3u/2)}\right]^{-2} = \frac{\overline{N}(9\omega^2 + 6\omega + 1)k^2}{4\omega^2}$$

(4.64)

即无论城市体系是专业化的还是多样化的，它们的城市数目 n^* 和城市规模 N^* 都是相同的。

命题1（多样化挤出服务业）：假定 $u_1 = u_2 = u$，$\alpha = \beta = 0.5$。令 m_s 表示专业化城市（生产一种制造品）的产业专有服务种类。令 $m_{d_1} = m_{d_2} = m_d$ 表示多样化城市（生产两种制造品）的产业专有服务种类。然后令 $m_d = 0.5 m_s$，即多样化减少了当地每种产业可获得服务种类数目的一半。同时，在城市体系范围内，任意一个产业的服务种类并不受多样化或专业化的影响，并且等于 $\overline{N} m_s / (2N^*)$。

证明：在对称性假设下，专业化和多样化城市都有相同的总人口 N。由于城市劳动供给是 $H_c = N(1 - kN^{1/2})$，由此可知，每种类型城市的总劳动供给是一样的。在专业化城市中，劳动市场出清条件是 $H_c = H_{xs} + m_s H_z$，H_{xs} 是制造业雇佣的劳动。在多样化城市中，劳动市场出清条件是 $H_c = 2H_{xd} + 2m_d H_z$，H_{xd} 是每种制造业的劳动需求，$H_z = f\sigma$ 是每种服务商的劳动需求。$H_{xs} = uP_x X_s / w_s$，X_s 和

w_s 分别由式（4.1）和式（4.2）给出。利用这些条件，$H_{xs} = uH_c$，从而 $m_s = (1-u)/(f\sigma)N(1-kN^{1/2})$。为使多样化市场出清，$m_d = (1-u)/(2f\sigma)N(1-kN^{1/2}) = 0.5m_s$。为显示服务总数目不受均衡类型的影响（多样化或专业化市），把两种情形下的产业专属服务种类的总数目定义为 M_s 和 M_d。注意到 $M_s = n_s m_s$，$M_d = n_d m_d$。但我们已经表明 $n_d = 2n_s$，$m_d = 0.5 m_s$。因此 $M_s = M_d = \overline{N} m_s / (2N^*)$。证毕。

我们把这个结果称为"挤出效应"。它对于下一个结果的推导至关重要，因为它表明在多样化城市中的制造商在当地可获得的服务种类较少，因此更依赖于其他城市生产的服务，从而相对于专业化城市的制造商来说，它对服务的城市间贸易成本的变化更加敏感。

现在定义 $Q^* = U_d^*/U_s^*$。将 $u_1 = u_2 = u$，$\alpha = \beta = 0.5$ 代入式（4.45）的 U_d^* 和式（4.62）的 U_s^*。利用式（4.63）和式（4.64），Q^* 表达为

$$Q^* = \frac{[1+(n^*-1)\tau^{\sigma-1}]^{(1-u)/(\sigma-1)}(1/2)^{(1-u)/(\sigma-1)}}{[1+(n^*/2-1)\tau^{\sigma-1}]^{(1-u)/(\sigma-1)}\theta^{1/2}}$$
$$= \left(\frac{n^*A(\tau,\sigma)+1}{n^*A(\tau,\sigma)+2}\right)^{(1-u)/(\sigma-1)}\left(\frac{1}{\theta^{1/2}}\right) \quad (4.65)$$

其中 $A(\tau,\sigma) \equiv \tau^{\sigma-1}/(1-\tau^{\sigma-1})$，$n^* = f(\overline{N}, k, (1-u)/(\sigma-1))$，即式（4.64）式。注意到在式（4.65）的分母中，n^* 除以 2 是因为在专业化城市体系中，每个城市只从相同类型的城市进口服务。

在式（4.65）中，Q^* 是多样化城市体系与专业化城市体系的效用比率，每个体系都有 n^* 个城市。当 $Q^* > 1$（$Q^* < 1$）时，多样化（专业化）城市体系具有更高的均衡效用。如果 $Q^* = 1$，那么两种均衡的效用相等。

命题 2：在对称性条件下（$u_1 = u_2 = u$，$\alpha = \beta = 0.5$），专业化或多样化均衡都可以有更高的效用。下列条件导致一个多样化城市体系比一个专业化城市体系有更高的效用水平：

(a) 服务占的成本份额充分低（$1-u$）；
(b) 制造品在城市间运输的成本充分高（$1/\theta$）；
(c) 城市内通勤成本充分高（k）；
(d) 服务在城市间运输的成本充分低（$1/\tau$）；

(e) 全国人口充分多（$\bar{N}$）；

(f) 服务间的替代弹性充分高（σ）。

证明：多样化要成为较高效用的均衡，Q^* 必须大于1。注意式（4.65）的分子不受 θ 影响。一个充分小的 θ 能保证 $Q^*>1$，当 θ 接近1时，$Q^*<1$。为显示专业化能够产生较高的效用，令 θ 取大值而 τ 取小值。在这种情形下，式（4.65）的分母较大，且分子变得相对较小，而且容易得到 $Q^*<1$（例如，当 $\theta=1$ 且 $\tau<1$，Q^* 永远小于1）。命题的条件（a）-（e）来自于对各参数的偏导

$$\frac{\partial Q^*}{\partial (1-u)}<0, \frac{\partial Q^*}{\partial \theta}<0, \frac{\partial Q^*}{\partial k}>0, \frac{\partial Q^*}{\partial \tau}>0, \frac{\partial Q^*}{\partial N}>0$$

对于条件（f），我们检验两种极端情况。当 $\sigma\to\infty$ 时，服务种类变得完全可替代，而且，由式（4.63）可知 $N^*\to 0$。在一个完全可替代的世界中，由于最小的城市应该足够大，至少能生产一种服务种类，并且一些制造商只使用此种服务种类，由此可知，城市数目也是有限的。同时在式（4.65）中 $A(\tau,\sigma)\to 0$，而指数项 $(1-u)/(\sigma-1)\to 0$。因此，当 $\sigma\to\infty$ 时，$Q^*\to 1/\theta^{1/2}>1$，多样化城市达到较高的效用水平。在另一个极端，当 $\sigma\to 1$ 时，每种服务种类被看作是高度差异化的，并且极度有价值的。由式（4.63）可知，$N^*\to 4/(9k^2)$，即一个非常大的城市包含许多服务种类。由式（4.65）可知，由于 $(1-u)/(\sigma-1)\to\infty$，前一个括号项趋向于0（因为它是一个微量），从而，$Q^*\to 0$。因此，专业化城市能达到更高的效用水平。证毕。

为理解命题2背后的含义，让我们看看不同形制下决定城市效用水平的基本驱动力。第一，产业内部的正外部性来自于对产业专属服务的技术性要求，而且当服务种类的成本份额 $(1-u)$ 较高，或者当服务种类被看作是高度独特的（$\sigma\to 1$）时，这些外部性较强。第二，两种产业之间没有正外部性。由于无论城市内有一个产业还是两个产业（方程（4.63）），均衡城市规模都是一样的，当两种产业共存于同一个城市中时，每种产业内部的正外部性将比城市中只有一种产业的时候要小，因为在后一种情况下，产业专属服务种类较多（见命题1的"挤出效应"）。第三，产业专属服务在不同城市间可以贸易。因此，一个城市中的一个产业能从其他城市的服务种类中获益。相反，这些正外部性

会被产业专属服务在城市间运输的成本抵消。一个极端是,如果服务在城市间运输的成本无穷大,这些外部性将消失。另一个极端是,当运输成本为 0 时,外部性最强。第四,该城市体系是封闭的。因此,如果一个城市只生产一种制造品,它必须从其他城市进口另一种产品。如果制造品在城市间运输的成本高,那么从其他城市进口制造品将是高度无效率的。这四个特征推导出命题 2 的 6 个条件,接下来讨论其中的机制。

首先,看看为什么当产业层面的外部性高时(条件(a)),专业化能给出更高的效用。在我们的模型中,当服务在最终产品生产中相对于劳动有一个较大的份额时(即参数 $(1-u)$ 大),产业内的生产外部性较高。这有利于形成一个专业化城市体系,它具有较大的城市产业,以及较多的服务种类。在一个多样化的城市中,这些产业专属外部性较少,因为当地服务被挤出了(当 u_1 和 u_2 较小时,式(4.45)中的第一项 $\alpha^{\alpha(1-u_1)/(\sigma-1)}\beta^{\alpha(1-u_2)/(\sigma-1)}$ 将减小)。

从 $\partial Q^*/\partial \theta < 0$ 可知,制造品在城市间较低的运输成本能够提高一个专业化城市体系的效率(条件(b)),θ 是制造品抵达目的地的份额。当 θ 上升时,一个多样化城市体系不会受益,因为它不会产生任何制造品在城市间运输的成本。相反,一个专业化城市体系会受益,因为当制造品从其他类型的城市进口时,运输成本节约了(在式(4.62)中,第一项 $\theta^{2\alpha\beta}$ 随着 θ 增加而增加)。

参数 k 度量的是城市内通勤的单位时间成本。由于 $\partial Q^*/\partial k > 0$,较低的城市内通勤成本将提高专业化城市体系相对于多样化体系的效率(条件(c))。注意,当 k 下降时,城市均衡规模上升,并且城市数目更少。在这种情形下,专业化城市获得更多效率收益,因为城市中有更多的服务种类可以使用。然而,对于多样化城市来说,扩大城市规模所获得的效率收益部分被挤出效应抵消掉了,因此,效用收益相对较小。

在条件(d)中,τ 度量的是服务在城市间运输的成本,而一个大的 τ 意味着较小的运输成本。由于 $\partial Q^*/\partial \tau > 0$,提高 τ 的值有利于多样化。由命题 1 可知,相对于一个专业化城市,在多样化城市中,一个城市的产业规模只有一半大,且严重依赖于其他城市生产的服务。因此,当服务在城市间的运输成本下降时,相对专业化城市而言,多样化城市会因为在进口服务上花费更少的支出而获益。换言之,当城市产业结构是多样化的时候,由于此时进口其他城市生产性服务的成本较低,挤出效应就变得不那么重要了。

当全国人口变大的时候，将会有更多的城市出现。在任何一个城市中，当地的服务种类份额都变成了整个城市体系中全部服务种类的一个较小的部分。但由于多样化城市生产的服务种类仅为专业化城市的一半，一个多样化城市会从其他城市进口更多的服务种类，且比专业化城市更少地依赖本地服务。因此，人口增长将弱化挤出效应。结果，一个多样化城市体系会比一个专业化城市体系受益更多（条件（e））。

最后一个条件（f）的解释如下。当服务种类相互间是完全替代的时候（$\sigma \to \infty$），服务类别的差异化没有价值，且所有制造商只使用一种本地服务，因为进口服务会更贵。在这种情形下，由于服务类别没有价值，所有正外部性都消失了，城市变成多样化的，因为没必要产生制造品的贸易成本。另一方面，当服务种类极端重要时，制造商会尽可能多地采用各类服务，这在大的专业化城市容易满足，因为那里有很多种生产性服务。在这个情形中，制造品必须在城市间贸易，尽管这么做会产生贸易成本，但只要服务多样化产生的收益足够大，这就是值得的。

历史上，铁路系统和州际高速路系统的开发极大地降低了制造品在城市间的运输成本，而且移动电话和公共交通系统的开发降低了城市内部的通勤成本。根据命题2，在其他条件不变的情况下，这些科技进步都有利于专业化城市体系的形成，帮助城市实现较大的规模经济，并成长为专业化城市。尽管现有文献较少讨论电信革命是如何影响多样化的效率，但电信技术进步让一个城市从其他城市获得了更多的收益，亦即提高了正的城市间外部性。命题2指出，由于存在挤出效应，一个多样化城市更多地依赖于进口服务。由于这些服务是信息密集型的，这种技术进步有利于提高一个多样化城市体系的效率。

在已有文献中，人口增长对城市专业化或多样化的影响还没有被充分考察。我们指出，人口增长有利于多样化的城市体系，由于世界人口不断增长，这一个结果有重要意义。

命题2是可以验证的。通过设想不同的外生冲击结果，我们可以构造不同的城市发展时间路径。一个有趣而现实的路径可能是：多样化→专业化→多样化。在该路径的第一阶段，均衡的结果是由多样化的小城市组成的体系。这一阶段持续的时间较长，其特征是：产业的规模经济不高，城市内部通勤成本高，制造品在城市间的运输成本高。在下一阶段，产业层面的外部性因受技术冲击而提高（产业革命），制造品的城市间运输成本下降（例如铁路、货运、高速路的发展），并且城市内通勤成本下降（例如，移动电话的发明）。由于这些技术冲击，城市体系从数量多但规模小的多样化城市结构转向专业化大城市的结构。在最后阶段，全国城市人口规模越来越大，同时技术冲击极大地降低了服务业在城市间运输的成本（例如，电信技术进步，包括互联网、电子邮件和视频会议）。在该阶段，城市体系会再次变得多样化。

到目前为止，我们一再强调，市场主体（或者城市开发商）并不考虑这样一个事实：如果他们的城市变大，体系中的城市数目也将发生变化。另一方面，中央规划者可以直接考虑城市规模之间的相互依存性。对于多样化城市体系，通过把 $n = \bar{N}/N$ 代入式（4.42）中的 δ，可以得到经过规划的城市规模，并求解关于城市规模 N 的最大化问题，从而得到一个内点解。最优城市规模是

$$N_d^* = \left\{ \frac{\omega + \sqrt{\omega^2 - A(\tau,\sigma)(1+\omega)(1+3\omega)k^2 \bar{N}}}{k(1+3\omega)} \right\}^2 \quad (4.66)$$

其中，$A(\tau,\sigma) \equiv \tau^{\sigma-1}/(1-\tau^{\sigma-1})$，$\omega = (1-u)/(\sigma-u)$。对于一个专业化城市体系，规划者将用式（4.56）和式（4.57）替换式（4.58）中的 δ_1、δ_2，并选择 N_1 和 N_2 最大化 $U_s(N_1, N_2)$。在专业化条件下，两种类型城市的最优城市规模 N_1^* 和 N_2^* 是

$$N_s^* = N_1^* = N_2^* = \left\{ \frac{\omega + \sqrt{\omega^2 - A(\tau,\sigma)(1+\omega)(1+3\omega)k^2 \bar{N}/2}}{k(1+3\omega)} \right\}^2$$

(4.67)

在中央规划的假定下，我们将多样化城市体系与专业化城市体系的效用比率定义为 $\bar{Q}^*$。将式（4.63）中的城市规模代入式（4.45），式（4.64）的代入式（4.62），并使用条件 $u_1 = u_2 = u$ 和 $\alpha = \beta = 0.5$，有

$$\bar{Q}^* = \frac{U_d^*}{U_s^*} = \frac{(1/2)^{(1-u)/(\sigma-1)}}{\theta^{1/2}} \cdot \frac{[1 + (\bar{N}/N_d^* - 1)\tau^{\sigma-1}]^{(1-u)/(\sigma-1)}}{[1 + (\bar{N}/2N_s^* - 1)\tau^{\sigma-1}]^{(1-u)/(\sigma-1)}} \cdot$$

$$\times \frac{N_d^{*(1-u)/(\sigma-1)}[1 - kN_d^{*1/2}]^{(\sigma-u)/(\sigma-1)}}{N_s^{*(1-u)/(\sigma-1)}[1 - kN_s^{*1/2}]^{(\sigma-u)/(\sigma-1)}}$$

(4.68)

通过使用数值示例，我们能够让 $\bar{Q}^*$ 的值大于或小于1。更重要的是，对于所有外生变量，数值模拟结果显示 $\bar{Q}^* > Q^*$，其中 Q^* 由式（4.65）给出。因

此，得到 $\bar{Q}^* > 1$ 且 $Q^* < 1$。这个结果可由如下命题表示。

命题3：市场均衡结果有可能得到一个专业化的城市体系，但多样化城市体系均衡的效用可能更高。

命题3背后的含义如下。在模型中，服务在城市间贸易具有正外部性，市场主体并不把这个外部性考虑在内。这些城市间的外部性越高，均衡结果对最优结果的偏离就越远。在一个多样化的城市体系中，由于城市产业只有一半规模（如命题1所示），城市间的服务贸易更多。因此，一个多样化城市更依赖于从别的城市进口服务。结果，相对于专业化城市体系，多样化城市体系在均衡时效率扭曲更大。因此，在均衡时，多样化城市体系的效用水平要比专业化城市体系低，但当所有的市场无效率被矫正的时候，多样化城市体系会达到更高的效用水平。

第五章　美国制度环境下的城市产业分工

城市分工的形成过程是市场力量和政策力量共同作用的结果，这个结论平淡无奇，不过这并不是本书要强调的，本书的重点在于如何用一个具有内在合理逻辑的理论框架去解释这一过程。上一章已经通过理论模型分析了影响城市间分工的经济性因素，包括运输成本、通勤成本、生产上的规模经济、产业特征、劳动力类型等。然而，这些结论的普适性值得怀疑，因为得出这些结论的模型是建立在高度抽象的世界中的，而抽象世界与现实世界有很大的差距。另外，这些理论模型是在发达国家的制度环境下发展起来的。制度经济学认为，制度对于经济行为是重要的。制度环境不同，经济行为也就不同。因此，为探讨完整的城市分工机制，除了考虑市场力量外，还要考虑制度的力量。在诸多制度当中，政治制度是最根本的，具体包括权力配置、政府间关系、政府的经济发展行为、经济和产业政策，以及推行政策的方式和手段等内容。为了比较中美城市间分工机制的差异，我们首先在本章中介绍美国城市在构建产业分工体系时面临的制度环境，主要涉及政治体制、行政体系以及政策制定过程，并分析这些制度约束对城市分工行为的影响。下一章将专门介绍中国城市分工的制度环境。

第一节　美国的政治体制

美国的联邦制建立在权力分散、权力共享、权力约束的基础之上。1788年美国宪法建立了联邦、州、地方三级政府，代表政府系统的总统分两个阶段产生：先由每个州的投票人选出该州的选举人，再由各州的选举人选出总统。每个州的选举人个数由该州人口规模决定。作为立法机构的国会代表各州及其民众的利益。国会实行两院制，参议院由各州的参议员构成，每州两名参议员，他们由州立法机关任命，在国会任期6年。众议院由各州众议员构成，各州每3万人分配一名众议员，在国会任期2年。1913年通过的第十七条宪法修正案要求普选参议员，并且自 1910 年以来，众议院人数固定在 435 人。

根据美国宪法第一章第八节，联邦政府被授予列举式的权力，而根据美国宪法第十修正案，未界定的权力保留给州，这被称为"保留条款"。此后，联邦政府的权力不断扩展，涵盖了那些为实现已列明权力且"必要而恰当"的权力，以及为了"增进总体福利"的权力，如此一来，联邦政府介入了传统上属于州的职责，例如教育、健康和福利。美国最高法院负责界定联邦和州政府的权力。

两党制是占主导地位的政党制度。民主党和共和党自 19 世纪中期开始成为两个主要政党。除了一些州和城市被其他党派主导外，民主党和共和党在大部分州和地方是两个最主要的政党。

一、三权分立

与其他国家相比，美国经济政策制定过程的首要特点是总统和国会之间的相互制衡。在美国的行政体系中，总统设定政治议程，并通过投入他在总统任期内掌控的政治资源，将那些他认为非常重要的事务付诸实施。而对于国会，尤其是众议院里的议员来说，他们每隔一年就要面对选民，因此议员们最重要的任务就是为自己选区的选民争取到利益。在这样的制度环境下，联邦的产业政策的制定和实施就不可避免地受阻，或削弱力度，因为总统主推的一些关键政策很可能与地方利益和集团利益相悖，例如，当美国政府要提高钢铁关税的时候，钢铁产品的使用者就会强烈反对，并通过代表团体利益的地方政客在国会施加影响。另一方面，产业计划涉及对地方、行业、群体的大规模投资，各利益相关方为了争取尽可能多的好处，也会游说国会议员干预政策的制定。这会使得国家产业政策难以为继，因为当各方的利益需求都加进计划之后，完成计划所需的资金就会猛增到失控的程度，计划最终要么流产，要么被拖入迁延时日的冗长讨论之中。

美国总统和国会之间的博弈与许多议会体制相反。在议会体制下，政府在议会中获得的多数支持保证了它在许多政策上拥有很大的决定权。当然，对于一些政策，反对派可以利用政治资本发起全国性的争论，如果社会公众也表示反对的话，这些政策才会被修改。但这种情况很少发生。相反，在美国的总统制下，这种情况却经常发生，总统可以通过政府决策推动他认为重要的核心政策，但在较低层次的决策上，立法部门有更大的余地通过一事一议的方式做出决定。在政策制定的过程中,总统提出的经济政策都不会被全盘接受或者否决,总统总要在政策细节上与国会讨价还价。

由于总统在制定和实施经济政策方面的权力是有限的,他只能关注那些最为核心的政策。总统制定政策的原则是,对于那些重要的政策,要把握好它们的优先次序,而其他产业相关政策则留给国会决定。例如,小布什总统在其第一个任期里将经济政策的重点放在降低税收、支持12年基础教育以及有限的医疗改革(老年处方药福利)等方面。在第二个任期开始时,政府宣布了一系列优先考虑的政策,包括社会保障改革、民事侵权行为法律改革以及进一步的税收和医疗改革。在此期间,美国竞争力计划(ACI)和政府预算整顿被加进了优先事项列表中。ACI旨在大力推动科技政策,而预算整顿则要求在许多项目上削减支出。在这些核心政策领域之外,国会的议员们基于个体政治利益和选区利益能够迫使总统改变他的政策,或是否决他的决定。

此外,作为更广泛政治议程的一部分,总统还要平衡经济目标和其他目标的关系。这进一步限制了美国政府追求特定产业政策一致性的能力,因为这些产业的经济利益与非经济政策目标是相互冲突的。例如,由于伦理取向的原因,小布什政府限制了干细胞研究,这显然对美国的生命科学产业的发展是不利的。又如,美国主流的外交政策经常左右美中经济关系。

二、党派政治

如果说总统制在4~8年间还能够或多或少地保证重大政策的连贯性和一致性的话,两党制则会彻底击碎这种保证。民主党总统奥巴马最早提出他的技术创新战略是在2007年11月参观Google总部的时候,他呼吁要加大对清洁能源、数字技术、医学研究以及基础科学的投入,同时还要进行教育改革、工作培训以及基础设施建设,他认为这些也应该归入创新支出。2009年当选总统后,他立即将他的创新政策纳入8千亿美元的经济刺激计划当中,利用公共财政推动先进制造业的发展。例如,经济刺激计划对太阳能制造业投入数十亿美元,自2009年以来这极大地提高了美国太阳能发电量,增幅是3000%。在电动汽车产业上,2009年至今超过40万辆电动汽车在美国销售。奥巴马在其任期内不断鼓吹创新的重要性,不断呼吁美国要在教育、创新、竞争力上胜出。2015年10月21日,奥巴马提出了一个更加雄心勃勃的计划,未来要对新兴技术领域进行更多的投资,包括精细医疗、脑科学、人工智能和教育技术。然而,通过经济刺激计划资助的创新战略未能维持下去。主导众议院的共和党人一致地拒绝了奥巴马扩大开支的请求。因此,联邦的R&D开支出现停滞,奥巴马任期内的R&D支出占GDP的份额只有1980年代的一半。

技术创新是少数几个能够让民主、共和两党达成共识的政策议题,然而没人能保证它永远是共识。2017年共和党总统特朗普上台之后,并没有继续推行奥巴马的创新政策,相反,他提议的2018财年预算对创新支出进行了大幅削减。总体上,特朗普的预算使研发支出水平削减了5%。非国防R&D支出的下降幅度达到史无前例的19%,这波及各个研究领域。美国国家卫生研究院(NIH)的研究经费下降了21.5%,涉及衰老、癌症、传染病、精神健康和药物滥用方面的研究被大幅削减经费。NIH的研究项目面临自1970年以来最吝啬的拨款额度。不仅如此,农业研究服务局、国家标准和技术研究所、国家航空航天局、国家海洋和大气管理局、环保局等部门的相关科研支出也面临着更严厉的缩减。特朗普的预算要求削减美国制造业项目70%的支出。该项目由奥巴马首倡,主要为新兴技术领域的前期研究筹集资金,例如机器人、光电子、3D打印和轻型材料等技术。特朗普还关闭了制造业扩展伙伴关系项目,该项目每年耗资1.2亿美元,由专业的机构为美国50个州的中小制造企业提供技术支持。

三、选举政治

1990年代,迫于全球竞争的压力,尤其是来自于日本经济崛起的威胁,美国国内存在出台产业政策的呼声。民主、共和两党对此达成共识,认为需要采取干预主义政策推进美国的产业发展。然而,在美国分权的政治体制环境下,无论共和党还是民主党都无法推出一个战略性的、有良好准备的、可以有条理推进的、有效的产业政策。制定和执行产业政策都非常困难,政治家们只能知难而退,他们所倡导的自由市场主义更像是一种无奈之举:既然美国政府无法推出一个有利于企业和产业的政策,那么就让企业自己构建应对经济形势变化和国际竞争力的能力好了。

美国产业政策的难产、流产或畸变与其选举政治有很大的关系。选举已成为美国文化的一部分,它无处不在。地方有地方的选举,党派有党派的选举,国会有国会的选举。政治领袖靠选票投上台,同样,选民也可以通过投票让他们下台。因此，政治领袖及其政府的施政纲领在很大程度上都要取悦于选民以换取长期任职。各类利益集团的选民能够左右政府的产业政策，他们对自身的利益考量无时无刻不在挑战着政府推动产业发展的能力。

在美国，煤炭、钢铁、汽车等是夕阳产业，而以亚马逊、微软、谷歌等公司为代表的信息经济是朝阳产业，按道理，美国的产业政策应该减少对夕阳产业的补贴，加大对朝阳产业的支持力度。然而，为了争取产业工人、农民和低收入白种人选民的选票，2016年，特朗普在竞选美国总统时承诺要振兴美国的工业，为广大的工薪阶层创造更多的就业机会和更高的收入水平。2018年1月，美国制造业联盟主席斯科特·保罗（Scott Paul）表示："我们已经召集了数以万计的民众致信白宫，要求总统遵守自己一再做出的承诺，即保护美国的钢铁产业和钢铁工人。"[①] 作为回应，美国对贸易伙伴发动了贸易战，通过提高关税、关闭市场威胁贸易伙伴（许维鸿，2018）。

第二节 美国的行政体系

一、三级政府

（一）各级政府的构成与职责

美国行政体系分为三个层级——联邦、州和地方。地方政府有很多种类型，包括县、镇、市以及特区等。美国宪法中没有提及地方政府，这是因为它们被认为是各州的法律产物。尽管如此，它们对联邦政策的重要性是不可低估的。因为根据2007年美国普查局的统计，美国约有89476个地方政府和367个都市区分布在50个州。所有的地方政府都是根据州的宪法或法规成立的。地方政府是它们所在州的产物，它们与所在州有着法律、行政和财政上的联系。与州和联邦政府相比，公民把地方政府看作是更有效率的服务提供者。在一般观念上，地方政府的职责在于提供公共服务，而不是发展经济，发展经济是企业应该做的事情，地方政府搞好制度环境就行了。这就是为什么地方政府把更多的财政

[①] "失落而又心怀不甘的美国钢铁产业"，界面新闻，2018-04-09：http://k.sina.com.cn/article_6192937794_17120bb4202000dj5t.html?cre=tianyi&mod=pcpager_news&loc=23&r=9&doct=0&rfunc=90&tj=none&tr=9。

收入花在公共服务上，而非产业补贴上。一般情况下，地方财政支出最多的项目是教育。地方政府向当地居民和企业提供公共物品和服务，这些服务遍布家庭、学校、街道或者公园。许多州通过限制不动产税的征收管制地方政府的财政政策。地方政府和州政府在职责上是有重叠的，例如公共教育和治安。特区是地方政府形式的一种，它与综合性职能政府区分开来。其含义是特殊功能区，即发挥某种特别的功能，包括空中运输、公墓、电力、防火、煤气供应、高速公路、产业发展等。特区的设立反映了地方的功能分工，但这是一种非常少见的地方政府形式。在过去几十年里，州对地方政府的资助在地方政府收入中的占比有所波动。1972年，市政府获得的州资助达到市总财政收入的20%，以及所有地方政府（除去市级）收入的36.8%。到2002年，这两个数字分别变为18.5%和39.9%。地方政府对房产税的依赖在过去几十年里逐渐降低，现在更依赖于对基础设施的使用收费。

（二）政府间关系

地方政府必须服从所在州和联邦政府的管制。自1980年以来，地方政府常常抱怨联邦施加的法令，而州法令也同样令其受挫。由于地方政府是州的产物，州政府有权监督他们的财政状况，并实施受委托人监管责任。通常情况下，州监控地方政府的财政状况，当地方政府达到或接近州政府预先设定的破产或财政危机阈值时，州将接管地方政府的运转或者融资。地方政府的设立、关闭、合并要经过州政府同意。州政府通过权力合并设立地方政府，州可以废除地方政府，对它们进行管制，限制它们的征税权力，以及用各种方法使之遵守州政府的规定。长期以来，改革者们一直呼吁州立法机关批准给予地方政府更大的或更严格的权利，以便满足地方公众对公共服务的需求。地方政府本地立法的法律依据已经在36个州获得州宪法批准，在8个州获得州法规批准。然而，在什么都要州批准的情况下，地方政府的权力会受到法规和宪法调整的影响和改变。

以往地方政府与联邦政府的互动频率要低于与州政府的互动频率。但如今，地方政府与联邦政府关系密切，就像和州政府的关系一样。这些联系会随着活动和功能而有所不同，但大体上包括资助、管制和服务三个方面。当然，地方政府也会组织起来捍卫自己的利益和保持相对自治，以及争取财政支持。它们有许多游说组织，即公共利益集团。这些游说组织在全国和州层面上都很有影响力，可以影响联邦政府的立法和监管决策。

1930年代的大萧条改变了联邦政府和地方政府的关系。联邦政府对地方政府的资助大幅度提升，尤其是那些有大量公共工程的地方。现在，联邦政府向地方提供的资助包括高速路、基础和中级教育、图书馆、医院、警察和消防、交通系统、污水处理设施等。反过来，由于联邦的资助和管制日益影响着地方政府的运作，地方政府在华盛顿形成了强有力的政治参与。联邦政府对地方政府的资助在1970年代达到顶点。1982年则大幅度下降，同时里根总统发起了一个席卷全国的联邦地方关系改革。联邦政府对地方政府的直接资助下滑，总体收入共享项目（1972年州与地方财政互助法案）在1987年终结，这个项目原先为地方政府提供直接且无限制的资助。作为政策引导手段的联邦资助被联邦的局部收购权所取代，联邦政府收购州和地方政府的财政和服务供给权力，导致政府间基本关系从一种安排（合作联邦主义）变成另一种安排（强制性联邦主义）。无论哪一种形式，州政府和地方政府都被联邦政府的"有形之手"约束着。

二、地方自治

地方自治是美国州政府以下地方政府运行的主要原则。美国的地方政府体系较为复杂，呈现出并行交错的特点，建制包括县级政府、市（镇）级自治体政府、特区政府和学区政府等四大类。

县是州管理下的主要行政实体，其主要职责包括：登记注册（如出生、死亡、不动产过户等）、主持选举（如选民登记）、修筑地方和乡村道路、区域用地规划、落实建筑规章以及保障治安（尤其在乡村地区）等。县政府由民选官员组成，决策和行政通常由行政管理委员会负责。除委员会成员外，其他民选县级官员一般包括治安官、法官、治安法官、法医、审计官、估税员、检察官等[1]。县政府的财政收入主要依赖税收，其中财产税的地位至关重要，此外还包括联邦和州政府的拨款、公共服务收费等。大部分财政收入都用于公共服务和社会福利的开支。按照法律规定，县政府通常情况下必须将地方税收收入用于州一级法律所规定的公共事务项目。

---

[1] Bureau of International Information Programs, US Department of State. *How the United States is Governed*. https://photos.state.gov/libraries/korea/49271/dwoa_122709/US_Governed.pdf.

在县政府之外还存在着自治行政体，即在县内或独立于县的、拥有自身行政权和税收权的市（city）、镇（town）等。这些自治行政体的人口和面积大小不一，政府的职能涵盖各种基本公共服务，包括公共安全、街道维修、公园和娱乐设施管理、污水处理、清理垃圾、用地规划及落实建筑规章、救火救急服务、动物管理、公共交通等。市或镇政府官员同样由民众选举产生，其中包括负责决策的市（镇）长和市议会议员。有些城市采用经理式管理模式，由市议会聘用一名专业主管负责市政运作。这名主管是城市的首席行政官，虽不由选举产生，但必须对民选的市议会或市长直接负责。

对于市政府而言，还存在着通用法城市（general law city）和宪章城市（charter city）之分。前者的职权范围、政府组织形式、选举方式等组织和治理的各个层面都由州宪法进行约束。而对于宪章城市而言，只要某地域达到特定要求并愿意组成城市自治体时，经该地三分之二以上居民同意后，即可向州立法机构申请独立法人地位并成立城市。城市政府的职能和组建形式等内容由城市宪章来约束，城市宪章既可以自行制定并由州立法机构审查后批准通过，也可以直接从州立法机构获取宪章。市（镇）政府的职权范围根据各自治体宪章和通用法的不同而大小各异，有些市（镇）政府的职权范围较小，更多依赖于下文将讨论的特区政府来发挥特定功能。市（镇）政府的财政收入主要依赖于销售和房产税、财产税、营业执照税、酒店税、公用事业税等，对提供市（镇）政设施和服务所收取的费用只能用于该设施和服务。市（镇）政府也会从联邦政府和州政府得到一些财政支持，但一般情况下对联邦和州政府财政支持的依赖程度远远小于县政府。研究显示，2014—2015 财年加州内所有市的政府预算收入总和中联邦政府拨款仅占 5%，州政府拨款仅占 4%，而该财年加州所有县的政府预算收入总和中联邦政府拨款占 20%，州政府拨款占 32%。① 以旧金山湾区索拉诺县内的瓦列霍市（City of Vallejo）为例，该市 2016—2017 财年财政总收入为 1.907 亿美元，其中联邦和州政府拨款为 1230 万美元，占 6%。

总结起来，美国的县属于自上而下的行政区划（由州根据行政管理需要而设，依据的是州议会的意愿），而市、镇等自治体则属于自下而上的行政建制

---

① Institute of Local Government. Understanding the Basics of Municipal Revenues in California: Cities, Counties, and Special Districts (2016): http://www.ca-ilg.org/sites/main/files/file-attachments/basics_of_municipal_revenue_2016.pdf。

(根据居民自愿申请后经州特许而设），这是与中国地方行政体系不同的地方，也是美国地方自治原则的具体体现（黄晓东，2009）。和美国其他地区一样，虽然各县政府和市、镇这些自治体政府之间在法律上并无隶属关系，但是二者存在分工合作的关系（王旭，2006）。各市、镇政府负责管辖其城市范围内的公共事务，城市范围以外的广大地区属于未建制区（unincorporated areas），这些区域的公共事务由县政府管理。同时，县政府还负责统一管理财产税税基评估、各类执照的发放、组织选举等公共事务，以及财产税收入在该县范围内县、市、特区和学区政府间的分配。

三、城市政府与大都市区

美国的地方政府是组织实体，它们拥有大量的行政和财政自主权，并接受公众对权力的监督。县（county）是一种政府形式，是州的行政管理单位。县政府是综合性的地方政府，最初建立是为了执行州的政策。之后，许多县演化为相当自治的政府，它们直接选举官员或者委员会委员，制定预算、征税，维持地方秩序。县政府提供许多公共服务，包括社会福利（由州政府指派）、医疗、监狱、法庭、公园、民意收集、道路及其他。尽管县政府普遍存在于49个州，但也有例外：康涅狄格州和罗得岛州没有县的建制。在弗吉尼亚州和马萨诸塞州，城市独立于县存在（城市不受县管辖）。有一些城市和市镇与县政府重叠运行。有一些州合并了一些县和市政府。

在美国，都市区没有行政建制，即不存在都市区政府。都市区的名称来自于数据统计的需要。这反映了城市间紧密的经济及社会联系，它们成为一个群体是市场自发的行为，而不是制度的安排。城市群中的城市可能都在同一个州，也可能不在同一个州，如旧金山湾区城市群都在加州，而纽约大都市区则跨越了纽约、新泽西、宾夕法尼亚三个州。都市区的概念可以追溯到1940年代。一个都市统计区（MSA）包含一个较大的人口聚居中心，周边环绕着相邻的社区（通常是县），这些周边社区与聚居中心经济高度一体化。每个MSA必须包含一个至少5万居民的城市化地区。包含城市化地区的县就是MSA的核心县，如果周边县与核心县在经济和社会方面高度一体化，那么它们也会被计入这个MSA（Hammond & Osoba，2008）。随着美国城市化水平的提高，对于都市区地理范围的统计界定一直在不断调整。1983年美国普查局采用新的都市区定义。一些特大型的 MSA 更名为大都市合并统计区（CMSA）、都市基础统计区（PMSA）。在旧统计标准下，一般按照人口规模来定义中心城市，中心城市不会超过三个。在新统计标准下，中心城市的定义考虑多个标准，包括人口规模、就业规模和通勤范围。而且，都市区内中心城市个数无限制。新标准下，中心城市的定义除了人口最多这一条件外，满足以下任意一条都可以称为中心城市：①城市人口至少 25 万，或者至少有 10 万人就业；②城市人口至少 2.5 万，就业/居住比至少 0.75，在此居住的就业人员向外通勤的比例低于 60%；③城市人口在 1.5 万~2.5 万之间，至少有最大中心城市的 1/3，且满足第②条后两个条件。在 1990 年普查中，纽约—北新泽西—长岛 CMSA 有 14 个中心城市。旧金山—奥克兰—圣何塞 CMSA 有 12 个中心城市。在美国的一些地方，围绕着主要城市形成的城市化地区不断扩张，以至于很难区分一个都市区从哪里开始到哪里结束。大都市合并统计区涵盖多个相邻的 MSA。在 1980 年，一个 CMSA 至少有 100 万人口。最典型的一个 CMSA 就是由波士顿到华盛顿特区的都市区连绵带（BOSWASH），此外还有克利夫堡（Cleveburgh，即克利夫兰和匹兹堡）、大湖下区（Lower Great Lakes，从 Toledo 开始，经过 Detroit 和 Chicago 直至 Milwaukee 市）。

都市区这一地理尺度近几十年来获得了越来越多的关注。首先，是因为都市区被认为在全球化语境下的经济发展中扮演着重要角色。都市区通常被看作是经济增长、集聚经济、生产率创新和竞争力的物理空间，或者后福特主义的空间锚点，因为它们是全球商品流、资本流、信息流和人力流网络的中枢。其次，都市区概念已经成为决策者经常使用的词汇以及政府、国际组织的倡议。所有这些行为主体都强调都市区的重要性，并强调建立都市区治理安排的必要性，把都市区看作是许多政策实施的基本空间单位。为有效处理邻近城市之间的关系，以前提出的方案都是网络化治理，或者新区域主义的治理实践。而现在，都市区政府的制度性构建再次在许多国家的政府议程中获得关注，如英国、法国、韩国和土耳其。最后，尽管都市区概念已经成为理论分析的对象，尤其是在经济地理中，但公共行政、政治科学领域对都市区的认识还很滞后。

第三节 美国联邦制下的政府决策行为

一、权力碎片化

美国的政治制度设计旨在尽可能地避免权力过度集中。在政治制度的各个方面,权力和职权无不被分割和共享。在横向上,这种分离是通过行政、立法、司法的三权分立实现的;在纵向上,权力在联邦、州,有时甚至是地方等各级政府之间分割或共享。碎片化原则同样体现在组织机构中(例如,立法机关采取两院制,立法机关中的授权和拨款功能相分离)和某个政府层级上(例如,州长和州立法机关或者市长和市议会分享权力)。今天,分权式的政府无论是在华盛顿还是在许多州都是一个政治现实,行政机关由一个政党占据,而立法机关(两院中至少有一个)又由另一个政党占据。与其他许多国家不同,美国的政治体制并不是由一个强大的中央政府构建的,在很大程度上是在由下至上的权力配置中形成的。

因此,与议会制不同,美国不存在制度上的权威监控整个政府系统。除非在紧急状态下,如发生战争,这种体制是不会产生一个国家规划委员会的,甚至一个负责向各州分配项目资金的小机构也不会产生。这种政治过程及其变化形式决定了分配的模式。这导致了 50 个州之间惊人的差异。

考虑到各州与各市之间的差异,政策或项目的设计必须是有针对性的,而不是在各级政府推行一个统一而综合的计划。对美国联邦制议题的争论发生在两个常常对立的层次上:一个是一般化的、宏观的,有时是抽象的方法(它通常反对中央政府权力的任何增加),另一个是具体情况具体分析的方法(它关注的是特定的问题和特定的解决方案,中央政府权力的增减可视具体方案的需要而定)。对政府角色的争论也反映在不同党派的政治主张上,一般而言,民主党主张政府应该积极有为,而共和党则倡导小政府。

二、政策行动主体及其关系

(一)行动者之间的关系

Wright(1988)提出三类模型描述行动者之间的关系。覆盖式权威模型假定联邦政府扮演至高无上的角色,并控制着与其他层级政府的互动。并列式权威模型强调州的自治;地方政府完全被看作是州的产物,而且联邦政府与州的互动假定双方都是分开的、不同的。相反,叠合式权威模型有几个特征:①许多领域的政策需要联邦、州和地方的共同介入;②在自治和决断方面,对于任何一级政府来说权力都是有限的;③各级政府都要通过讨价还价和谈判获得足够的权力和影响力去执行政策项目。这些模型对于描述美国各级政府之间的复杂关系来说仅仅是个开始。显然,美国各级政府之间的关系一直在变化且不断被重新定义。

认真审视各级政府之间的关系对于理解美国联邦制同样重要。各州与各地方之间的差异并不是语言或宗教的差异。在美国,行政区划之间在政治文化上存在惊人的差异,而这又与各地的人口特质、地理或区域类型、政府结构形式,以及过去的历史相关。尽管有些人认为,无论生活在哪里,美国人的相似性都大于其差异性,但联邦制为各地创造差异性提供了自由空间(例如,这种体制给所有层级政府征税的权力)。当比较各州、各区域或各地方时,聚焦各级政府之间关系的分析层级有时掩盖了难以置信的差异。当国家政策(例如,普及公民权)要在不同的政治文化环境下执行时,这种差异会变得更加明显。

但行政区划之间最难弄懂和最难发现的差异来自于政治结构和职权。行政和立法机关之间的关系在美国各州并不一致。各州在州长与州立法机关的权力对比上差异极大。一些州的州长特别弱,他们没有能力组建自己的内阁及否决立法机关的议案,甚至无法提交一份预算。而另外一些州的州长却又非常强势。对于政府扮演的总体角色,各州也不一样。一些州的州长和立法机关较弱,他们连每年开会的天数都要受到限制。在地方层面,市长、县长和地方立法机关之间也存在这种关系强弱的差异。

这种多样化的结构性关系有利有弊。一方面,这种差异性提供了"自然实验"的环境,一两个州能够孵化或试验一些处理政府事务的新方法。从这个意义上说,州就是"民主实验室"。这些试验能被用作国家政策的展示样本,或者作为范例引导那些认为适宜实施的州采纳相关的政策。另一方面,每个州的问题都是不一样的,各州在解决方案的意愿上也有不同。这种环境也为民选官员和被委任官员提供了一个历练的平台。与此同时,由于州、地方之间差异很大,把它们作为一个群体来讨论容易造成混乱。

（二）关键行为主体

美国政治体制中的多中心权力结构意味着，卷入决策制定的行为主体不仅数量庞大而且种类繁多。当描绘这个体制的结构图时要注意区分拥有正式和非正式权力的行为主体。当然也可以把分析单位的焦点从某一层级政府的内部决策转向行政区划之间的相互关系。在这个结构图中，行为主体包括政府单位以及政策公关专家。

1. 政府部门

在国家层面，通过考察三类政府机关（立法、司法和行政）的正式结构，可以区分这些行为主体。国会议员以两种方式处理涉及各级政府间关系的事务：一种是为他们各自州的特定需要代言，一种是通过他们所在委员会的职位提出政策或项目议题。司法机构对联邦体系有强大的影响力，但是由于决策的方式特殊，这种影响力取决于具体事务。

行政机关的职能也许是最密集的。美国政府的行政机关并不是按照单一的声音行事的。在白宫，有许多机构组织在总统卸任之后仍然存在，而另一些单位则完全随总统的变化而更迭。尽管大部分官僚机构是按照行政机关的组织章程设立的，但在现实中，分权体制意味着职业公务员面对着两个主人：两院及立法机关中的多重组织，以及总统和白宫的各种职能机构（例如管理和预算办公室）。

行政机关和其他各级政府之间的关系有多种形式。白宫本身就经常拉拢州长、市长以及其他民选官员，尤其是那些与总统是同一党派的官员。尽管美国的政党并不具备议会制政党那样的纪律性，但来自同一党派的联邦官员与州和地方官员之间还是存在一种特殊的关系和影响模式。此外，每个行政机构的代理人和机构通常都有一个工作成员专门负责处理政府间事务。

除了国家层面的机构，州和地方层面的政府单位都会对国家政策产生影响。通过州长、立法机关成员以及其他直接选出或委任的州级官员，各州可以表达自己的主张。此外，来自各州的国会两院的议员也会代表州的利益发声。州政府的抗议可以通过国会尤其是参议院表达出来。各地方的利益可以通过市长、县委员会、市议会、镇董事会或者众议院议员来表达。

当一些政府单位要独立地与其他层级的政府单位打交道时，它们常常通过集体行动与国家交涉。联邦制下的每个州和地方的行动者在华盛顿都有代表自己利益的组织（Haider，1974）。这些团体被称为公共利益集团，它们向成员提供关于国家发展方向的信息，推动相关政策议题成为法律，有时还为它们的选区提供技术性支持。这些团体产生于20世纪早期，并且在1960年代和1970年代扩张和兴盛。有时这些团体结成联盟，但它们常常在国事争论中相互攻击。

全国层面的公共利益集团主要包括全国州长协会、全国城市联盟、国际城市管理协会、州政府委员会、全国县域官员协会、美国市长大会和全国州议员大会。还有许多团体活跃于区域和州层面，例如加州城市联盟，或者西部州长协会。

尽管这些有着广泛目标的政府组织是政府间关系的重要组成部分，但它们的影响力在许多方面是受限制的。每个组织都尝试着代表一连串的官员，而这些官员代表着具有极不相同的人口、经济和社会特征的行政区划。为了避免组织中的分歧，达成政策共识要采取"最小公约数"的方法，这使得他们要么处于纸上谈兵的尴尬境地，要么采取另一种策略，即搁置争议，并将问题交给技术专家解决。

2. 利益集团

尽管多目标的政府组织可以被定义为利益集团，但美国的利益集团通常是指参与政策过程且通常没有正式政府背景的组织。美国政治文化的观察家们指出，国家倾向于造就各种具有自愿的或者准自愿性质的组织。政策决定过程的碎片化性质强化了这种倾向，并在决策过程中产生了线上和线下的行动者，他们代表着各种立场。"铁三角"的概念用于描述围绕着特定政策领域构建起来的关系，包括执行机关、国会委员会以及利益集团的代理人。最近对利益集团行为的分析指出，这样的关系并非固定不变的。三者之间的关系被认为是不固定的，并且被描述为由高度自治的参与者构成的一张"网"，参与者之间具有不同程度的相互承诺或相互依赖。

每个政策议题都有一组政策活动专家，它们代表着经济利益集团、选民集团、专业集团、行政官员以及其他在某个特定领域有利益的群体。各种政策活动专家可以是发展有效政策的推手，也可以是阻碍，对此仁者见仁，智者见智。一些人把利益集团看作是私人利益的公共代理人，另一些人则强调利益集团扮演的角色是缝合一个碎片化体系的线。

三、美国的政策过程

前述的政府间活动主体在政策过程的各个阶段发挥作用，它们帮助把一个议题推上政策议程；常常参与设计和构思政策和项目的实现方法；本身就具有采纳政策的决定权，也可以影响决策权威；常被召集起来发挥实施或递送政策和项目的作用，同时接受考核。

（一）政策设计

在设计影响政府间关系的政策时，可能有几个问题会被提及。这些问题包括，政府在一项事务中应该扮演的角色，政府实现其职能的机制和资源，以及分配资源的规则。从直觉上说，各种行为主体在政策过程中如何看待政府体系，并不总是显而易见的。美国各州的州长都一直呼吁福利和公共医疗补贴体系的变革。尽管在州的主要民选官员和他们的州之间存在政治、意识形态、地理和人口结构上的差异，在一次全国州长协会的会议上，州的官员们一致要求提高州政府在这两项改革上的灵活性，然而他们的主张过于宽泛，以至于无法详细审查政策改革的影响，而在一些州的制度环境下，这些政策会制造麻烦。如此一来，一些州的州长为了地方利益不会采取行动。

通常，在那些政府想要对其行为或潜在获利能力实施管制的领域，代表经济利益的利益集团会反对任何政府职能的增加——特别是联邦政府。然而，有时候，经济利益可能仅取决于某一个联邦政府部门而不是州政府。例如，制药行业就为联邦食品药品管理局的管制辩护，而不是要求州实施管制。国家的保护不仅给予产业政策更多的连贯性和可靠性，而且通过建立一个独占的领域，这个行业就不必在影响政策上花费太多的资源。

（二）政策执行

毫不奇怪，在美国的政治、经济和社会文化环境下，绝大多数美国国内的主要项目和政策为州、地方，甚至非政府部门提供了重要的参与实施的机会。这一现实根植于这个民族对国家行为的怀疑主义，对多元主义的信仰，以及美国多样化的制度环境。

美国人总是沿用实用主义的传统不断重新定义"国家政府应该做什么"这个问题，但为了向其他层级的政府提供服务，美国体制经常通过提供新的施政责任扩展国家的职能。

至少有三个涉及政策实施的因素需要注意：①州政府对一个提案的反应是多种多样的；②人们如何看待国家对某些行动做出的承诺；③负责项目实施的国家官僚机构所扮演的角色。始于1970年代中期的政策执行分析一直关注上述议题，并且强调两个视角的冲突：一方是那些代表国家管理项目的人所持的宏观视角，另一方是那些实际提供服务或项目的人所持的微观视角。

在多样化环境下，推出一个国家项目或政策的意义何在？如果在政策执行过程中考虑美国各地的差异性，那么就很难准确地预期一个国家项目或政策的结果。一些人认为，国家政策应该被看作是一系列总的原则、指导性条款，或者一种价值观，用以引导执行项目的那些人。相反，其他人则相信，政府系统中的问责原则要求中央政府找到有效的方法，用以控制那些对项目或政策的实施负有责任的人。流行的绩效指标考核方法认为，为了判断项目或政策的持续性，严格的财政管理需要获得这些政策或项目的执行信息。有时，那些在州和地方层面上负责实施政策的人会抵制这种绩效标准的强制推行，他们认为，这种做法会将一个无弹性且死板的标准施加在各地非常不同的环境之上，而且，联邦政府的行为模式实际上来自州和地方的经验。

公众这种问责动机反映出他们对官僚机构扩张的戒备心理。当前，分配到一个项目区域的资金数额似乎与负责管理该项目的联邦官僚人数成反比。联邦官员依赖于执行项目的人向国家提供信息，但联邦官员证实这些信息的能力非常有限。在1990年代末期，这种情况在国内许多执行政策的地区确实如此。当联邦官员与州或地方的同僚打交道时，他们在讨价还价过程中所处的地位实际上比人们想象的要弱，而且联邦官员有时候需要诉诸虚张声势的策略，以便掩盖他们对其他层级政府官员的依赖。

与其他国家的同僚相比，美国的联邦官僚有至少5个方面的特点。首先，由于缺乏一个强大的中央政府，政策倡议很少来自联邦官僚机构。其次，由于美国体制中被委任的政治官员充斥在官僚机构的各个层级，政策层面的调整对官僚行为有更大的影响。第三，美国联邦官僚很少亲自向公民提供服务（当然也有例外），他们通过对那些实际提供服务的人实施管制或向他们提供资源间接地达到目的。第四，美国的公共服务系统通常被描述为一个代议制官僚机构，而不是这个国家的精英组织，它杂糅了美国社会的众多个体。尽管高层官员比普通人具有更高的教育水平，但他们接受的训练通常来自某些专业领域，而且他们常常是从专业技术岗位走向全面主持工作的。第五，尽管人们试图鼓励官僚们在三级政府之间进行交流，但很少有联邦官员具有在州或者地方等一线政府的工作经验。

第四节 制度环境的影响

一、地方政府与经济发展

从传统的观点来看，在自由市场国家中，政府的职责是提供制度基础设施和公共品，而非干预经济发展。但是美国的州政府在许多经济政策领域扮演着强角色，而且州之间的竞争关系导致州与州之间的商业环境有很大的差异性。美国的州政府形成了一整套强化本地竞争力的政策工具。州政府支出主要花费在高等教育和基础设施上。州级发展战略的质量差异很大，但近年来趋紧的预算对使用大量财政刺激吸引大规模投资的倾向产生了惩戒效应。许多州和地方政府在最近几年里发起了综合营商环境建设倡议，以便提高当地作为商业活动地点的价值，而不是补贴企业。马萨诸塞州的"选择竞争"战略就是最先实践这种努力的计划之一，现在许多州都模仿这种做法，同时全国政府联合会为设计现代经济发展战略提供支持。

与此同时，联邦立法保证了不同州的企业之间的竞争不能被不同的法律法规阻碍。其他大的经济区域（例如欧洲）的经验表明，这是一个很难跨越国界达成的关键任务。联邦项目（例如社保支付），能够提供自动稳定器，这种机制能够帮助经济压力大的地区，并且为没有抑制的跨区域竞争提供政治支持。联邦政府也提供许多项目为基础设施、劳动力技能和其他要素条件的投资提供资金。这些政策的指导性原则是让所有区域都变得具有竞争力，而不是保证要素条件在所有地区都一样。

二、产业政策的实施

1970年代末美国出现的产业政策争论是由于美国的产业国际竞争力相对于日本、德国等新兴发达国家急剧下降。到1980年代早期，美国国内曾经就是否要引进像日本和欧洲那样的产业政策有过一个简短而激烈的讨论。民主党总统候选人蒙代尔（Walter F. Mondale）是国家产业政策倡导者，但是他的提案从来没有获得国会批准，而且他也因为这个原因在 1984 年的竞选中落败。到了 1988 年，产业政策的主张又有一点复苏的势头，但是民主党的经济政策偏离了创造就业机会的口号，因此也失败了。到了 1980 年代末期，没有人再对国家产业政策感兴趣了。

反对产业政策的人主张用市场机制解决经济问题。反对的观点主要有两种形式。一种是美国不需要产业政策。另一种是美国是有产业政策的，只不过不像欧洲那样具体。政府任何的经济政策都会影响产业发展，从这个意义上说美国是有产业政策的。与欧洲相比，美国产业政策的特征是：缺乏一致性，更隐晦，干预弱，更注重宏观经济操控，也更被动。这是与民主社会的自由市场经济相适应的政策模式。

在过去几十年里美国国家经济总体还不错，即使美国政府避开了微观经济干预，经济增长仍然实现了。所以美国不需要也没有必要去实施国家产业政策。但到了地区层面，这种反对产业政策的立场却难有说服力。州与州之间的经济差异极大。自由市场并不能保证一个州的经济增长，因为自由市场通常有三个负面的结果：地区竞争导致企业流出、地方破产和产业衰落。近十年来，各州政府都利用多种经济发展政策鼓励、引导、补贴私人投资，以减少地方经济发展的不确定性。

1980 年代，有很多州开始制定产业政策，这些政策都有一些共同的特征：设定目标、制定时间表、做审计、指定产业部门，并且都是象征性而非强制的。在设置制定和监督产业政策推行的机构上，各州都极少成功。到 1988 年至少有 37 个州制定了正式的产业发展计划。美国的产业政策是分散化的，不像欧洲和日本那样可以借助于高度集中的政府体系。对于国家的产业政策，50 个州的参与意愿各不相同。地方自主型产业政策有一些优点。地方可以评估其具有竞争优势的产业，并且判断推行特定的产业政策是否能够获得相应的回报。更重要的是，分散化决策机制可以避免一些由于华盛顿官僚的判断取代州和地方政府官员的判断而导致的致命错误。同样，反对分散化决策的观点也同样具有说服力。分散化地推行地方产业政策可能会导致重复建设、产业同构等浪费资源的问题（Bahl，1986）。

第六章　中国制度环境下的城市产业分工

上一章分析了美国产业发展的制度环境及其作用机制。本章转向对中国情形的分析。为了更加具体地探讨中国制度环境下的产业分工，本章以战略性新兴产业为案例进行分析。

第一节　政策背景及目标

技术进步是历史发展的根本动力。2008年金融危机发生后，各主要发达国家认识到脱实向虚的经济结构会带来灾难性后果，在此基础上，它们纷纷推出面向未来的发展计划，例如2010年欧盟委员会发布了《欧洲2020》，同年，日本推出《产业结构展望2010方案》，而美国白宫则在2011年发布了《美国创新战略》，这些计划都强调了创新对国家摆脱当前困境，实现新一轮发展的核心作用。发达国家的创新计划给我国造成了很大的外部压力，同时，我国近年来内部经济发展条件发生了变化，如环境污染逼近承受极限，劳动、土地等要素价格上涨，劳动密集型产业迁移，人口红利消失等问题迫在眉睫。在此背景下，我国政府也开始大力宣传实现技术进步的重要性，把创新驱动型经济增长方式作为政策目标。

以2010年《国务院关于加快培育和发展战略性新兴产业的决定》（国发〔2010〕32号，以下简称《决定》）发布为标志，国家正式把战略性新兴产业（以下简称SEI）发展提升到国家战略层面考虑，并于2011年写入《国民经济和社会发展第十二个五年规划纲要》中。2012年《"十二五"国家战略性新兴产业发展规划》（国发〔2012〕28号，以下简称《SEI125规划》）正式出台，培育和发展SEI成为各级政府的一项重要工作。

与发达国家从研发、教育、专利等基础工作促进创新的路径不同，我国是以产业发展带动创新，即选择科技含量高的产业作为重点支持对象，促使新的生产技术不断地从这些领域涌现出来，并扩散到其他领域，形成技术溢出效应。

《决定》和《SEI125规划》列出的七大SEI包括节能环保产业、新一代信息技术产业、生物产业、高端装备制造产业、新能源产业、新材料产业和新能源汽车产业。与传统产业相比，SEI具有技术、知识、人才、专利密集投入，需要大规模基础设施支撑，更强调具有规模经济，需要更多外围相关服务支撑，一旦广泛应用就能极大提高生产率的特点。总体而言，SEI发展计划要实现三个目标，即增强生产的国际竞争力，转变经济增长方式和提高国民生产率与福利。

在《SEI125规划》提及的发展目标中，大部分是定性指标，如"达到国际先进水平""带动作用明显提高"等。只有四个指标是明确量化的，包括：①重要骨干企业研发投入占销售收入的比重达到5%以上；②产业规模年均增长率超过20%；③到2015年，产业增加值占国内生产总值的8%左右；④到2020年，产业增加值的国内生产总值占比达15%。从中可以看出，产值规模是最核心的评价标准。

SEI政策持续了两个五年计划，并且经历了两届政府，由此可见国家对此计划的高度认同及执行决心，其重要性和影响不言而喻。

第二节 政策的实施体系

一、政策过程与组织结构

（一）政策过程

SEI政策的出台是一个经过长期酝酿的过程，一方面它来自于以往科技及产业政策的基本思想和精神，另一方面它是对国内外经济新形势的应对策略。2009年9月21至22日，时任国务院总理温家宝密集召开三次SEI发展座谈会，会上提及国际金融危机影响深远，必须以科技创新应对挑战[①]。以此为标志，国家启动了SEI发展计划的制定。随后，国家发改委于2010年2月4日牵头成立了涵盖科技部、工信部、财政部等20个相关部委的"战略性新兴产业发展思路

---

① 温家宝主持召开三次新兴战略性产业发展座谈会，http://www.gov.cn/ldhd/200909/22/content_1423493.htm。

研究部际协调小组",负责起草《加快培育战略性新兴产业的决定》,并对全国重点地区展开实地调研,广泛听取相关行业、企业、专家以及社会各方的意见。9月8日,国务院常务会议审议并原则通过了《决定》的上报稿。10月10日,正式的《决定》下发各地方政府,要求地方制定实施方案和具体落实措施。

在国家发改委调研期间,各省级政府就已经对中央的政策动向做出快速反应。2010年2月24日,以广东省为例①,省政府印发的《2010年省政府工作要点》(粤府〔2010〕25号)中就已经安排了培育发展战略性新兴产业的内容。6月1日,省促进战略性新兴产业发展领导小组第一次会议召开。7月7日,《省促进战略性新兴产业发展领导小组主要职责及各成员单位工作职责》(粤新兴产业办〔2010〕1号)印发。领导小组办公室最初设在省经信委,后于2011年3月2日改设在省发改委。国务院的《决定》下发后,省级政府发文响应中央决定,并向地级市政府传达省级的总体安排。以广东省为例,2011年7月20日,省政府印发《关于贯彻落实国务院部署加快培育和发展战略性新兴产业的意见》(粤府〔2011〕87号,简称《粤府意见》),要求市级政府根据意见给出具体实施方案。11月29日,省政府印发《加快培育和发展战略性新兴产业重点工作分工方案》(粤府办〔2011〕78号,简称《粤府方案》),将SEI的重点工作细化并指定省级负责部门,文件还要求各部门将落实情况于2012年6月底之前上报省发改委,由省发改委汇总上报省政府。

到市级层面,地方要组织人手、安排资金落实工作。以广州市为例,2012年5月14日,市政府参照《粤府意见》印发《加快培育和发展我市战略性新兴产业十项措施分工方案》(穗府办〔2012〕23号,简称《穗府方案》),内容与省级文件大体上相同。实际上,早在《粤府意见》下达前,即2011年4月2日,市政府就印发了《2011年市政府重点工作责任分工》(穗府〔2011〕3号),将培育发展SEI列为重点工作之一,并具体指定了负责人和部门。

政府在推行SEI政策的过程中,不同的文件具有不同的功能。《决定》主要用于释放"要做"的信号,在政府系统内部统一认识,做好准备,而《SEI125规划》则是用于指导"如何做"的文件。两者之间存在着密切的联系,即《决定》的精神和思路要体现在《SEI125规划》中,《SEI125规划》是对《决定》

---

① 本节涉及省级层面的内容皆以广东省为例,在市级层面以广州市为例。

的细化和可操作化。2011年3月14日,培育和发展SEI被写入《国民经济和社会发展第十二个五年规划纲要》,这意味着SEI工作是未来五年内政府的重大任务之一。像这样的重大任务会有更详细的专门规划出台,这就是2012年7月9日公布的《"十二五"国家战略性新兴产业发展规划》(即《SEI125规划》)。这个规划说明了中央政府层面要做的事情。同年,地方也陆续公布了自己的规划,《广东省战略性新兴产业发展"十二五"规划》(粤府办〔2012〕15号,《省级规划》)于3月6日出台,《广州市战略性新兴产业发展规划》(穗府办〔2012〕43号,《市级规划》)于9月4日出台。

中央与地方,地方上级与下级之间的规划具有高度的同构性,这是因为《SEI125规划》是对《决定》的细化,而《决定》的精神和思路在《SEI125规划》形成之前已经自上而下地统一了(图6-1)。但下级政府出台的规划也并不完全是上级的缩小版,各级政府也会根据自身的具体情况在规划中添加一些不同的内容,但总的来说,这些规划是高度一致的。

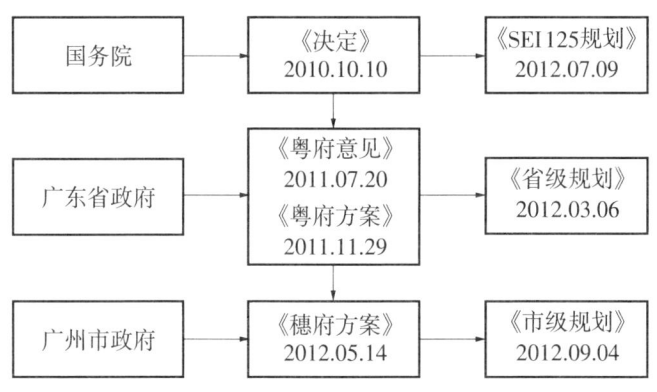

图6-1 各级政府规划之间的关系

(二)组织结构

从国家SEI规划的内容看,培育和发展SEI的工作非常广泛,几乎遍及产业的要素投入、生产活动和市场销售三大领域,如此一来,政策执行就必然牵涉政府内部的众多职能部门,为了统筹推进工作,各级政府都专门设置了一个协调领导机构。在中央层面,领导机构是由发改委、科技部、工业和信息化部、财政部等有关部门参加的"战略性新兴产业发展部际协调小组",协调小组办公室设在发改委,负责日常工作。协调小组可根据SEI规划实施的需要,组建由相关部门组成的政策工作组，有重大问题要及时向国务院报告。部际协调小组由国家发改委主任任组长，国家发改委副主任、科技部副部长、工信部副部长、财政部副部长任副组长，成员包括20个部门或部门领导①。国家发改委定期组织召开部际联席会议通报工作进展并处理相关问题。

SEI政策推行由国家发改委和工信部主导，涉及的其他部门则作为配合部门。地方也按照这样的"牵头—配合"关系设置了自己的领导机构。广东省的SEI领导机构是"省促进战略性新兴产业发展领导小组"，领导小组组长由省委常委、常务副省长担任，副组长两名，由副省长担任，其余26名成员是来自各个职能部门的主要领导②。领导小组办公室设在省发改委。按照《广东省促进战略性新兴产业发展领导小组主要职责及各成员单位工作职责》（粤新兴产业办函〔2011〕1号）的安排，领导小组不定期召开会议对全省SEI工作进行研究部署，各成员单位要定期向领导小组报送有关工作情况和信息。

到了市级层面就不存在领导小组了，由分管市领导主持相关工作，广州市确定市发改委是牵头部门，配合部门则包括财政局、科技和信息化局、经贸委、金融办等多个部门③。政府依靠定期召开广州市战略性新兴产业发展工作会议统筹协调发展工作及重大事项。工作会议由市发改委牵头。2016年《广州市战略性新兴产业第十三个五年发展规划（2016—2020）》（穗府办〔2016〕25号）要求建立广州市战略性新兴产业发展联席会议制度，统筹协调战略性新兴产业发展工作。联席会议由分管发展改革工作的市领导担任总召集人，市发展改革部门主要负责同志担任召集人，办公室设在市发改委。需要指出的是，各级发改委部门里具体负责SEI工作的机构是高技术司或高技术产业处④（图6-2）。

---

① "中央成立战略性新兴产业部际协调小组 张平任组长"，中国网：http://www.china.com.cn/policy/txt/2010-02/24/content_19467402.htm。
② 《关于调整省促进战略性新兴产业发展领导小组成员的通知》（穗办函〔2011〕90号），http://zwgk.gd.gov.cn/006939748/201103/t20110310_12851.html。
③ 《印发2011年市政府重点工作责任分工的通知》（穗府〔2011〕3号），http://www.gz.gov.cn/gzgov/s2811/201104/789074.shtml。
④ 《广州市发展和改革委员会主要职责内设机构和人员编制规定》（穗府办〔2015〕33号），https://www.gz.gov.cn/zwgk/fggw/sfbgtwj/content/post_4758151.html。

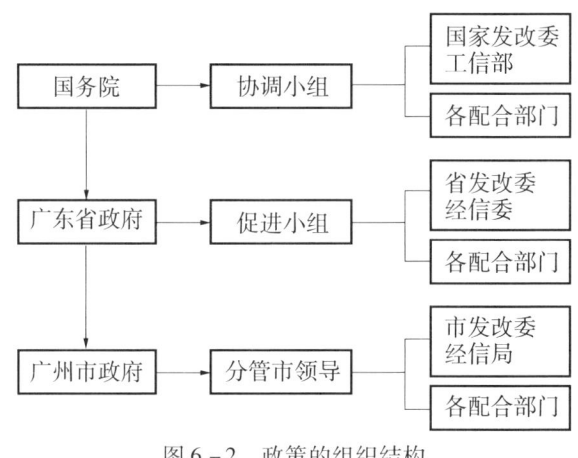

图 6-2 政策的组织结构

二、政策文件体系

围绕着 SEI 工作出台的政策文件繁多，关系复杂。政策文件按照内容层级可以分为几类，第一类是总体框架文件，第二类是专项细化文件，第三类是工作交叉的文件。前文所述《决定》《意见》《方案》《规划》等都是框架性的文件，具有宏观指导意义。框架性文件中所列的许多工作要能够被执行，就需要进一步细化和可操作化，于是就有了针对具体行业、具体项目、具体事务发布的专门性文件。《SEI125 规划》指定了八大产业，因此，针对其中的一些产业，如光伏产业、新能源汽车产业，国家会出台专项计划支持其发展。关于 SEI 的产业基地建设、公共服务平台、发展针对 SEI 的高技术服务业等专门项目，各级政府都会发布有针对性的政策。政府的许多工作任务中有一些工作并不是专门针对 SEI 的，但与 SEI 发展有密切联系，如以创新驱动、知识产权、专利保护、人才引进为主题的专项工作。

三、政策工具与执行方式

产业的基本单位是企业，产业发展依赖于企业的创立、成长和壮大，产业政策只有指向企业的生产活动才可能产生影响。企业的生产过程可以分为要素投入、生产组织、市场竞争三个相对独立的环节，相应地，可以把政府的产业政策工具分为投入端工具、组织型工具和市场端工具[①]（图 6-3）。

---

① 与供给型、环境型、需求型的工具分类法相近。参考《2015 中国战略性新兴产业发展报告》，p369。

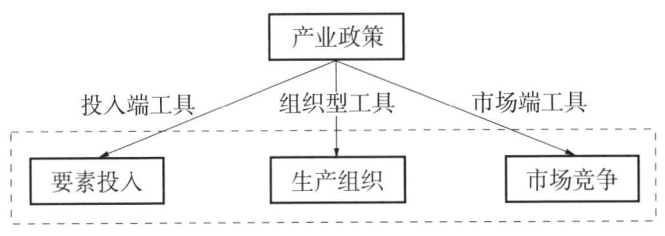

图 6-3 产业政策工具的类型

（一）投入端工具

投入端工具主要用于影响企业生产所需要素的价格，如地租、劳动收入、贷款利率、中间投入产品价格等，从而直接改变企业的生产成本。补贴补助、税费减免、融资信贷、低价出让土地都是典型的投入端工具。补贴补助是诸多工具中应用最为频繁和广泛的工具，种类很多，如产量补贴、设备提前折旧补贴、购买指定生产性服务补贴、人才引进安置补贴、R&D 补贴等等。补贴由财政资金安排，虽然是无偿发放给符合条件的企业，但企业要按政府规定的用途使用。

税费负担过重是我国企业长期面临的一个难题，因此减免 SEI 部分税费对企业投资 SEI 具有较大的吸引力。现有政策文件规定，经认定的 SEI 高技术企业可以享受企业所得税减免、SEI 进口设备减免税、研发费用税前加计扣除、高层次人才个人所得税返还等优惠政策。SEI 企业还可免缴治安联防费、劳动年审证照费、劳动合同文本费、职工养老保险手册工本费、村镇基础设施配套费、专利纠纷案件处理费、绿化费等省级权限内的行政事业性收费。

政府促进 SEI 企业融资的工具开始变得多样化，除了政策性低息贷款、政府信贷担保、贷款贴息等传统做法外，SEI 政策引入了一些被视为创新的措施，包括财政资金参股投资、参股创业投资基金，这些新工具意在提高财政资金的利用效率，以及撬动社会资本，形成放大效应。财政资金参股投资就是政府以购买企业部分股权的方式资助企业，政府委托代理机构完成股权购买并参与分红，政府资金此时就不再是无偿注入企业，而是要求获得收益的了。政府参股创业投资基金就是政府与社会资本共同出资设立针对 SEI 初创企业融资的基金，政府委托代理机构管理财政出资，政府不干预基金运作和决策，社会资本可优先分红。

在土地供应方面，各级地方政府通常会优先安排 SEI 项目用地，并且以低价出让土地给 SEI 项目。例如，广东省《加快培育和发展战略性新兴产业重点工作分工方案》明确提出，政府要确保 SEI 百强项目用地；"三旧"改造置换土地优先满足 SEI 用地需求；对符合条件 SEI 工业项目，允许按不低于所在地土地等级相对应工业用地出让最低标准的 70% 确定土地出让底价。广州市的文件[①]也有类似的规定。

（二）组织型工具

组织型工具旨在为企业的生产过程服务，通过协调企业之间、企业与科研机构、中介机构之间的合作关系，提高 SEI 企业的生产效率。产业集聚被认为是促进 SEI 快速发展的一个组织形式，因而构建 SEI 产业基地成为政府促进产业集聚的抓手。为此，各级地方政府出台了关于建设产业基地的专门文件，如《广东省战略性新兴产业基地建设实施方案（试行）》（粤经信创新〔2010〕494 号）、《广州市战略性新兴产业基地认定和扶持办法（试行）》（穗发改高技〔2012〕34 号）。建设产业基地的主要做法是地方政府设立产业园区，把符合条件的企业引入园区生产，进入园区的企业可以享受土地、财税、融资、行政审批等方面的优惠。按照政府的设想，产业园不是单纯的企业集中，而应该是园内企业由产业链串联在一起，通过分工合作做大做强 SEI。除了引进生产企业，产业基地还引进服务企业为生产企业提供公共技术研发、检测试验、孵化器、技术专利代理和鉴定、信息与咨询、会计与法律等专业服务。

技术密集是 SEI 的特征之一，因而除了企业之间的合作重要外，企业与科研机构之间的合作也非常重要。政府提倡的"政产学研"合作也是组织型工具，例如，《粤府意见》提出了多个举措，支持高校、科研机构联合广东企业共同承担国家各类重大科技计划和产业化专项；建设 100 家左右省部（院）产学研技术创新联盟；加快博士后科研工作站、科研基地和开发基地的建设。

（三）市场端工具

市场端工具主要用于帮助 SEI 企业争取市场份额，实现销售利润。政府采购是扩大 SEI 产品市场份额最直接的方式。在公共基础设施领域，政府的确可以为 SEI 产品创造一个较大的国内市场，城市公共交通车辆、道路照明、视频

---

① 《加快培育和发展我市战略性新兴产业十项措施分工方案》（穗府办〔2012〕23 号），https://www.gz.gov.cn/gzgov/s2812/201205/926415.shtml。

监控、电力供应等领域都需要 SEI 产品提升公关服务质量。《广东省战略性新兴产业发展"十二五"规划》就提出,全省新能源汽车示范应用规模要达到 5 万辆;建设 300 万盏户外照明灯具、3000 万只 LED 室内照明灯具,以及 10 个左右 LED 照明综合应用示范区;在大型社区、公园、空旷道路等照明设施中推广应用风光互补照明装置;规划建设若干海上风力发电示范电场。通过这些举措开拓本省 SEI 的国内市场。

政府对外推介,为本地 SEI 企业争取订单也是一种扩展 SEI 市场的方式。但这就不在政府的控制范围之内了,因为向外推广要求企业的产品有过硬的质量及较强的竞争力,否则没人会买单。这种工具一般在国家层面应用,例如我国的高铁系统获得国际订单就是国家不遗余力地向外推广的结果。

第三节　政策效果评估

从上一节来看,各级政府为发展和培育 SEI 做了大量工作。那么,这些工作的成效如何?是事半功倍还是相反?为此,需要选取多个关键指标予以观察。国家和地方的 SEI "十二五规划"都设定了发展目标,然而只有 SEI 增加值在总产值中的占比(2015 年达到 8%、2020 年达到 15%)是可以量化的,而其余更重要的目标则比较含糊,如 SEI 健康发展、优化产业结构、创新能力大幅提升、产业链完善等。在阶段性总结时,政府文件偏向于报告数量完成情况,而相对忽略了对质量完成情况的报告。为了能对建设成效有一个全面的了解,本节选取了要素投入、收入规模、全要素生产率和市场竞争力四类指标作为观察指标。

一、要素投入

知识和技术是 SEI 的核心投入要素,这两样要素可以具体物化为先进生产设备、生产技术专利、技术服务以及高学历人员。此处考察 SEI 拥有的 R&D 人员数。目前没有专门针对 SEI 的统计,但 SEI 和高技术产业的界定有很大的重合度,因此可以用《中国高技术产业统计年鉴》数据做近似观察。如图 6-4 所示,产业内的 R&D 人员占总就业人数的比例逐年增加,2010—2012 年间增长较快,此后增长缓慢。图 6-5 清楚地显示了这种趋势,它传递了两个信息,第一，在 SEI 十二五规划启动的头两年，政策刺激导致高技术产业就业增幅较大，2012 年后开始下降，表明产业需要时间消化突然增加的劳动投入。第二，高技术产业虽然能够保持较为稳定的就业创造能力，但对 R&D 人员的吸纳能力在下降。如果 SEI 不需要那么多 R&D 人员，那么这些产业可能只是在从事中低端的生产活动。

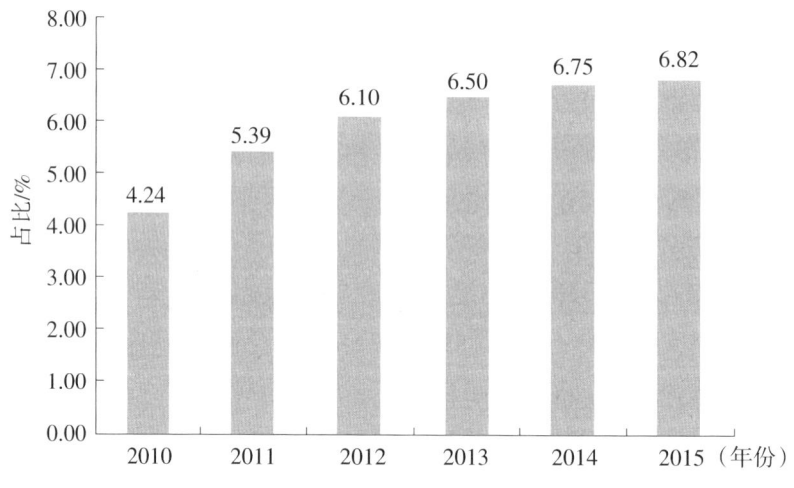

图 6-4 高技术产业 R&D 人员数占比（2010—2015）

数据来源：《中国高技术产业统计年鉴》（历年）

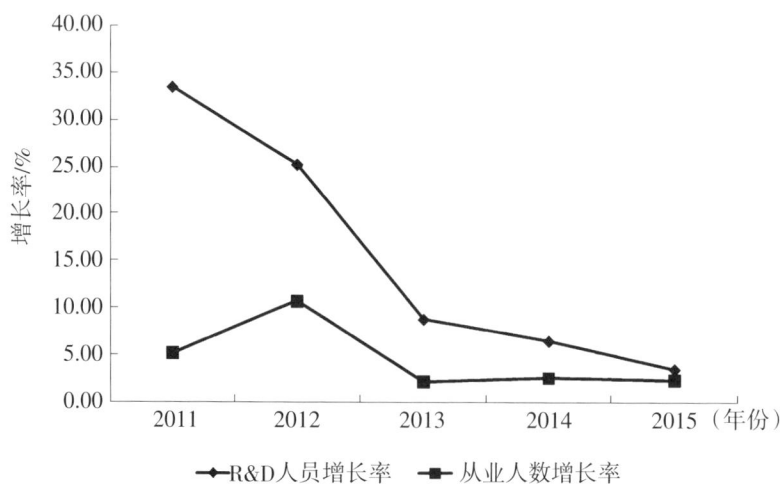

图 6-5 高技术产业就业增长率（2010—2015）

数据来源：《中国高技术产业统计年鉴》（历年）

二、收入规模

国家信息中心统计显示，2015年SEI增加值的GDP占比为8%，精准地达到了《国家战略性新兴产业"十二五"规划》所设定的目标。2010—2015年间，统计监测的27个SEI重点行业规模以上企业的收入规模逐年攀升，由2010年的7.4万亿元上升至2015年的16.9万亿元，年均增速达到18%，其工业总体收入占比5年间提升了3.4个百分点（图6-6）。

表面上看，SEI收入增长势头良好，但这在很大程度上是SEI政策短期强化的结果。图6-7显示，2008年金融危机发生后，高技术产业营收增速下跌，经政策刺激后反弹，2010年后逐步下降，到2015年回落至接近10%的水平，低于政策实施前2008年的12.1%。只要增长率不为负值，SEI的收入规模就会增长，然而令人担忧的是，如果离开了政策扶持，SEI是否还能够高速增长？在一定程度上，SEI的高增长可能是由牺牲其他制造业换来的。图6-7中的另一条曲线是制造业总体营收的变化趋势。2008—2011年间制造业总体营收增速在高技术产业之上，2011年之后则相反。显然，由于财政资源有限，政府难以顾全所有产业，那些得不到政策照顾的制造业营收增速大幅下滑，到2015年高技术产业与制造业总体的营收增长率的差距超过8%。如果SEI的所得即是其他产业的所失，那么就违背了它成为新经济增长点的初衷。

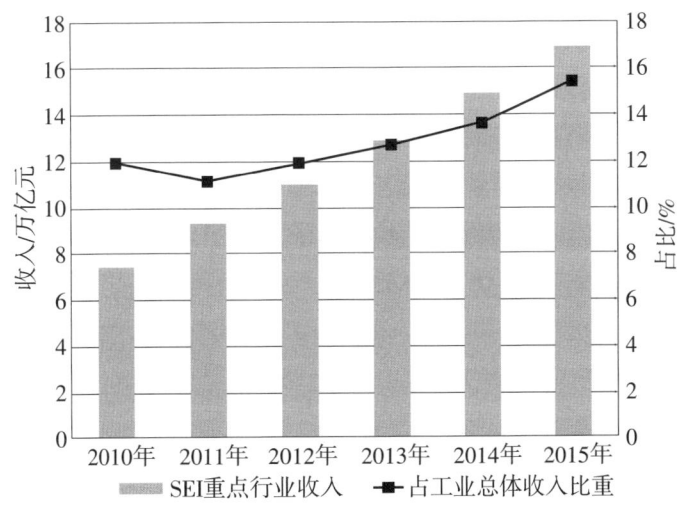

图6-6 SEI重点行业收入及其工业总体收入占比（2010—2015）

数据来源：《"十二五"时期战略性新兴产业发展回顾》

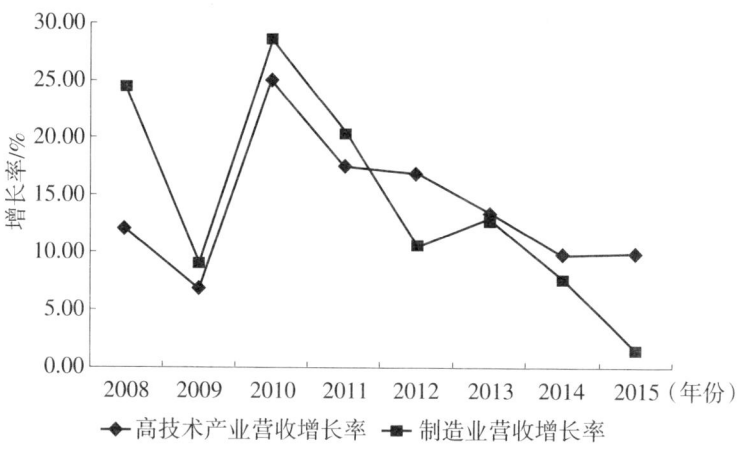

图 6-7　高技术产业与制造业主营业务收入增长率（2008—2015）

数据来源：《中国高技术产业统计年鉴》（历年）

三、全要素生产率

SEI 的高增长可以通过向生产过程注入巨额的资源实现，但有可能得不偿失，因而必须同时考虑投入和产出的规模以评估 SEI 的生产是否有效率。全要素生产率（TFP）是常用的度量生产效率的指标，即同时考虑多种投入的投入产出比率。有研究（杨震宇，2016）测算了我国 SEI 在 2000—2013 年间的 TFP。如图 6-8 所示，TFP 在 2004 年达到顶峰之后逐步下降，这意味着同样多的投入，SEI 的产出价值却越来越少，即生产存在无效率性，尽管启动了全国性的 SEI 规划之后也没有遏制 TFP 的下滑趋势。其他研究（任保全和王亮亮，2014）利用 SEI 上市公司数据测算得到了类似的结论。这些研究指出，无论是从 SEI 整体还是细分行业来看，TFP 在 SEI 政策大规模推行之后都呈现出下降趋势，这主要由技术进步率和纯技术效率的降低造成，SEI 总体呈现出生产规模快速扩张，技术创新薄弱的低端化发展路径。

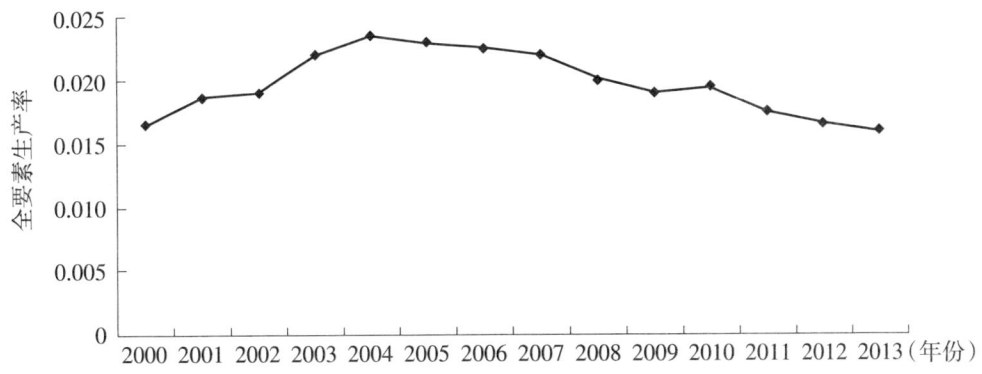

图 6-8　全国 SEI 全要素生产率趋势（2000—2013）

数据来源：杨震宇（2016）

四、市场竞争力

SEI 产品能否在国际市场上具有较强的竞争力是其发展水平高低的标志。相关研究（Pham, et al., 2016；Xing, 2016）指出，21 世纪以来，中国大量出口高技术产品，2013 年的出口额更是超越欧美日等国位居世界第一，但是这些产品的国内附加值较低，中国的高技术产业所从事的生产活动很多仍然是低技术含量的，一些产品的核心技术仍然掌握在发达国家手中。以技术含量较高的电子集成电路为例，中国对美国的进口长期大于出口，近年来也没有根本改观（图 6-9）。这并非特例，其他许多领域都面临着同样的困境。如表 6-1 所示，2014 年我国高技术产品贸易总体上是顺差，这主要得益于计算机与通信领域的顺差，而在其他诸多技术领域，我国对相关产品的进口远大于出口，尤其是电子、航空航天、计算机集成制造领域的产品。这表明我国 SEI 产品的国际竞争力总体上与主要竞争对手还有很大的差距。

图6-9 中美电子集成电路净出口（2001—2016）
数据来源：UN COMTRADE

表6-1 2014年我国高技术产品进出口　　　　单位：百万美元

技术领域	出口额	进口额	净出口
航空航天	6547	35762	-29215
生物	653	1039	-386
计算机集成制造	12 938	38 609	-25 671
计算机与通信	458 743	121 218	337 525
电子	114 565	269 324	-154 759
生命科学	23 942	25 081	-1139
材料	6101	5476	625
光电	36 299	54 251	-17 952
其他	755	624	131
合计	660 543	551 384	109 159

数据来源：《2014年我国高技术产品贸易状况分析》，科技部创新发展司，2016年1月14日。

第四节　政策效果弱化的原因

在政府掌控着大量经济资源的情况下，产业政策对产业发展的健康与否负有极大的责任，因此从政策出台动机、政府偏好及行为、制度规定、组织与执行方式等方面去检讨其成效非常必要。政府为培育和发展SEI做了大量工作，但SEI在质的提升上进展缓慢，表明SEI政策还有很大的改进空间。本文认为，

SEI 政策需要注意两个层次的关系。第一层次是各级政府之间的关系，第二层次是政府与企业之间的关系。

表面上看，SEI 政策从酝酿到执行的过程中，地方积极而迅速响应中央的倡议，在各项政策上都与国家保持高度一致，政策上传下达顺畅、组织有序、层层落实，体现了政府系统内部高效的动员和组织能力。然而这种自上而下、高度一致的政策实施体系降低了地方政府探索适合自身禀赋、条件及能力的产业政策的积极性。由于中央的政策文件部署好了一切，地方不需要论证该不该做、怎么做的问题，它们需要做的只是执行政策。

一、产业政策中的政府间关系

与那些技术成熟的制造业相比，SEI 对发展条件更为挑剔，高端人才、研发机构、融资体系、产业链、生产服务体系、创新氛围、大市场等不可或缺，而国内只有少数几个大的城市群具备这些条件，其他大部分城市可能只适合于发展一般工业。对于我国这样各地发展条件差异巨大的经济体而言，"因地制宜"是一条普适的原则。每个城市应该根据自身的条件选择最适宜发展的产业，而不是盲目跟风发展 SEI。现实的情况恰恰相反，国家文件确定 SEI 八大产业之后，31 个省市区不管有没条件都出台规划表示要发展八大产业（朱艳鑫等，2016）。有研究（于津平和吴小康，2016）发现，发展 SEI 成本越高的地方，政府的补贴投入越多，也就是说，有些地方可以不计成本地对 SEI 进行投入，即便它不具备相应的条件。

首先，政府为了优先保证 SEI 的发展，财政、金融、土地等资源均向 SEI 倾斜，在地方资源有限的情况下，这必然会对当地其他产业产生"挤出效应"。尽管地方政府做了很多工作扶持 SEI，但其发展可能并不理想，因为仅仅依靠政策刺激是远远不够的，而契合当地禀赋条件的产业又不被鼓励，其结果只能是资源浪费和产业发展潜力受到抑制。其次，由于省级的 SEI 发展规划都是参照国家的模板制定的，而市级的又参照了省级的，那么就不可避免地造成 SEI 的区域同构。一旦每个市都生产指导目录上的 SEI 产品，尤其是那些技术难度较低的产品时，很容易形成区域间的恶性竞争，最终导致某些 SEI 产品在国内市场的过剩，光伏产业就是前车之鉴（王辉和张月友，2015）。再次，在面临国内某些 SEI 产能过剩时，地方为优先消化本地产能，会以各类手段区别对待来自其他地区的同类产品，建立地方市场壁垒，这种做法既不利于以市场竞争的方式排解过剩产能，也不利于 SEI 企业经营能力的提升，而且为了保护落后企业，政府消耗了大量公共财政资源。

回顾二十世纪八九十年代，地方改革充满活力、经济发展迅速。由于没有预设的束缚，地方实现了差异化发展，各有各的经验模式，避免了同质化竞争。如果允许地方各自摸索试错，那么就会有很多种对或错的结果，如果按照同一种模式发展，试错风险就会增加。从分散制度创新风险的角度而言，前者要优于后者。

二、产业政策中的政企关系

有研究（郑晶晶和贺正楚，2016）表明，SEI 受到政府关注后，其被干预的程度超过了传统产业，产业资源配置效率显著降低了。SEI 的发展不是不需要政府采取措施以扶持，而是需要正确扶持。也就是说，政府应该做那些企业办不到的事情，如构建全国统一的竞争性市场、改变高校和科研院所的人才培养及科研体制、完善资金融通体系、严格执行知识产权保护法等，为 SEI 发展提供制度性条件。但正如前文所述，政府的政策执行工具遍及企业生产的整个过程，政府已经干预到了一些应该由企业自主决定的微观问题，例如企业选址、生产规模、产品种类等，不一而足。政府的深度干预对 SEI 生产造成了诸多不良影响。

（一）重数量轻质量

SEI 产出规模在一定程度上反映了 SEI 的发展水平，但它只是参考指标之一，过分强调规模和速度会忽视发展质量上的提升，最终导致 SEI 大而不强的局面。但由于产出规模是一个较易统计和识别的绩效考核指标，因而得到政府的偏爱。对被考核者来说，提高数量也要比提高质量容易，只要财政投入增加，国民经济核算账面上的产出就必然上升。于是在政策执行中，政府用各种工具提高 SEI 产量，上马大项目扩张产能、政府大采购、按产量进行补贴、建千万亿级的产业基地等成为普遍的做法。如在 2012 年《广东省战略性新兴产业重大项目表》的建设内容及规模一栏里，大部分项目都强调在产量、产能、生产设备、建筑面积上的规模目标，而对技术水平、专利产出、研发体系建设等内容强调较少。又如，2011 年《广东省战略性新兴产业基地建设实施方案》提出，政府在认定产业基地时要遵循六条标准，其中一半都与产值规模和速度有关。这些做法很有可能把 SEI 企业引上数量扩张型的发展模式，容易忽视提高 SEI 发展质量的目标。

（二）重制造轻研发

从产业链的角度来看，SEI 也包含研发、制造、销售等环节，对研发的强调是 SEI 区别于传统制造业的标志。要发展以研发和创新为特征的 SEI 可能已经超出了地方政府的财力和管理能力的范围。研发活动需要高端人才，这种要素相对于普通劳动力是稀缺的，只有开出更高的工资薪酬水平才能吸引到他们。更重要的是，高端人才对制度环境、文化氛围、生活条件等软设施要求较高，这些需求又并非通过提高人才补贴所能满足，因此地方政府为 SEI 引进人才的成本实际上是非常高昂的。地方政府在实施方案中也经常提及借助高校和科研院所的研究力量为发展 SEI 服务，例如争取国家重点实验室落户本地、建立多方参与的协同创新平台、在高校设立创新基地等。这些措施的效果其实不太明显。由于大部分有研发能力的大学和科研机构直属于国家部委，地方政府的动员能力弱，因而地方对政产学研协同创新体系这类工具的应用不像建设产业基地那样得心应手。另一方面，大学及科研机构与企业的合作机制并不顺畅。高校院所是事业单位，由财政供养，其自身定位是教育和基础研究职能，科研人员的工作考核与评价体系与企业盈利导向的评价体系很不一样，大多以获取国家级项目和发表一定级别的论文数量评定职称，以发明专利创收反而被视为不务正业，在这种体制下，科研人员难被激励去与企业合作并为其技术创新做出贡献。《2015 年战略性新兴产业发明专利统计分析总报告》指出，2014 年企业参与的 SEI 发明专利申请中，接近九成为企业单独申请，即便是合作申请通常也是企业间合作申请，企业与高校院所之间的合作极少。

加之研发活动具有周期长、投入大、风险高的特点，政府部门囿于有限的专业技术知识，无法对研发活动的前景作出准确判断，因此也会尽量减少对研发活动的支持力度。

（三）重存量轻增量

目前的 SEI 政策偏重于扶持大企业，而非培育中小企业。为了规避风险、尽快出绩效，政府只针对企业在建项目进行补贴，而且基本上倾向于大企业，例如《广东省战略性新兴产业发展专项资金（省财政安排）竞争性分配评审办法》(粤财评〔2010〕95号)就规定,企业申请资助的建设项目总投资不低于5000万元,并且企业自筹资金比例不低于总投资的50%才有参评资格,中小企业基本无缘。不仅如此,政府发放补贴的项目要求能在2~3年完成,这意味着长期投资项目难以获得资助。从政府的角度看,与中小企业和长期项目相比,资助大企业和短期项目更易见成效,所以补贴在很多时候属于"锦上添花"而非"雪中送炭"。在招商引资方面,政府也都紧盯着大公司,开出各种优惠条件去引进。然而大公司的数目毕竟有限,地方的招商引资竞争很快变成同质化的恶性竞争,最后比的就是谁的补贴更多、税收更低、土地更便宜、环保标准更宽松谁就胜出。有时即使争到了,可能也只是一些制造工厂,而不是SEI的核心环节企业。实际上,大公司也是由小公司成长起来的,如果不支持有潜力的中小企业,那就面临SEI"后继无人"的困境。政府应该重视SEI中小企业的培育工作,在开源上下功夫。政府把环境搞好、把服务做好,完全可以让一大批有特殊专利和产品的中小型高科技企业成长起来。

(四) 封闭建设

封闭建设有几个含义,一是圈定产业,割裂产业间的协调。《SEI125规划》圈定了7大类23子类的产业作为重点培育和发展对象,要求地方从财税、金融、土地、行政服务、基础设施等方面给予优惠政策。随着产业工作重心的转移,那些没列入目录的行业很可能就失去了政府的关注。SEI不是一个封闭的体系,它的发展需要非SEI产业的支撑,如普通零部件制造、专业技术服务业、交通运输服务业等。如果圈定的产业有优惠政策,而非圈定的没有,就会导致产业间发展的不协调,阻碍SEI的进一步发展。政府需要改变普惠政策会导致财政收入流失的观念,针对SEI具体行业的优惠政策应逐步惠及上下游相关产业,并且把短期的优惠政策变成长期的优惠制度,通过全产业的系统性发展实现政府财政收入的增加。

二是圈定园区,集聚但无规模经济。决策者相信通过把SEI企业聚集在一起可以获得规模经济。然而要弄清楚到底是因为企业集聚之后产生了规模经济,还是有了规模经济企业才集聚。许多产业集聚区的形成是企业自发选址的结果,其中的机制其实很复杂,历史、制度、政策、环节等因素相互作用,并不是政府建一两个产业基地然后企业就会聚集。在现实中,很多进入产业基地的企业并没有多少相关性,在产业链上无分工,在业务上也没有多少往来,它们只是因为优惠政策而被吸引到基地内。产业集聚变成企业的简单凑集，实际上并没有多大的规模经济，结果许多基地或园区经营效果不佳。另外，政府圈定的这些产业基地一般远离发展成熟的城市区域，生产生活配套设施不齐全，难以吸引高端人才在当地集聚。

三是圈定市场，割裂区域互动。每个城市都有培育 SEI 企业的任务，因而各自出台的政策必然要优先惠及本地企业。地方政府之间存在竞争关系，利弊共存，但从促进产业发展的角度看，一些限制竞争的政策弊大于利。例如，《组织申报 2014 年广州市战略性新兴产业基地公共服务平台建设专项》的文件规定，只有那些在本市注册的企事业单位才有资格申报产业基地中的公共服务平台项目，如此一来，外地有更高服务水平的企业就难以进入基地。市场竞争减弱后，随之而来的是服务能力有限、种类不全、质量跟不上等问题。还有就是前面提到的政府采购问题。首先，作为采购主体的地方政府为了完成 SEI 发展任务，会优先甚至只采购本地区少数几家 SEI 企业的产品，从而形成区域市场壁垒。这种有意或无意的地方保护屏蔽了正常的市场竞争，使本地少数的几个企业获得了市场垄断势力，这大大降低了它们研发出最好的产品、不断改进技术的激励，企业可能仅仅满足于生产普通质量或标准较低的产品。其次，由于意识到如果被指定为应用示范单位企业可以获得大额政府订单，企业就会开展公关活动争取成为政府指定的采购对象，这种活动又难免会产生寻租行为[1]。再次，由于采购的产品应用于公共领域，如果质量差，也不会受到严格的追究。

第五节 政策启示

一、改变政策的组织模式

应把"自上而下"的政策组织模式变为"上下互动"的模式，实现两个激发，即激发地方的能动性，激发企业的积极性。推行 SEI 发展计划，需要注重灵活性，即鼓励有条件的地方参加计划，允许条件不足的地方可以不参加计划；参加计划的地方可以自由选择它的优势产业，而非扶持所有计划包含的产业。

---

[1] "广东 LED 行业补助乱象：为争专项补助资金放弃科技研发"，2015 年 11 月 20 日，凤凰网：http://finance.ifeng.com/a/20130730/10295229_0.shtml。

在具体做法上可以是，中央首先出台一个原则性的文件，说明发展 SEI 的背景、目的、方向、支持对象、支持方式、考核指标等内容，其功能主要是表明中央态度，为地方提供信息参考。这个中央倡议对任务指标、产品目录、实施方案、技术细节等均不做详细规定，完全交由地方根据自己的禀赋、条件、能力去制定。地方接到倡议后，市级制定计划上报省级政府，省级政府汇总统筹后形成省级计划，然后上报中央，中央审核批准后地方开始执行。参加计划的地方可以获得中央的财税和制度改革支持，但同时要接受中央的考核。中央倡议中的考核指标选择非常关键，一是要尽力避免重数量轻质量、重制造轻研发的导向性，淡化对规模和速度的追求。像产业附加值、劳动生产率、企业利润、发明专利数量、国际市场份额等都是能够反映发展质量的指标，值得采纳。二是中央只抓宏观指标，不设置那些关于具体生产过程的微观指标，因为企业比政府更了解应该如何组织生产。计划期满时，中央对照地方申报计划时设定的目标考核工作，作为它们下一次申请计划时的参考信息。

二、更重视营造产业发展的"大气候"

我国的 SEI 发展政策是先圈定目标，然后所有相关职能部门（如发改、工信、财政、税务、商务、科技、教育等）配合着来做，所有政策工具都直接作用于 SEI 的生产活动。这种直接式政策的实施由发改部门牵头，其他二十余个单位作为配合部门。牵头部门的压力非常大，因为培育和发展 SEI 不是靠一己之力就能完成的，而协调组织机构只是定期召开部际联席会议，协调性实际上不理想。从配合部门的角度看，由于被定位为"配合"的角色，它们会认为 SEI 发展不起来自己也不用担主要责任，配合的积极性就降低了。再加之各部门之间在执行政策过程中的潜在利益冲突，组织松散、协调困难的弊病无疑会使一个完整的 SEI 发展规划变得碎片化。可以考虑通过改善制度大环境间接促进产业发展能力的做法。间接式政策没有明确的产业指向性，它追求的是一些基本的能力培育，如人才培养、研发创新、专利保护、企业成长等，这些能力对大部分产业都是有价值的。为培育这些能力，教育部门负责人才培养，科技部门负责创新研发体系，专利和司法部门负责专利保护，工商和税务部门负责中小企业促进等等，一个或几个相关职能部门都有明确的任务，无可推卸。

在战略视野上，由于 SEI 发展工作涉及众多职能部门，应跳出就 SEI 谈 SEI

的局限，把 SEI 发展作为起点和契机，倒逼诸多领域的机制体制改革。另外，政策本质上只是权宜之计，具有试验性和应对性。在实践中，应把那些被证明是有效的短期政策转化为长期制度，从根本上促进 SEI 的长足发展，避免把 SEI 发展视为短暂的攻坚任务，运动式地做工作。

三、慎重选择政策工具

为促进 SEI 发展，政府往往把许多优惠条件都给予企业，但是不同的政策工具会有不同的效果，应该构建面向 SEI 特征的产业政策支持体系。SEI 产业应该朝知识、技术、资本密集化的方向发展，如果 SEI 企业以此为目标，那么它的生产应该是土地资源集约型。但在土地政策上，政府仍然沿用支持传统制造业的思路，优先保障 SEI 的土地需求，以近乎无偿的价格出让土地，大兴土木建设面积巨大的产业园区。这种政策工具实际上在引导 SEI 企业走资源粗放型发展路径。所以在土地政策上应该大大降低优惠幅度，不鼓励 SEI 企业从事低端制造环节的生产活动，更要禁止 SEI 企业拿地后囤积炒作，开发房地产的行为。

就政策的实用性而言，财政补贴也许还不如有针对性的减税，用于补贴的财政支出可能和减税导致的财政收入减少额度是一样的，但是效果可以很不同。一是各类专项补贴减少可以降低政府干预的程度，减少外行指挥和引导造成的企业生产行为扭曲。二是减少寻租行为，发放补贴有明确的公关对象，而普惠型的减税却没有，所以企业不需要公关。

总而言之，政府应减少土地和补贴工具的应用，提高税费减免和金融支持的力度，同时做好公共服务工作，不对 SEI 发展趋势做过多判断，不对 SEI 企业生产有过多干预，让企业自己根据市场形势决定如何发展。

第七章　粤港澳大湾区与旧金山湾区的比较研究

在中美两种迥异的市场环境和政治经济制度下，城市间的分工水平会有什么样的差异呢？根据前述理论分析，我们提出如下命题：美国城市群内部的产业分工水平要高于中国。为验证这一判断，我们选取粤港澳大湾区（以下简称GBA）和旧金山湾区（SFBA）两个具体案例进行比较研究。选择旧金山湾区作为比较对象有两个理由：一是它是明确自称为湾区的大都市区，它有一个清晰界定的行政区划范围。而纽约湾区和东京湾区都在概念上是模糊的。二是它有9个县，其数量与粤港澳大湾区地级市数目相近，比较起来方便。尤其是对于将要应用的对应分析工具来说，分析单元个数差异过大会影响分析结果。

第一节　粤港澳大湾区产业结构

一、三次产业分析

为掌握大湾区产业结构的整体情况，本部分首先按照三次产业的分类对各类产业的就业占比进行分析。图7-1显示了大湾区11市第二产业占比的情况，珠江东岸的莞、惠、深与珠江西岸的佛、江、中、珠都有着很高的比例，2004年这些城市的第二产业占比都超过60%，东莞、中山甚至超过80%。至2013年，所有城市的第二产业占比都下降了10%左右。珠三角城市中广州的第二产业就业占比最低，2013年为41%，比十年前下降近14个百分点。过去40年里，港澳制造业不断北移，当地留存的制造业很少，故而2013年只有12%左右的第二产业占比。与第二产业收缩相对应的是第三产业的扩张（图7-2）。港澳已经是高度服务化的了，而经过多年工业化，珠三角9市正陆续进入工业化的中后期，各城市群的产业结构都朝着服务业化的方向发展。其中，广深走在珠三角各市的前面，2013年第三产业就业比重分别为59%和43%。

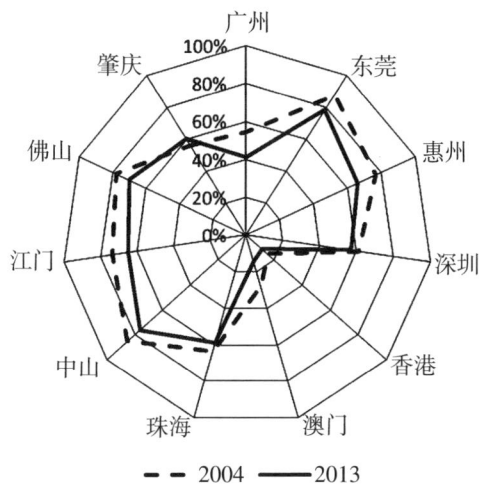

图7-1 大湾区各市第二产业的就业占比

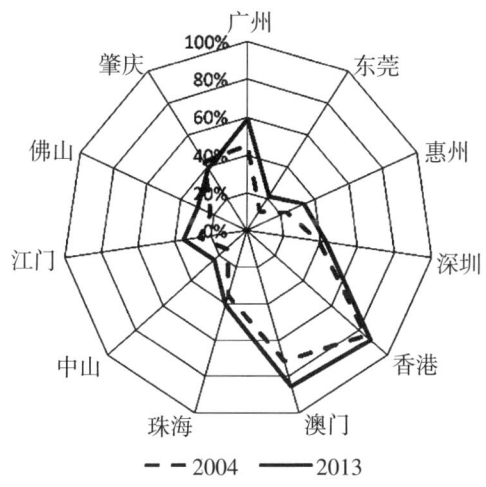

图7-2 大湾区各市第三产业的就业占比

概括来说，图7-1和图7-2传递了两个信息：第一，大湾区各市处于产业发展的三个不同阶段，港澳已经进入后工业化时期，广深处于工业化后期，其余城市则处于工业化中期。第二，从时间上看，大部分城市的第二产业就业占比都呈缓慢下降的趋势，这说明随着工业化的深入，珠三角9市的第三产业也逐渐发展起来，成为各个城市吸纳越来越多劳动力的产业部门。这符合产业发展的一般规律，第三产业的发展以第二产业为基础，否则就是空中楼阁，城市不经历工业化阶段就实现服务业化的例子并不多见。按照当前第二产业占比

10年约下降10个百分点的速度看,如果没有加速措施,广深要变成像港澳一样的服务化城市至少需要20年左右的时间。

从三次产业创造的价值看,亦有类似结果。对比图7-3和图7-4可看出,10余年间大湾区各市三次产业创造的GDP占比变化。2004年除港澳外,大湾区仅有广州的第三产业GDP占比超过了50%,到了2016年,新增了深圳、东莞两个城市。同时,其他城市也都在变得更加服务化。作为中国经济最发达的地区之一,大湾区整体会率先进入服务化产业结构。

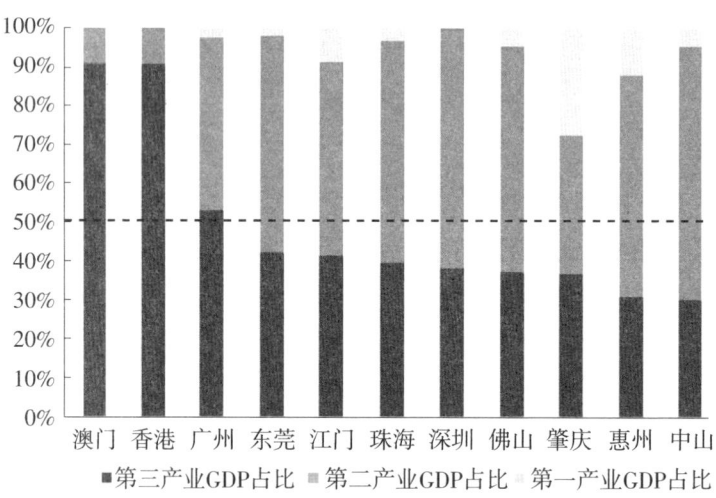

图7-3 大湾区各市GDP的产业构成(2004)

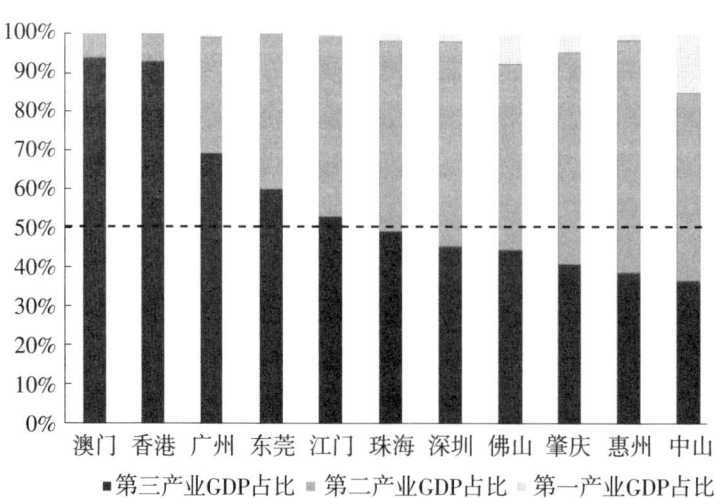

图7-4 大湾区各市GDP的产业构成(2016)

目前，广州、深圳、东莞的第三产业产值占比都超过50%，这意味着第三产业创造的价值超过了第一产业和第二产业的总和，这些城市已经具备条件构建以现代服务业为支柱的产业体系，通过服务周边处于工业化初期和中期的城市实现自身的发展。受限于土地条件，港澳已基本接近服务化的极限。支撑起大湾区的进一步发展需要更多的服务化城市，同时需要有与港澳的服务化结构有差异的服务化城市。香港集中于金融、贸易、航运，澳门集中于博彩、旅游，大湾区还缺乏文教、科研、产业孵化等中心，建设以这些产业为主的服务化城市是广州、深圳、东莞的机遇所在。

二、制造业分析

制造业是第二产业的主体，其名下有很多细分产业，此处分析制造业19个细分类别的就业占比情况，以考察珠三角城市在制造业内部的专业化分工情况。由于港澳本地的制造业就业份额极小，故此处的分析不包含港澳数据。表7-1列出了2013年大湾区各市就业占比排名前五位的细分行业，各市前五位行业的就业总和能占到制造业全部就业的48%~69%。数据显示，大部分珠三角城市的制造业就业主要集中在：纺织服装、橡胶塑料、金属制品、电气机械、通信设备五个行业。其中，通信制造业以深圳和惠州为代表，其占比在36%以上。电气制造业则以佛山和中山为代表，该行业占比超过22%，远高于其他城市。通过2004年与2013年的跨年份比较可以发现，这几大行业在时间上具有稳定性，即大部分城市的主导制造业在十年间变化不大。这表明城市的产业结构对历史路径有较强的依赖性，一旦形成后要改变就很困难，一是因为城市政府会把它们作为优势产业不断刺激；二是产业成长过程中沉淀了大量专用资产，如厂房、设备、技术劳动力等，不容易为其他产业所直接使用；三是围绕主导制造业建立的相关产业体系过于庞大，不容易改变。

从空间上考察主导制造业在珠三角城市的集中情况有助于判断城市间产业分工的情况。图7-5至图7-9是2013年上述五类制造业在各市的集中情况，集中度指标是行业就业的区位商，圆圈越大表示该行业越集中某个城市。在图中，横坐标是城市的经度，纵坐标是城市的纬度。以此来示意各市在地图上的相对位置。通过观察各图可以粗略地判断，除橡胶塑料制造业外，其余制造业在各市的集中度有较大差异。纺织服装制造明显集中于广州和中山，金属制品业集中于江门和肇庆，电气机械集中在佛山和中山，而通信设备以深圳、惠州、珠海为重镇。这意味着，珠三角城市之间在制造业细分行业上存在一定程度的水平分工，即各城市侧重制造不同的产品。这可能与多年来省政府通过产业政策引导各市差异化发展有关。

表7-1　大湾区各市就业占比排名前五位的细分制造业占比（2013年）　　单位:%

	广州	深圳	珠海	佛山	惠州	东莞	中山	江门	肇庆
纺织	11.92		5.78		5.64	7.44	11.75	7.56	
皮革	8.96				8.34	9.84			7.31
家具				5.48					
橡胶		7.48	5.06		6.68	8.67	6.82		
非金				7.20					13.06
有色									5.86
金属		5.02		10.66			8.67	17.22	15.22
通用			5.31						
专用		5.22							
交通	9.66							6.45	
电气	6.70	13.66	16.70	23.18	8.23	9.93	22.16	9.97	
通信	12.14	36.73	29.85	5.71	36.95	22.79	9.29	7.05	7.80

数据来源：《广东经济普查年鉴2013》。

注：1. 数字=各行业就业÷制造业总就业；2. 非前五位行业不列数字；3. 行业简称对应的全称如下，纺织=纺织服装、鞋、帽制造业；皮革=皮革、毛皮、羽毛（绒）及其制品业；家居=家具制造业；橡胶=橡胶和塑料制品业；非金=非金属矿物制品业；有色=有色金属冶炼及压延加工业；金属=金属制品业；通用=通用设备制造业；专用=专用设备制造业；交通=交通运输设备制造业；电气=电气机械及器材制造业；通信=通信设备、计算机及其他电子设备制造业。下同。

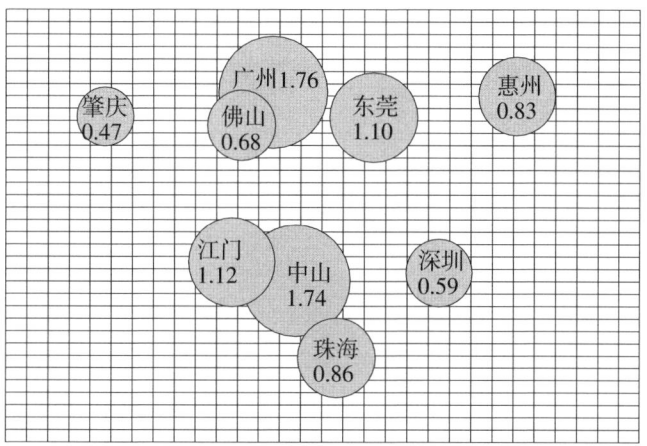

图 7-5　纺织、服装、鞋、帽制造业区位商（2013）

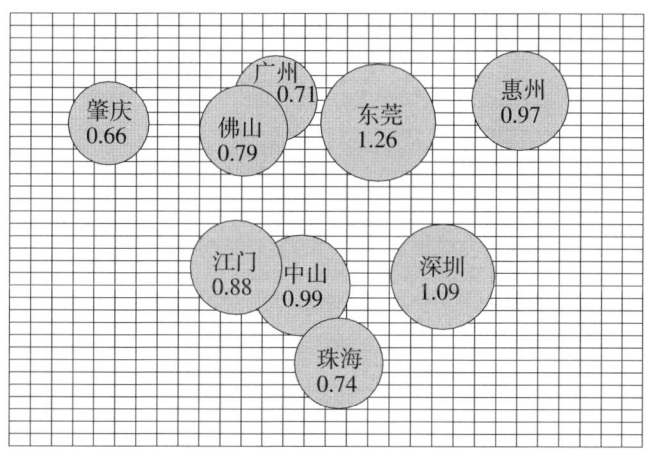

图 7-6　橡胶和塑料制造业区位商（2013）

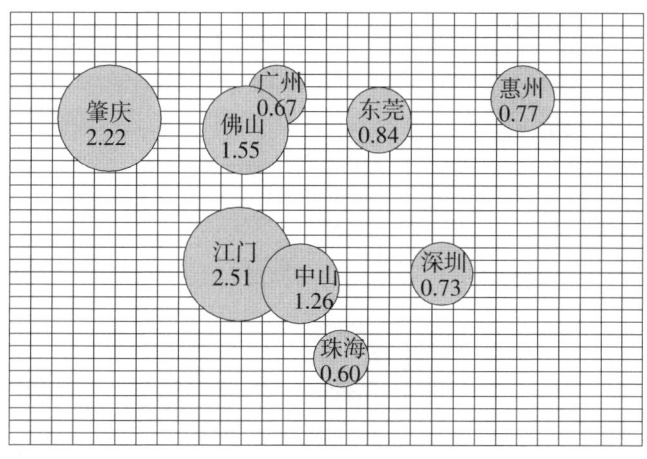

图 7-7　金属制品制造业区位商（2013）

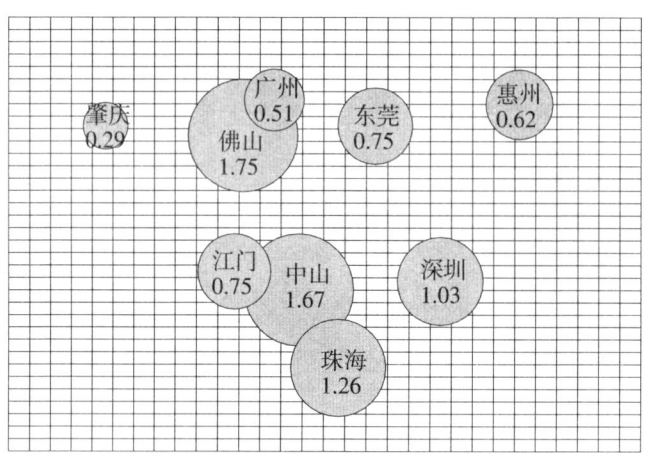

图 7-8　电气机械及器材制造业区位商（2013）

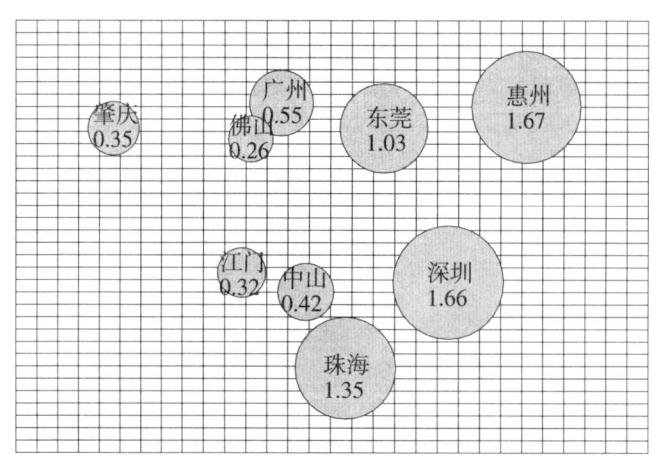

图 7-9　通信设备、计算机及其他电子设备制造业区位商（2013）

三、服务业分析

按当前统计标准，第三产业名目下有 14 个细分类别，表 7-2 只列出了各市排名前五位的细分行业，前五位行业就业总和能占到服务业全部就业的 63%～75%。由于港澳的统计分类与内地不尽相同，后文将单独介绍港澳的服务业情况。数据显示，批发零售、房地产、租赁和商业服务业构成了大部分珠三角城市的服务业主体。教育和公共管理、社会保障和社会组织两个行业也吸纳了大量的就业量。值得注意的是，与其他城市相比，广深的这两个行业就业的绝对数远远大于其他城市,但是相对数却小了很多。广深两市的公共管理就业占比在7%左右(未列入表中),明显小于其他城市,而江门和肇庆的占比在20%以上。这可能是因为后进城市市场经济活跃度不高,要靠庞大的公共管理部门拉动经济增长。教育行业也有类似的情况。当前教育领域的开放度还不够大,大部分学校仍是由财政供养的公办学校,即使广深也未能显著地扩大非公立教育部门,因而从相对数上看反而不如江门、肇庆和惠州。同时,大部分城市的金融、科技服务、医疗卫生、文体娱乐等高附加值的服务业份额较小,未来还有很大的发展余地。

表7-2 大湾区各市就业占比排名前五位的细分服务业占比(2013年) 单位:%

	广州	深圳	珠海	佛山	惠州	东莞	中山	江门	肇庆
交通运输	13.08	9.18							
批发零售	22.76	25.10	23.56	24.84	19.53	22.84	22.98	15.68	16.11
住宿餐饮						7.79			
金融		8.93							
房地产	8.23	8.21	10.42	8.27	11.33		9.08		
租赁商务	12.86	13.48	10.77	14.85	13.27	14.92	12.57	11.94	7.65
教育	7.45		8.13	10.49	13.16	9.15	10.33	13.84	18.99
卫生								6.96	7.88
公共管理			10.90	10.20	15.57	14.11	12.41	25.63	21.76

数据来源:《广东经济普查年鉴2013》。

注:1. 数字=各行业就业÷服务业总就业;2. 非前五位行业不列数字;3. 行业简称对应的全称如下,交通运输=交通运输、仓储和邮政业;批发零售=批发和零售业;住宿餐饮=住宿和餐饮业;租赁商务=租赁和商务服务业;卫生=卫生和社会工作;公共管理=公共管理、社会保障和社会组织。下同。

此处使用2013年行业就业区位商反映各城市的专业化程度。从地理上看(图7-10至图7-12),批发零售、房地产、租赁和商务的分布比较均匀,没有哪个城市表现得非常突出,说明这3个行业的城市间分工并不明显。由于公共管理行业属于公共部门而非市场部门,其就业并不是由市场供求关系直接决定,因此这里不考虑比较。教育行业表现出在江门、肇庆和惠州等后进城市集中(图7-13),但这并不意味着它们是教育中心,其中的原因与上文的解释相近。有两个非主导行业表现出较强的城市间分工,即金融业与信息传输、软件和信息技术服务业（图7-14和图7-15）。深圳毫无疑问承担了珠三角金融中心的角色，而广州、深圳、珠海则扮演着信息技术服务中心的角色。

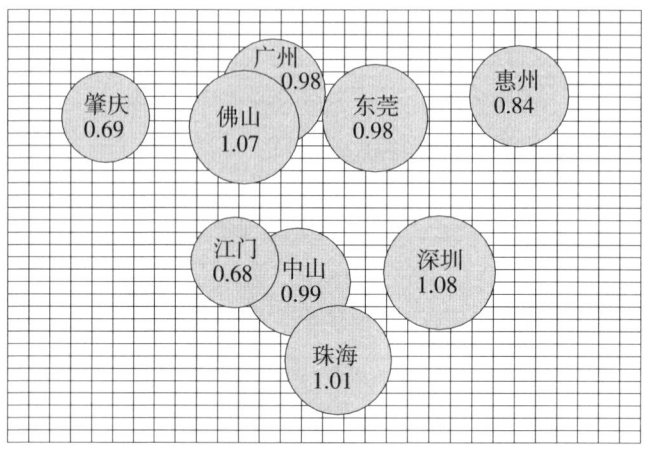

图7-10　批发零售业区位商（2013）

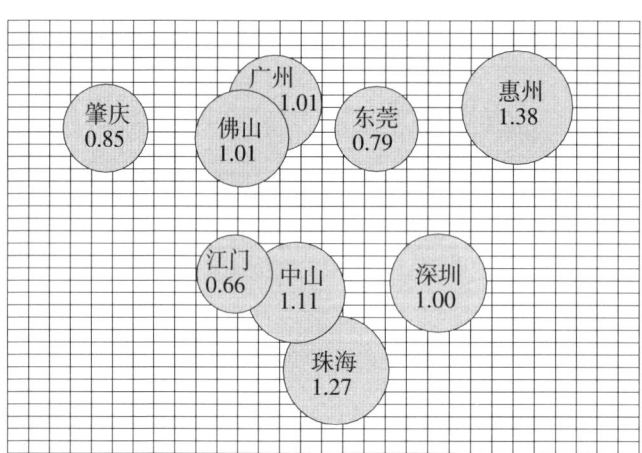

图7-11　房地产业区位商（2013）

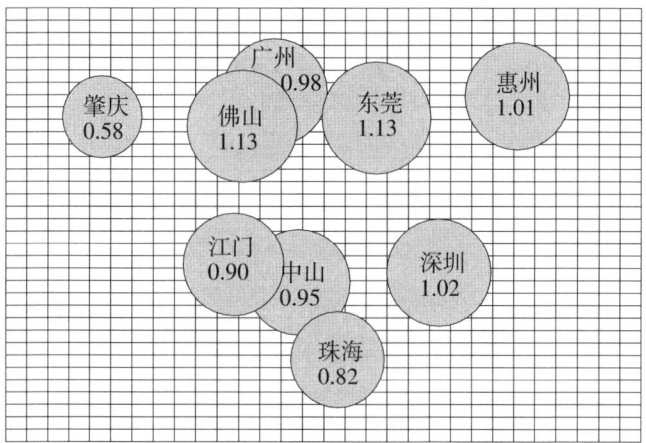

图 7-12　租赁和商务服务业区位商（2013）

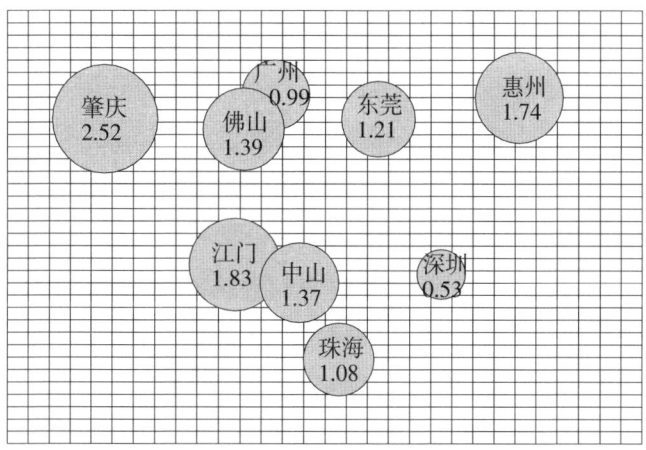

图 7-13　教育业区位商（2013）

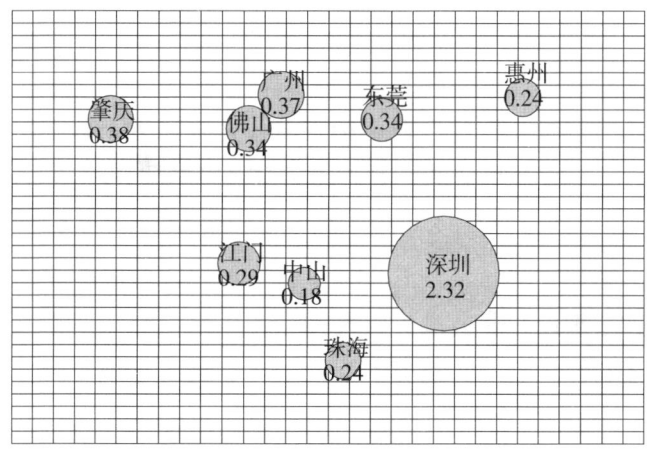

图 7-14　金融业区位商

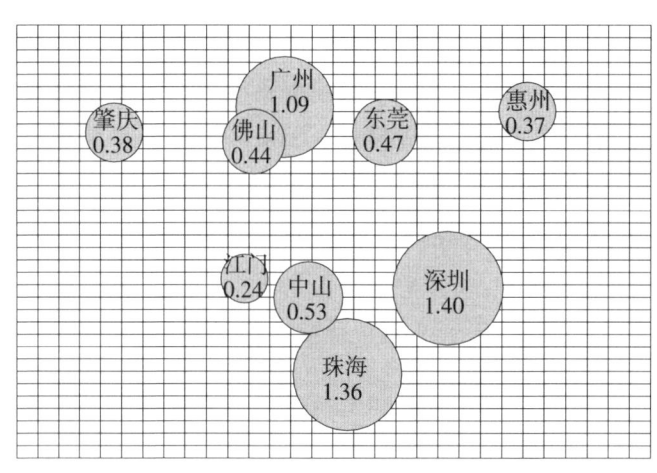

图 7-15 信息服务业区位商 (2013)

四、香港和澳门的第三产业

在过去 40 年里,香港的劳动密集型制造业逐渐向要素成本低廉的内地,尤其是珠三角地区转移,而香港的金融、保险、地产以及商务服务业得以迅速发展,使香港跃升为国际金融中心、贸易中心、航运和旅游中心,形成以服务业为主导的经济结构。目前,金融服务、贸易及物流、旅游和工商业支援及专业服务是香港经济的四大支柱产业,它们为香港经济贡献了一半左右的 GDP 和就业。2016 年,四大产业的增加值近 1.37 万亿元,占本地生产总值的 56.6%,就业量约 177.5 万人,占总就业人数的 46.9%[①]。然而,香港高度的外向型经济和较大的金融业比重,容易受世界宏观经济波动的冲击,1997 年和 2008 年的两次金融危机爆发后香港经济都遭受了严重衰退。有鉴于此,2009 年港府提出发展六项优势产业的愿景。六优产业是指教育、医疗、创新科技、检测认证、环保及文化创意六项具发展优势的产业。2016 年六优产业为香港经济带来 0.21 万亿元的增加价值,GDP 占比为 8.9%。这些行业吸纳的就业人数有 48 万人,对总就业人数的贡献为 12.7%[②]。相对四大产业来说,六优产业还比较弱小。产业结构转型对香港来说并非易事,四大行业主体地位导致的惯性、产业资本以市场为导向的逐利性、政府的积极不干预主义、城市土地有限、相关人才缺乏

---

①②2018 年 5 月《香港统计月刊》:"香港经济的四个主要行业及其他选定行业"。

等因素都在制约着香港的转型。

澳门经济结构相对单一，博彩业一家独大。2016年博彩及博彩中介企业增加值的GDP占比是47.2%，就业占比超过27%。除公共服务部门和房地产部门的GDP占比超过10%外，其余金融、酒店、物流、餐饮等行业的GDP比重都较小[①]。高度依赖博彩业使经济增长呈现出高波动性，导致澳门经济抗风险能力相对不足。因此，澳门经济的可持续发展必须走经济适度多元发展之路。经济适度多元发展的目的是维持产业结构的适度多元和均衡，培育新的支柱产业及经济增长点，增强澳门经济对外围环境变化的适应能力和对风险的抵御能力，同时透过区域合作，拓展澳门企业及居民的发展空间，促进澳门经济社会的可持续发展。澳门想要发展的多元化产业包括会议展览、文化、中医药、融资租赁和财富管理。在培育这些新兴优势产业的过程中，澳门也面临着与香港类似的转型困境，土地面积有限、专业人才缺乏、政府计划与市场意愿之间的不配合都是大问题。

第二节　旧金山湾区产业结构

一、三次产业分析

美国的城市化进程要大大早于我国，在1960年代的旧金山湾区（亦称湾区九县），已经无法就城市而谈城市，因为城市之间的联系已经密不可分，例如，东湾与西湾地区在工业、商业以及娱乐业等方面形成了互补性竞争关系。随着城市化率的提高，旧金山湾区的产业结构也在不断演化。旧金山湾区作为美国第五大都市区，总体上在1980年代就开始进入后工业时代。湾区九县的农业活动在2013年的就业占比只有0.6%，工业活动占比则为15%，服务业成为湾区的支柱产业，吸纳了超过80%的就业量。然而，具体到湾区内部，各城市的产业结构也有不小差异，这反映了城市间的分工与合作关系。图7-16a显示，旧金山和阿勒梅达两县的农业活动几乎为0，而纳帕仍保留着7%左右的比重。工业方面（图7-16b），湾区内核心城市旧金山的比重最低，不到5%，而处于外围区域的纳帕和硅谷所在地圣克拉拉都有着超过20%的就业比重。不过，与

[①] 澳门特别行政区政府统计暨普查局：《澳门产业结构（2016年）》。

2004年相比，这两个县的工业占比都收缩了，圣克拉拉下降了近5个百分点。去工业化是湾区城市的一个普遍趋势，所有县的工业占比在10年间都收缩了。相应地，所有县的服务业都在扩张（图7-16c）。产业结构服务业化是城市进入高级发展阶段的一个特征。

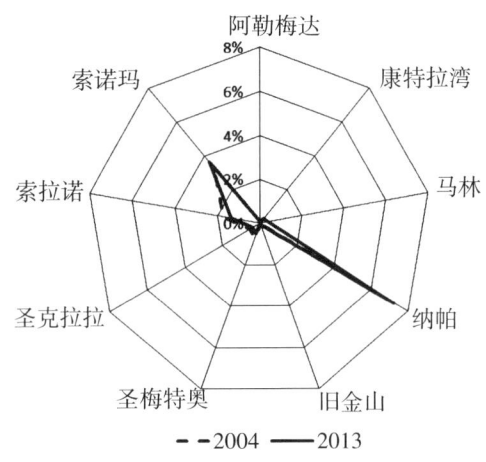

图7-16a　旧金山湾区各县农业的就业占比（2004—2013）

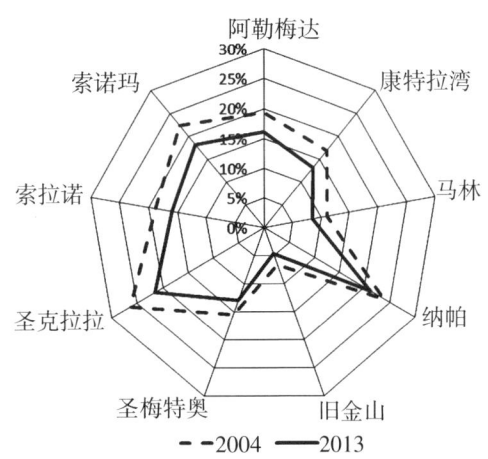

图7-16b　旧金山湾区各县工业的就业占比（2004—2013）

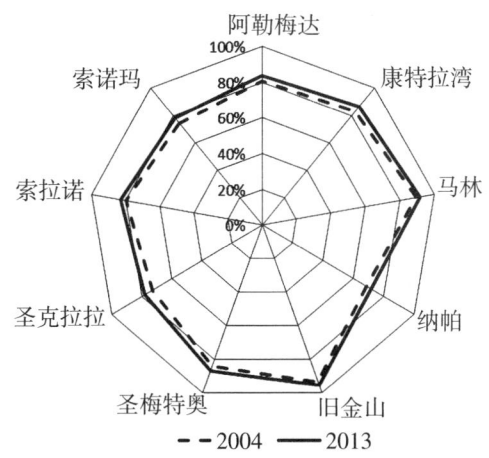

图 7-16c　旧金山湾区各县服务业的就业占比（2004—2013）

二、制造业分析

1980 年代，湾区九县（除旧金山市）制造业占比达到 21%（Hoerter & Wiseman，1988）。制造业曾经是湾区的支柱产业，也正是制造业支撑了湾区经济的起飞。随着时间的推移，制造业内部也在变化，由劳动密集型向资本、技术密集型转变。表 7-3 列出了 2013 年旧金山湾区各县排名前五位的细分制造业就业占比，它们的加总就是行业集中度（CR5）。各县的 CR5 均超过了 60%，也就是说该县的前五位制造业吸纳了大部分的就业，就业较为集中。最为突出的是纳帕，其 CR5 接近 94%，单是饮料与烟草的生产就占了全部制造活动的 78%。类似地，索诺玛的首要制造业也是饮料和烟草生产。其他县都有一个非常突出的制造行业，如表 7-3 中的画线数字所示，阿勒梅达和圣克拉拉以计算机与电子产品制造为主，马林和旧金山以食品生产为主，圣梅特奥和索拉诺以化学品制造为主，而康特拉湾则以石油和煤炭产品生产为主。食品、金属制品、计算机与电子产品制造是许多县共同的支柱产业，但是其重要性因县而异。例如食品生产，圣克拉拉只有 2.2%，而最高的马林是它的 15 倍。有些行业只是少数县的支柱产业，如服装之于旧金山，木制品之于马林，非金属矿物制品之于马林和纳帕。这反映了在制造业内部，湾区城市间有分工，各县不会一拥而上，全都发展相同的行业。

表7-3 旧金山湾区各县制造业前五就业占比（2013）

单位:%

行业	Al	CC	Ma	Na	SF	SM	SC	Sol	Son
食品	13.4	11.0	<u>32.8</u>	6.3	<u>22.0</u>	9.8	2.2	18.5	15.7
饮料烟草				<u>78.4</u>				5.5	<u>33.1</u>
服装						14.5			
木制品				2.3					
印刷				1.8	12.0				
石化		<u>32.4</u>							
化学		8.4		12.5		<u>36.8</u>		<u>32.6</u>	
非金属				11.8	4.9				
金属制品	8.4			7.1		5.0	6.3	14.0	
机械	8.3						5.7		7.8
计算机电子	<u>25.8</u>	11.1	6.7		19.5	26.4	<u>73.2</u>		14.6
未分类	8.5	6.1			4.9	4.8	3.7	7.6	8.7
CR5	64.4	69.0	70.9	93.7	72.9	82.7	91.1	78.2	80.0

注：1. 城市代码：Al = 阿勒梅达，CC = 康特拉湾，Ma = 马林，Na = 纳帕，SF = 旧金山，SM = 圣梅特奥，SC = 圣克拉拉，Sol = 索拉诺，Son = 索诺玛。2. CR5 = 前五位行业就业的集中度。3. 画线数字为该城市最大值。4. 行业具体名称见附录表A4。

除了指标CR5，区位商（LQ）也是一个常用的比较某行业在各地相对集中程度的指标，也可以看作一个城市在特定行业上的专业化程度，这两种说法是等价的，只不过前者是从行业角度来看，后者是从城市角度来看。在计算时，$LQ_j = (E_{ij}/E_i)/(E_j/E)$，其中 i 代表城市，j 代表行业，E_{ij} 表示城市 i 在行业 j 上的就业量，E_i 表示城市 i 的全行业就业量，E_j 表示行业 j 在所有城市就业量的加总，E 是所有城市所有行业的就业量加总。由此可知，LQ_j 的含义实际上就是以总体的比例为基准比较各城市在行业 j 上的就业占比。把LQ展示在地图中可以很直观地看出各行业在地区间的分布，这里所谓的地图是用县的经纬坐标构造的示意性地图，仅用于表示各县的相对位置。由于行业众多，以下仅展示那些作为五个及以上县共同支柱产业的LQ，即食品、金属制品、计算机与电子产品三个行业的LQ。

图7-17显示，食品制造业主要集中在马林，其次是旧金山和索拉诺。圣

克拉拉的食品制造活动最弱。结合图 7-19 可知，圣克拉拉的劳动力资源都集中到了计算机和电子产品的制造活动。高科技企业云集的硅谷有很大一部分在圣克拉拉境内，这些高科技企业有很多是与信息技术相关的行业，科技与制造业相结合，因此圣克拉拉体现出较高的计算机和电子产品制造就业占比。在金属制品行业，索拉诺的地位比较突出（图 7-18）。在每个图中，气泡大小有明显差异，这说明湾区城市在细分制造业上的专业化程度较高。

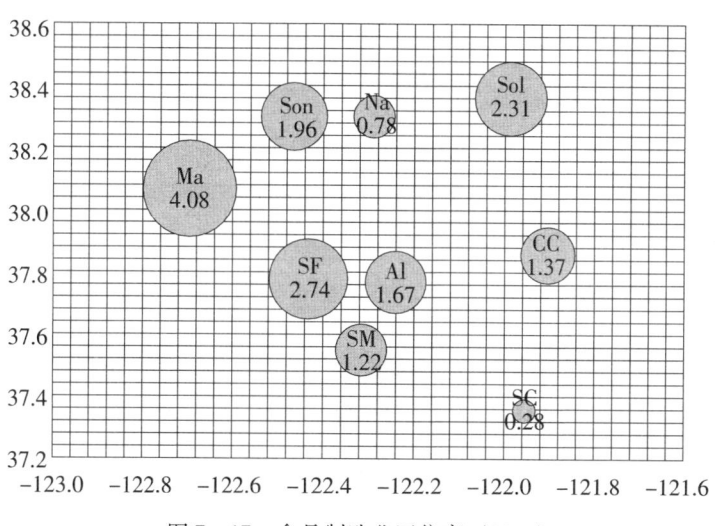

图 7-17　食品制造业区位商（2013）

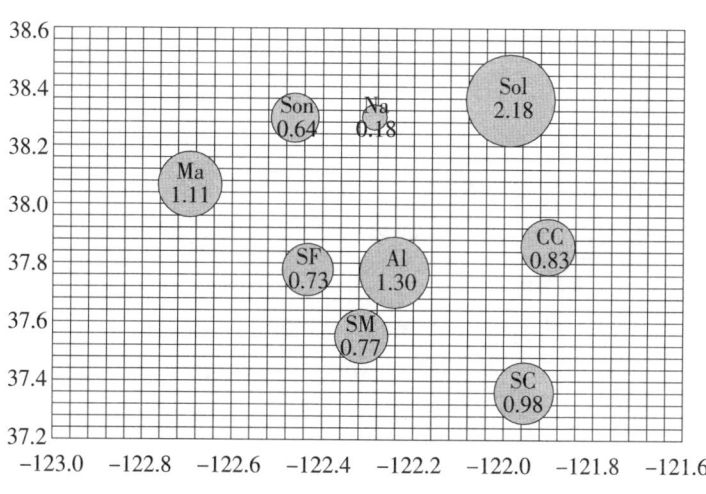

图 7-18　金属制品制造业区位商（2013）

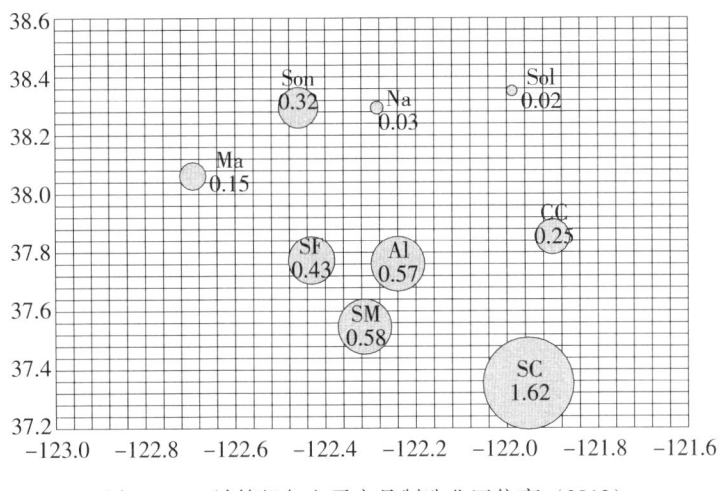

图 7-19 计算机与电子产品制造业区位商（2013）

三、服务业分析

服务业是所有湾区城市最大的就业部门，它同样由大量细分行业构成。我们用相同的指标 CR5 和 LQ 考察 2 位码服务业的就业分布情况。表 7-4 显示，对大部分县而言，CR5 在 60% 左右，最高也只有 70.9%（索诺玛），与制造业的情况相比，服务业的行业集中度相对较低。也就是说，一个县的服务业就业不会过度集中在少数几个行业里。表 7-4 还表现出一个特点，有多个行业是五个及以上县的共同支柱产业，即零售、科技服务、支持服务、医疗社保、餐饮住宿五个行业，这种共同性是制造业所不及的。这与服务业的不可贸易性有关，由于许多服务业的运输成本很高（有时甚至是不可能运输的，如酒店服务），或者消费者对服务的及时性要求很高，服务业很少在地区间是高度专业化的。例如医疗，医生一般很少跨县出诊，或者病人很少跨县就医，所以每个县都会建立完善的医疗体系服务当地居民。这就形成了服务业分布相对均匀的情况。对于那些服务业占比最大的行业，也体现出共同性，如旧金山、圣梅特奥和圣克拉拉最大的服务业都是科技服务业，它们在地理区位上也是相邻的，从硅谷延伸到半岛区域，科技服务业可能具有集聚特性。除上述三县外，医疗和社会救助服务是所有县最大的服务行业，其中的原因正如上述所言。

表 7-4 旧金山湾区各县服务业前五就业占比 (2013) 单位:%

行业	Al	CC	Ma	Na	SF	SM	SC	Sol	Son
批发	6.8								
零售	12.3	16.0	15.2	11.9	8.6	11.5	12.0	17.3	17.6
运输仓储						9.6			
信息							8.6		
专业科技	11.8	9.8	11.4		18.8	15.5	17.8		6.3
企业管理									1.4
支持服务		7.5	7.1	7.8	7.2				6.8
教育				8.9				10.2	
医疗救助	18.0	20.4	16.6	21.5	13.0	11.6	14.9	21.4	21.7
住宿餐饮	9.8	11.5	12.9	20.8	13.9	11.6	10.5	11.0	14.3
公共管理								10.3	
CR5	63.2	70.9	61.5	59.7	63.9	70.2	66.7	63.2	70.9

注：Al = 阿勒梅达，CC = 康特拉湾，Ma = 马林，Na = 纳帕，SF = 旧金山，SM = 圣梅特奥，SC = 圣克拉拉，Sol = 索拉诺，Son = 索诺玛；行业具体名称见附录表 A4。

接下来看看各类服务业的区位分布情况。图 7-20 至图 7-23 展示了在所有县都占主导地位的三个服务业：零售、医疗和社会救助、住宿和餐饮。与制造业相比，这些行业过于集中于某地的情况并不是很明显。根据 NEG 的理论，行业集聚水平与运输成本呈倒 U 形曲线关系，即产品和服务的运输成本很低或很高的时候集聚水平都比较低。对于这三种行业而言，它们的运输成本都很高，为了服务本地市场，它们必须靠近本地市场以减少运输成本，因而在地理上呈现出均匀分布的形态。对于另外一些运输成本相对较低的服务业，其区位分布则会呈现出集聚的形态。例如，专业及科技服务业就明显集聚于旧金山、圣梅特奥和圣克拉拉等地。这种行业具有知识密集型特征，人员的专业知识是服务的核心要素，涉及的不可移动设备和服务工具较少，所以运输成本主要是专业人员的差旅成本，在湾区交通通信基础设施日益改善的情况下，这种服务业的贸易成本极大地下降了，从而跨地区提供服务成为可能。

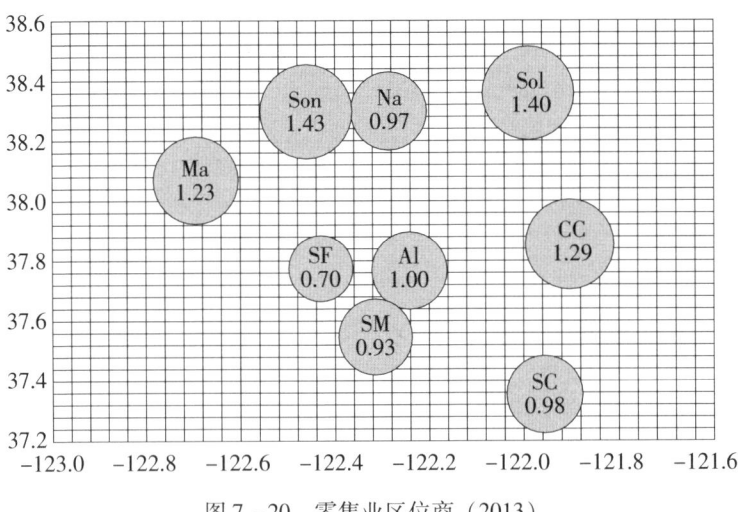

图 7-20 零售业区位商（2013）

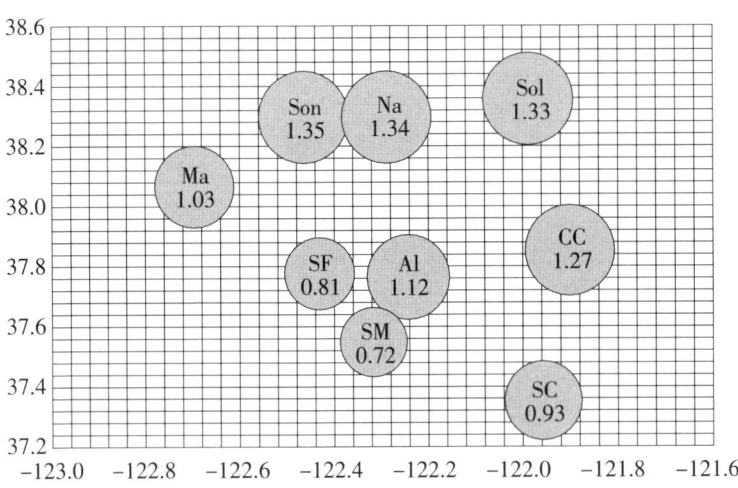

图 7-21 医疗与社会救助业区位商（2013）

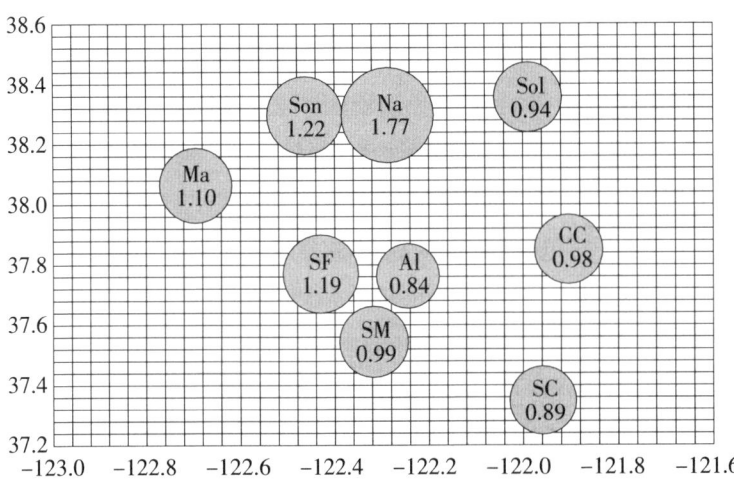

图 7-22 住宿与餐饮业区位商（2013）

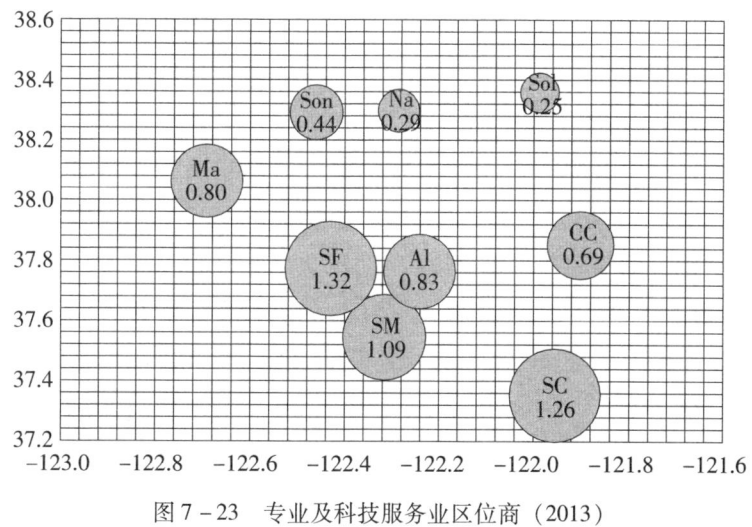

图 7-23 专业及科技服务业区位商（2013）

第三节 两个湾区产业分工的量化比较

一、对应分析方法

本节使用系统化的方法来比较两个湾区内部的分工情况。这个分析工具就是对应分析（correspondence analysis，CA）。CA 本质上是对一张列联表（数据矩阵）内部结构的解析，它把行和列看作两个变量，通过系统性的算法探讨行变量和列变量之间的依存关系。CA 可以被用于分析城市间的产业分工与合作关系。CA 的总惯量（total inertia）反映了所有样本点相对于原点的离散程度。在城市产业结构的研究情境下，对于含有多个城市的样本，总惯量测度了城市间产业结构的差异化程度。在图像上，如果各个城市点离原点越远且越分散，总惯量就越大，这意味着城市间的产业结构差异大。相反，若各城市点绕着原点集中，总惯量就小，意味着城市间产业结构差异小。当城市间产业结构差异大时，它们的分工关系就会凸显。分工总是与合作相伴的，分工意味着各城市在不同产业上有不同的专业化程度，如果一个城市将资源集中于少数产品的生产上，那么本地不生产的产品就需要通过贸易从别的城市获得。专业化程度越高，城市间的贸易就越重要，所以总惯量也体现了城市间产业结构的互补水平。

已有许多研究将 CA 应用于考察地区间的产业分工或经济活动的互补性。例如，Volgmann & Münter（2018）利用 CA 分析了德国法兰克福/莱茵－梅城市地区（Frankfurt/Rhine-Main）知识密集型产业集群在空间中的分布，以及集群的专业化和互补性。Meijers（2007）研究了欧洲三个多中心城市区域的服务业空间分工结构，三个区域的产业类别和城市个数都是一样的（29 个行业，4 个城市），这种选择是有意为之的，为的是三个地区的数据矩阵维度保持一致（29×4）。当数据矩阵的维度一样的时候，比较就是相对容易的。但有时候用于跨地区的比较的数据矩阵并不能正好对应。此时就要做出一些调整。Cowell（2010）比较了美国旧金山湾区、荷兰兰德斯塔地区（Randstad）及意大利艾米利亚－罗马格纳地区（Emilia-Romagna）内部城市间经济活动的互补性。跨国比较面临的一个问题是欧洲和美国使用不同的产业分类标准，这两个分类标准并不是在所有层次上都是一一对应的，但幸运的是，在 2 位码的层次上，两类标准相似，所以作者是在 2 位码产业分类基础上对上述三个地区进行比较的。这提示我们，在进行跨地区比较时，必须对产业分类进行归并，努力使两个地区的分类为一一对应。Meijers（2005）研究了荷兰兰德斯塔（Randstad）地区城市间的产业分工与合作关系。兰德斯塔地区可分为北翼和南翼两个部分，分别含有 8 个和 6 个主要的城市。在比较南北翼城市群时，虽然行业分类一致，但城市个数不同。在这种情况下，为使 CA 分析结果在城市群间可比，Meijers（2005）构造了互补率（complementarity ratio）指标。互补率 = 总惯量 ÷（城市个数 － 1）×100。上述这些针对跨国和跨地区比较的处理方法在我们的研究中都会用到。

二、数据来源与处理

珠三角 9 市的数据来自 2008 年和 2013 年的经济普查数据。香港的数据来自于香港政府统计处网站的"表 E038：按主要工作所属详细行业划分的就业人数"[①]，该数据起自 2008 年 1 月，更新至 2019 年 1 月。澳门的数据来自于澳门《统计年鉴 2014》中的"按性别及行业统计的就业人口"表，该年鉴含有 2008 年及 2013 年的数据。旧金山湾区 9 县的数据来自美国劳工统计局（BLS）[②]。美

---

① https://www.censtatd.gov.hk/hkstat/sub/sp200_tc.jsp?productCode=D5250042。
② https://www.bls.gov/data/。

国的数据是企业主或企业调查数据,不是普查数据。本书中所选择的数据类型包括所有规模的私营企业,联邦、州和地方的公共企业,以及各级政府部门的就业人数。在其连续多年的数据集中,我们选取了2008年和2013年的数据用于比较。CA计算所使用数据都是就业人数水平值。

中国内地、香港、澳门以及美国的产业分类方法不尽相同(本章附录表7-A1和7-A2),因此需要进行归并和调整才能用于比较。整合四个数据集的具体操作见本章附录表7-A3。最终,粤港澳大湾区11市和旧金山湾区9县的2位码全行业包含16个类别,其中,农业1类,工业4类,服务业11类。由于制造业是一个很重要的部门,我们将专门考察两个湾区的制造业分工情况。由于香港和澳门是高度服务业化的,且无法获得其3位码制造业就业数据,我们仅就珠三角9市和旧金山湾区9县进行比较。经统一产业分类后,两地的3位码制造业包含20个类别,整合方法参见本章附录表7-A4和7-A5。此外,城市代码见本章附录表7-A6。

三、计算结果

(一)全行业比较

CA最重要的一个结果就是关于城市和产业的二维散点图,它可以直观地展示城市和产业之间的关系。图7-24显示了GBA城市及其产业在二维平面中的位置。二维度解释度达到81.3%,超过了一般要求的80%水平。坐标原点代表了一个虚拟的平均结构,各点到原点的距离反映了该点的异质性大小,对城市散点来说就是城市产业结构的差异化程度,对产业散点来说就是产业区位分布的差异化程度。在图7-24中,澳门(MA)远远地偏离了原点,这一点非常突出,导致其他城市散点都挤到了一起。这反映了澳门产业结构以博彩业为主导的特殊性,考虑到其经济体量及影响力较小,可以把它当作异常值予以剔除。图7-25是剔除澳门后的结果,此时二维解释度上升为87%,这说明剔除澳门能够改善CA算法的信息概括能力。

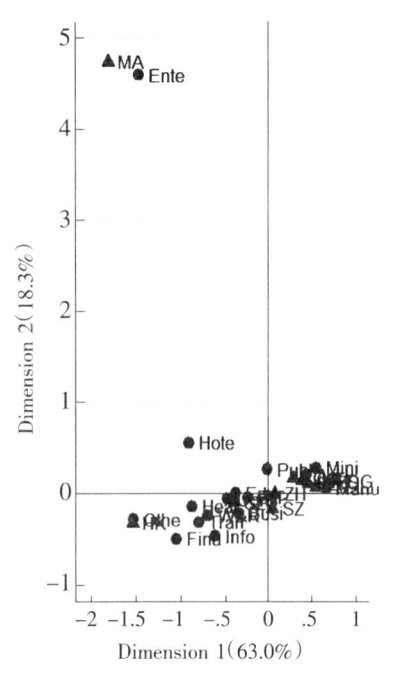 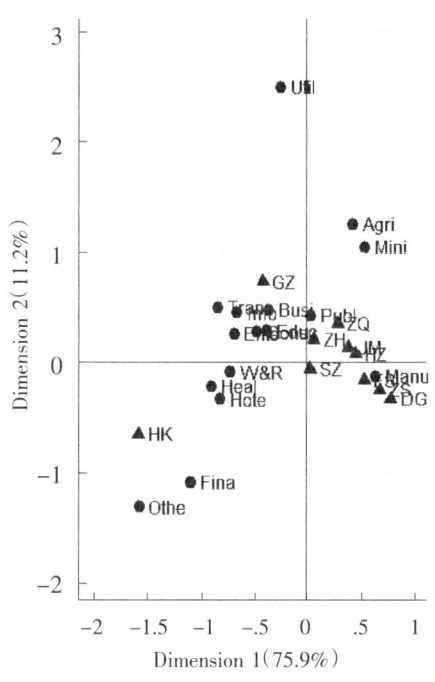

图 7-24 GBA 全行业 CA 二维图（2013） 图 7-25 GBA 全行业 CA 二维图（2013，无澳门）

首先来看城市产业分工的情况。在图 7-25 中，广州（GZ，二象限）、东莞（DG，四象限）和香港（HK，三象限）远离原点，三者的产业结构和其他城市有较大差别，因此具有较强的互补性，它们对大湾区的产业分工格局具有重要影响。广州是省会城市，发挥着行政功能，同时由于科技、教育、文化资源集中，一些相关的服务行业比较繁荣。东莞制造业发达，被誉为"世界工厂"，这凸显了其生产制造的城市功能。香港作为全球城市，聚集了许多大型跨国企业的总部和分支机构，国际贸易、商业服务、航运、金融等行业非常发达，扮演着全球商业中心和金融中心的角色。佛山（FS）、中山（ZS）和东莞（DG）三点相距较近（四象限），说明它们的产业结构相似，显然，三市都有较大的制造业比重。肇庆（ZQ）、江门（JM）和惠州（HZ）三点也相互靠近（一象限），它们都是大湾区的外围城市，农业仍占有一定比重，工业化水平还相对较低。深圳（SZ）几乎处于原点的位置，这说明它的行业就业分布比较均匀，产业结构完整，同时也意味着它与其他城市的互补性较低[①]。再来看看产业

---

① 需要注意的是，这是根据 2013 年数据得出的结论。近年来，由于深圳市建设用地增量的减少，深圳的一些制造业开始转移至东莞、惠州等周边城市，这会提高它与湾区内其他城市的分工合作水平。

区位分布的情况。除了其他产业（Othe，三象限）外，有 4 个行业的区位分布较为集中，分别是制造（Manu，四象限）、批发零售（W&R，三象限）、金融（Fina，三象限）、物流（Tran，二象限）。东莞、佛山、中山三点非常靠近制造业点；批发零售与金融点与香港点在同一象限；而物流点最接近广州。产业点与城市点的相近意味着，相对其他城市而言，这些产业在这些城市有较大的就业集中度。显然，这一结果与事实相符：在大湾区，东莞、佛山、中山是制造业重镇，广州是中国南方的重要交通枢纽，香港是国际贸易和金融中心。

总体而言，GBA 的城市分工格局较为清晰，广州、香港等核心大城市发挥着生产性服务功能，例如充当交通运输枢纽、商贸金融中心、科教文化中心等。东莞、佛山、中山等城市扮演着生产制造的角色，而一些外围城市则集中了农业和采矿业等资源型产业。这里不打算展示 2004 年的散点图，因为从图像上观察每个点的跨期变动比较繁琐，且对把握整体趋势无太大益处，后面将用概括性指标予以考察。对于旧金山湾区的结果展示也一样。

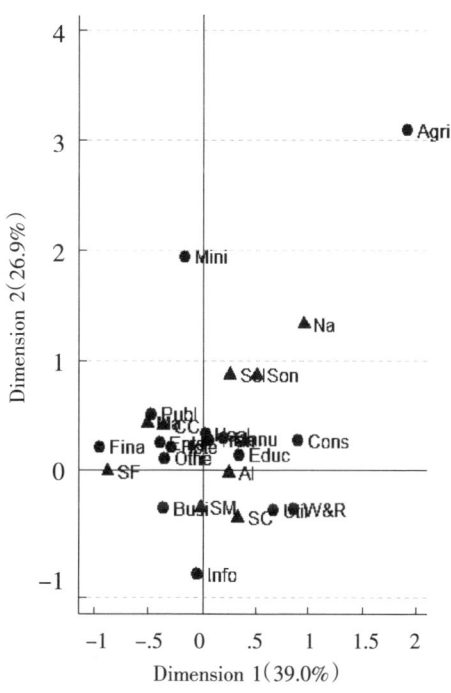

图 7-26　SFBA 全行业 CA 二维图（2013）

旧金山湾区 2013 年的全行业 CA 结果如图 7-26 所示。结果显示，两个维度的惯量占比（即对城市-产业矩阵信息的概括程度）只有 66%，使用三个维度概括时才能达到80%的水平，这意味着按照80%的标准，二维图并不能准确反映产业和城市之间的关系。尽管如此，我们仍然展示二维图，因为毕竟它也反映了66%的信息，可作为初步观察获得直观认知。就城市而言，旧金山（SF，横轴左侧）、圣克拉拉（SC，四象限）、纳帕（Na，一象限）三县离原点最远，展示了它们较之其他城市的产业结构独特性。旧金山市是湾区的核心城市，在诸多城市中，它的人口密度最大、生产率最高。旧金山市是知识密集型产业的聚集地，其支柱产业包括商业服务、金融、教育和研发、设计和出版业等。旧金山市与奥克兰市（Oakland）和伯克利市（Berkeley）隔海相望，它们之间有非常频繁的人员通勤。圣克拉拉县的县治位于圣何塞市（San Jose），它是加州第三大城市，从圣何塞到圣梅特奥县的帕罗奥多市（Palo Alto）的一段狭长地带就是"硅谷"，云集了一大批高科技公司。因此该县的商业服务、制造业、信息技术及教育服务业较为发达。位于湾区北部的纳帕县，人口密度最小、环境优美、自然资源丰富，适宜于农业耕作。该县的食品加工和制造业、农林渔业占有较大就业比重，旅游业和建筑业也吸纳了不小的就业量。离原点最近的是阿拉梅达县（Al，横轴右侧），表明它的产业结构接近样本的平均结构。该县位于湾区的中间位置，地理条件优越，商业服务、批发、交通运输业发达。加州大学伯克利分校就位于该区域的伯克利市，因此教育服务业也是其支柱产业之一。马林（Ma，二象限）和康特拉湾（CC，二象限），索拉诺（Sol，一象限）和索诺玛（Son，一象限）相互靠近表明它们的产业结构相近。

就产业的区位分布而言，批发零售（W&R，四象限）、农业（Agri，一象限）、水电气生产（Util，四象限）、商业服务（Busi，三象限）、信息服务（Info，三象限）和金融（Fina，二象限）的点离原点较远，说明它们在某些城市的集中度较高，而建筑业（Cons，一象限）、文体娱乐业（Ente，二象限）最靠近原点，说明这些行业在各县都有相近的比重，分布较为均匀。考察城市点和行业点的相对位置，一些直观印象得到强化。如，农业是纳帕、索拉诺、索诺玛等北湾地区的支柱产业之一，圣克拉拉的信息服务业发达，而旧金山的金融业则比较突出。

从原理上说，分工水平越高意味着各城市的产业专业化程度越高，相应地，它们之间的产业互补性就越大。反映在图像上就是，代表城市的散点很分散，反之，各点越集中，分工水平就较低，互补性就越小。但实际上，通过观察二维图比较 GBA 和 SFBA 的整体产业分工差异并不方便，此时要用到 CA 的另一个重要的结果——总惯量，它描述了一个样本中各观测个体相对于样本平均结构的离散程度。

表 7-5 列出了 2008—2013 年粤港澳和旧金山两个湾区的总惯量和互补率，它方便了我们同时做跨期比较和跨地区比较。同时，表中也列出了作为 GBA 主体部分的珠三角地区的数据。从时间上来看，在 2008—2013 年间，粤港澳和旧金山的分工程度都下降了，但粤港澳的下降幅度稍微大于旧金山。相反，珠三角内部的分工水平却有所提升。如果可以将 GBA 的城市分工分解为珠三角城市间分工和珠三角与港澳间分工的话，GBA 整体分工水平的下降，与珠三角内部分工水平的上升，可能意味着珠三角与港澳之间的分工下降了。这是有可能的，因为随着内地开放力度的加大，港澳作为内地连接国际市场的中转站的地位会下降。对比粤港澳和旧金山两个湾区的分工水平，前者是后者的 1.8 倍，这无疑得益于 GBA 有两个特区城市，它们的产业结构迥异于内地城市，这在数据上会凸显出来。当剥离这两个城市，只剩下珠三角的时候，这种差距就消失了。在 2013 年，PRD 和 SFBA 的互补率仅相差 0.14。

表 7-5 全行业分工比较（2008—2013）

区域	总惯量		互补率		互补率变动%
	2008	2013	2008	2013	2008—2013
GBA（$N=10$）	0.3066	0.2771	3.41	3.08	-9.6
PRD（$N=9$）	0.1462	0.1497	1.83	1.87	2.4
SFBA（$N=9$）	0.1493	0.1385	1.87	1.73	-7.2

注：1. 粤港澳大湾区的数值计算不含澳门。2. GBA = 粤港澳大湾区，PRD = 珠三角，SFBA = 旧金山湾区。3. N 为所含城市或县的个数，下同。

（二）制造业比较

无论是在 GBA 还是 SFBA，制造业都是一个吸纳了大量就业的部门，对地区发展具有举足轻重的作用。在过去几十年里，香港和澳门的制造业基本上都转移至了珠三角地区，所以这里对制造业的比较是珠三角 9 市（PRD）与 SFBA 的比较，不包含港澳两个城市。珠三角制造业的 CA 结果如图 7-27 所示。对于制造业数据，PRD 和 SFBA 的二维惯量占比分别为 75% 和 65%，虽然都没有达到 80% 的标准，但也包含了半数以上的信息，因此我们仍然可以用二维平面图做初步观察。

首先看城市的制造业结构情况。广州（GZ，一象限）、深圳（SZ，三象限）、肇庆（ZQ，四象限）离原点最远，这说明三个城市的制造业结构与其他城市有很大差异。而珠海、东莞、惠州（ZH、DG、HZ，二象限）最靠近原点，意味着它们的制造业结构较为平衡，没有哪个细分行业过于突出。同时，珠海、东莞、惠州相互靠近，说明三者的结构相似。江门（JM，横轴右侧）和肇庆也是如此。从产业区位分布来看，计算机及电子设备制造（Com&E，二象限）、金属冶炼（PriM，四象限）、能源生产（Pe&Co，一象限）等是高度集中的，而造纸（Pape，原点）、印刷（Prin，一象限）、胶塑（Plas，三象限）、通/专用设备（Mach，三象限）等制造活动较为分散。从城市点和行业点的相近性可发现，家具制造（Furn，四象限）和金属制品（FabM，四象限）在中山，纺织业（Text，四象限）和木制品（Wood，四象限）在江门和肇庆，非金属矿物制品（NonM，四象限）和金属冶炼在佛山有较大比重，交通设备制造（Tran）、饮料及烟草（Be&To）、食品（Food）、化工（Chem）制造活动（均在一象限）在广州集聚，而深圳则在计算机及电子设备制造业上较为突出。

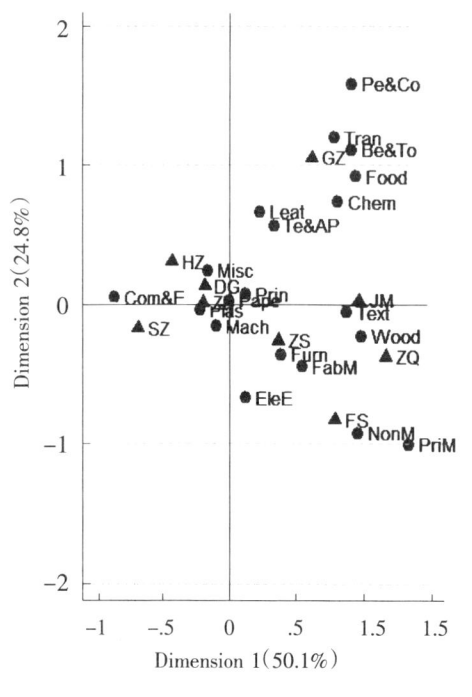

图 7-27　PRD 制造业 CA 二维图 (2013)

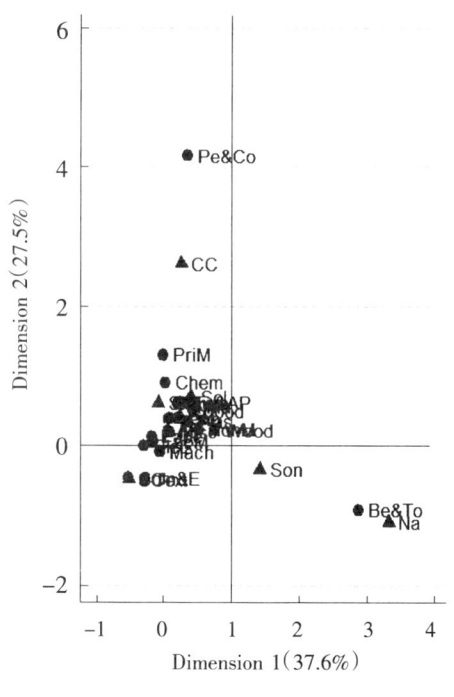

图 7-28　SFBA 制造业 CA 二维图 (2013)

再看旧金山的情况。在图 7-28 中，康特拉湾（CC，一象限）、圣梅特奥（SC，三象限）、纳帕（Na，四象限）和索诺玛（Son，四象限）三县的制造业结构与湾区的平均结构有很大差异，其余 5 县则较为相似，且接近于平均结构。产业分布方面，和珠三角一样，计算机及电子设备制造（Com&E，四象限）、能源生产（Pe&Co，一象限）是高度集中的。康特拉湾和圣梅特奥分别在这两个行业有较大的就业比重。此外，饮料及烟草制造（Be&To，四象限）也是集中的，纳帕在该行业有较大的就业比重。由于这三个产业的突出表现，导致其他产业在二维图上都显得很接近原点。

最后，从总体上进行跨期和跨地区比较。表 7-6 显示，两个地区制造业的分工水平在上升，这与全行业的分工情况相反。珠三角的上升幅度是旧金山的 10 倍，这反映了在 2008—2013 年间，珠三角处于快速工业化阶段，而旧金山早已进入了后工业化阶段，制造业分工可提升的空间已经很小。前面谈到两个地区的全行业分工水平相近，然而，此处显示，两地的制造业分工水平有较大差距，2004 年旧金山湾区几乎是珠三角的 7 倍，到 2013 年也有 5 倍之差。

表 7-6 制造业分工比较（2004—2013）

区 域	总惯量		互补率		互补率变动%
	2004	2013	2004	2013	2004—2013
PRD（$N=9$）	0.1851	0.2599	2.31	3.25	40.4
SFBA（$N=9$）	1.2449	1.2933	15.56	16.17	3.9

第四节 总结与讨论

本章在前几章理论分析的基础上，利用 CA 对粤港澳大湾区（GBA）和旧金山湾区（SFBA）的城市产业分工情况进行了量化比较。本章开头提出的理论命题是：美国城市群内部的分工水平要高于中国城市群。然而，计算结果没有完全支持这种简单的论断，而是展现出更为丰富的信息，需要我们谨慎地加以讨论。

第一，GBA 的全行业分工水平要高于 SFBA。在全行业的意义上，这一结果并不支持我们的命题。常识告诉我们，这主要是由于 GBA 存在港澳这两个特别的城市造成的。一旦 GBA 剔除香港和澳门之后，也就是只剩 PRD 时，它与

SFBA 的分工水平相差不大。SFBA 的 9 县之间是高度一体化的。在 GBA，珠三角 9 市之间的一体化程度日益提高，而由于政治及经济制度的迥异，珠三角与港澳之间的一体化程度相对较低，人员、物品、资金在内地与特区间的流动仍受到诸多管制。如果三者内部的一体化程度有以下排序：SFBA > PRD > GBA，那么就引出一个推论：城市间的一体化程度影响着城市分工，一体化程度越高，全行业的分工水平就越低。NEG 理论预期产业的集聚程度与地区间的一体化程度呈倒 U 形曲线关系，当运输成本很低时，产业的集中程度会下降。我们的结果似乎印证了这一点（图 7-29）。区域一体化意味着产业要素可以自由流动，为接近市场，节省运输成本，企业会在各个城市布点，吸纳就业。对于服务行业尤其如此（注意，全行业中服务业占了 11 类）。这个结果给予我们的启示是，当前的制度区隔导致了 GBA 产业结构的两极化：香港和澳门的产业结构高度服务业化，而 PRD 高度制造业化。一旦内地与港澳的一体化进程加快，港澳的部分服务业将向 PRD 转移，从而缓解这种极化，推动该地区各级城市的新一轮产业结构变迁。

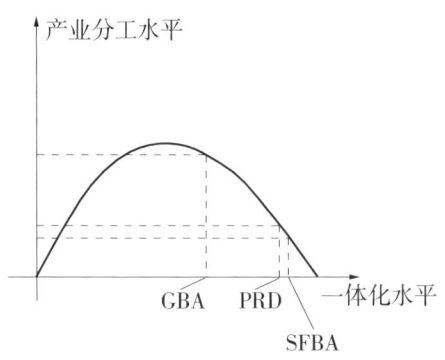

图 7-29　一体化与产业分工的关系

第二，在制造业内部，GBA 的分工水平低于 SFBA。由于 GBA 的制造业集中在 PRD，我们比较的实际上是 PRD 和 SFBA 的分工水平。在 3 位码制造业水平上，SFBA 的分工水平是珠三角的 5 倍（2013 年）。在珠三角，无论是大城市还是中小城市，制造业都是非常重要的经济部门。上一章第四节提到，中国自上而下的产业政策能够被强有力地执行，因而很有可能出现城市产业同构的状况。制造业尤其如此。当前国家的产业政策导向更加偏重于制造业。在国家十三五规划纲要的优化现代产业体系部分，三章中前两章是关于制造业的，剩下一章才是关于服务业的。而且阐述制造业发展战略的详细程度高于服务业。纲要提出,要深入实施《中国制造2025》,支持战略性新兴产业发展,并以专栏的形式列举了计划实施的十余项工程和行动。而对于现代服务业发展的论述则相对宽泛。在此方针指导下,各级政府高度重视制造业发展工作,战略性新兴产业、"中国制造2025"、创新驱动发展成为各级政府产业工作的重点。这不仅体现在省和市级地方政府发布的十三五规划纲要上,还体现在各级政府对制造业的财政支持上。例如,从广东省级层面看,2016年广东全省一般公共预算支出[1]中用于商业服务业和金融业的支出分别为205.5亿元和160亿元,而用于工业[2]的支出为768.2亿元,后者超过了前者的两倍。从市级层面看,广州市2017年预算草案[3]显示,为构建高端高新高质产业体系,安排给"广州制造2025"、战略性新兴产业、汽车产业的预算为48.2亿元,而服务业只有14.4亿元。类似的,深圳的2017年预算亦给予了制造业60.7亿元的支出份额,是金融业的2.2倍[4]。在此背景下,各市制造业发展的自主选择空间有限,同时,也造成了一些大城市仍然保持着较高的制造业份额,尽管提高服务业比重会使这些城市更有效率。而在美国的自由市场体制下,各级政府对地方发展何种产业没有很强的干预,一方面是不愿意,另一方面是无能为力。各城市产业结构的形成,更多的是由市场主体的自主选择决定的。因此,SFBA的制造业分工水平与GBA形成了鲜明的对比。

第三,珠三角的服务业分工水平与SFBA相近。值得注意的是,2013年珠三角的全行业分工水平略高于SFBA(表7-5),而比较制造业时这种情况却扭转过来。全行业有16个类别,有11个属于服务业,如果我们把服务业单独挑出来看城市分工情况,会发现珠三角也略高于SFBA(表7-7)。这并非偶然,对于CA,变量所含类别数目对结果有重要影响。既然服务业类别占据了全行业类别的大部分,那么较高的服务业分工水平就支撑起了较高的全行业的分工水平。正如第二点讨论的,我国各级政府对服务业的重视程度要小于制造业,因此,服务业在城市间的分工更多的是由市场力量推动。制造业与服务业分工的反差表明,减小政府干预能够提高城市分工水平。

---

[1]《广东省2016年预算执行情况和2017年预算草案附件二(表格附件第1册)》,第7-8页。
[2] 即项目"(十四)资源勘探信息等"。
[3]《关于广州市2016年预算执行情况和2017年预算草案的报告》,第33页。
[4]《关于2016年深圳市预算执行情况和2017年预算草案的报告》,第15页。

表7-7 服务业分工比较（2013）

区 域	总惯量	互补率
GBA（$N=11$）	0.2056	2.06
GBA（$N=10$）	0.1330	1.48
PRD（$N=9$）	0.1014	1.27
SFBA（$N=9$）	0.0940	1.18

表7-A1 中国内地及美国2位码全行业原分类

编号	中国内地原分类	编号	美国原分类
1	农、林、牧、渔业	1	Agriculture, Forestry, Fishing and Hunting
2	采矿	2	Mining, Quarrying, and Oil and Gas Extraction
3	制造	3	Construction
4	电力、热力、燃气及水生产和供应	4	Manufacturing
5	建筑	5	Wholesale Trade
6	批发和零售	6	Retail Trade
7	交通运输、仓储和邮政	7	Transportation and Warehousing
8	住宿和餐饮	8	Utilities
9	信息传输、软件和信息技术服务	9	Information
10	金融	10	Finance and Insurance
11	房地产	11	Real Estate and Rental and Leasing
12	租赁和商务服务	12	Professional, Scientific and Technical Services
13	科学研究和技术服务	13	Management of Companies and Enterprises
14	水利、环境和公共设施管理	14	Administrative and Support and Waste Management and Remediation Services
15	居民服务、修理和其他服务	15	Educational Services
16	教育	16	Health Care and Social Assistance
17	卫生和社会工作	17	Arts, Entertainment, and Recreation
18	文化、体育和娱乐	18	Accommodation and Food Services
19	公共管理、社会保障和社会组织	19	Other Services (except Public Administration)
		20	Public Administration
		21	Unclassfied

表 7-A2　香港及澳门 2 位码全行业原分类

编号	香港原分类	编号	澳门原分类
1	制造	1	制造业
2	建造	2	水电及气体生产供应业
3	进出口贸易	3	建筑业
4	批发	4	批发及零售业
5	零售	5	酒店及饮食业
6	住宿及膳食服务	6	运输、仓储及通信业
7	运输及仓库	7	金融业
8	邮政及速递活动	8	不动产及工商服务业
9	信息及通信	9	公共行政及社保事务
10	金融	10	教育
11	地产	11	医疗卫生及社会福利
12	专业及商用服务	12	文娱博彩及其他服务业
13	公共行政	13	家务工作
14	教育	14	其他
15	人类保健及社会工作活动		
16	艺术、娱乐及康乐活动		
17	其他服务活动		
18	其他行业		

表 7-A3　中国内地、香港、澳门与美国 2 位码全行业分类整合方法

新编码	代　码	整合方法			
		中国内地	中国香港	中国澳门	美　国
1	Agri	1			1
2	Mini	2			2
3	Manu	3	1	1	4
4	Util	4		2	8
5	Cons	5	2	3	3
6	W&R	6	3 + 4 + 5	4	5 + 6
7	Tran	7	7 + 8	6a	7
8	Hote	8	6	5	18
9	Info	9	9	6b	9
10	Fina	10	10	7	10
11	Busi	11 + 12 + 13	11 + 12	8	11 + 12 + 13 + 14
12	Othe	14 + 15	17 + 18	13 + 14	19 + 21
13	Educ	16	14	10	15
14	Heal	17	15	11	16
15	Ente	18	16	12	17
16	Publ	19	13	9	20

表7-A4　中国内地与美国3位码制造业原分类

编号	中国内地原分类	编号	美国原分类
1	农副食品加工业	1	Food
2	食品制造业	2	Beverage and Tobacco
3	饮料制造业	3	Textile Mills
4	烟草制品业	4	Textile Product Mills
5	纺织业	5	Apparel
6	纺织服装、鞋、帽制造业	6	Leather and Allied Product
7	皮革、毛皮、羽毛（绒）及其制品业	7	Wood Product
8	木材加工及木、竹、藤、棕、草制品业	8	Paper
9	家具制造业	9	Printing and Related Support
10	造纸及纸制品业	10	Petroleum and Coal Products
11	印刷业和记录媒介的复制	11	Chemical
12	文教体育用品制造业	12	Plastics and Rubber
13	石油加工、炼焦及核燃料加工业	13	Nonmetallic Mineral
14	化学原料及化学制品制造业	14	Primary Metal
15	医药制造业	15	Fabricated Metal
16	化学纤维制造业	16	Machinery
17	橡胶和塑料制品业	17	Computer and Electronic
18	非金属矿物制品业	18	Electrical Equipment, Appliance and Component
19	黑色金属冶炼及压延加工业	19	Transportation Equipment
20	有色金属冶炼及压延加工业	20	Furniture and Related
21	金属制品业	21	Miscellaneous
22	通用设备制造业		
23	专用设备制造业		
24	交通运输设备制造业		
25	电气机械及器材制造业		
26	通信设备、计算机及其他电子设备制造业		
27	仪器仪表及文化、办公用机械制造业		
28	工艺品及其他制造业		
29	废弃资源和废旧材料回收加工业		

表7-A5　中美3位码制造业分类整合方法

新编码	代码	整合方法	
		中国	美国
1	Food	1 + 2	1
2	Be&To	3 + 4	2
3	Text	5	3
4	Te&AP	6	4 + 5
5	Leat	7	6
6	Wood	8	7
7	Pape	10	8
8	Prin	11	9
9	Pe&Co	13	10
10	Chem	14 + 15 + 16	11
11	Plas	17	12
12	NonM	18	13
13	PriM	19 + 20	14
14	FabM	21	15
15	Mach	22 + 23	16
16	Com&E	26 + 27	17
17	EleE	25	18
18	Tran	24	19
19	Furn	9	20
20	Misc	12 + 28 + 29	21

表 7-A6　粤港澳大湾区城市代码及旧金山湾区九县代码

编号	名称	代码	编号	名称	代码	译名
1	广州	GZ	1	Alameda	Al	阿勒梅达
2	深圳	SZ	2	Contra Costa	CC	康特拉湾
3	珠海	ZH	3	Marin	Ma	马林
4	佛山	FS	4	Napa	Na	纳帕
5	惠州	HZ	5	San Francisco	SF	旧金山
6	东莞	DG	6	San Mateo	SM	圣梅特奥
7	中山	ZS	7	Santa Clara	SC	圣克拉拉
8	江门	JM	8	Solano	Sol	索拉诺
9	肇庆	ZQ	9	Sonoma	Son	索诺玛
10	香港	HK				
11	澳门	MA				

第八章 思索粤港澳大湾区产业分工的构建

第一节 城市体系的产业结构

一、发达国家的经验

从世界发达国家的城市化历程来看，不同规模的城市会根据自身的禀赋条件选择差异化的产业结构，从而形成城市分工体系（表8-1）。小城镇主要从事农业生产以及一些规模小而简单的加工制造。中型城市的角色是单一类型的服务中心或者制造中心。服务中心为生产提供零售、修理、运输、金融、科技、培训等服务。制造业中心生产标准化的产品，如纺织、食品、钢铁、汽车零部件、造纸，以及各种机械和电气设备。这类城市是高度专业化的，大部分中型城市在许多行业门类上的就业量为0或接近0，就业只集中在一两个制造业，由此形成汽车城市、纺织城市、造纸城市、造船城市等（Henderson，1997）。大城市里的经济活动与前两类城市截然不同。Black & Henderson（2003）通过回顾美国城市的历史演变指出，美国的生产结构正朝服务部门主导转变，一些现代服务业，如金融、研发、管理咨询、法律和教育、工程和建筑，以及商业服务（广告、信用担保、计算机服务）等都倾向于在大城市集中。Scott（2008）对美国不同规模都市区生产活动特征的研究同样证实了这种模式。无论从行业还是从职业的角度看，两者都有显著的差异。在知识经济时代，美国的就业和创新都是由处于城市等级顶部的大都市区引领。大都市区集中了那些需要更高知识和文化技能的生产活动，如技术密集型制造业、时尚产业、商务和金融服务业、个人生活服务业、文化产业等。相较之下，小都市区更多地集中了资本密集型的、常规的和标准化的制造业活动。毫无疑问，这种城市间差异化的分工合作关系是发达国家城市体系显示出较高生产率的重要原因。

表 8-1 城市分工体系

城市规模	产品生产
小城镇	农业 　传统制造业 　食品加工 　简易金属加工 　非金属器具制造 　……
中型城市	现代制造业 　金属 　机械 　交通设备 　……
大城市	高科技研发和现代服务业 　仪器 　电子 　金融 　出版 　艺术 　……

资料来源：Henderson（1996）

当跳出单体城市的视域，转而在城市体系的概念下讨论城市效率时，城市间经济关系的重要性就会凸显出来。城市经济发展至今，城市效率已经不再是单体城市的简单加总，而是由一个具有复杂内部秩序的城市体系产生。一个城市提升自身的效率水平也越来越依赖于与其他城市，尤其是周边城市的互动。一方面正如上文所言，城市间要建立起明晰的分工合作关系，这不仅仅指大城市与中小城市之间的垂直分工，还包括大城市间、中小城市间的水平分工，从而在城市体系内部形成一种纵横有序的、差异化的产业结构。这意味着，一个城市的产业结构调整不仅要考虑自身的历史路径、比较优势、资源禀赋、区位和规模等条件，还要考虑其他城市的产业发展策略，尽量避免产业重构。另一方面，城市间的产业结构调整要实现联动。处于城市等级顶端的大城市具有较强的集聚经济,它们能够不断地内生出新思想、新技术和新产业,这些创新是中小城市生产率提高的源头。如果大城市为保有税基而拒绝转移某些产业(如低端制造业、批发业),那么必然会限制其创新能力,同时也影响中小城市的发展。在这种情况下,中小城市有可能另起炉灶发展新产业,重复建设和培育新产业失败都会降低城市的生产效率。城市的产业结构调整具有联动性:大城市是整个城市体系产业结构调整的引擎,只有大城市产业结构调整了,小城市的产业结构才会随之调整(王珺,2010)。因此,必须减少因政策干预造成的城市间产业转移障碍,顺畅城市间的产业结构调整关系,才能构建高效率的城市体系。

二、中国城市体系的产业结构问题

与发达国家一样,中国的经济增长日益依赖于城市及城市群的发展质量。2016 年,中国近 37%[①]的 GDP 是由国内三个生产率最高的城市群——长三角、珠三角、京津冀城市群创造的。与世界级城市群相比,中国城市群的生产率水平还有很大的差距。其中的原因当然是多方面的,但从城市体系理论的角度看,中国城市间分工合作程度不高是一个很重要的原因。

中国城市的发展很大程度上是由城市政府主导的。为了保证本城市地区生产总值的增长和财税收入,政府除了要大力招商引资,引进新的产业外,还要牢牢抓住原有的产业不流失。为此,政府采取各种措施干预劳动、资本、商品的自由流动,这些政策工具包括户籍制度、行政收费、市场保护、交易成本、土地价格等。为了有更多的空间容纳各种各样的产业,城市不是通过向周边城市转移低端产业的方式腾出空间,而是通过撤县设区的方式不断地把农业用地转换为城市建设用地,以获取产业发展所需要的腹地(王小鲁,2010)。结果,无论是大城市还是中小城市,都趋向于形成大而全(自给自足型)的产业结构。在实践中,省级政府试图通过行政协调的方式促进城市间的产业分工。以 2012 年广东省的战略性新兴产业发展规划为例[②],省政府划分了省内各市应该发展的细分产业,例如以深圳为中心建设通信元器件生产基地,以肇庆为中心建设新型电子元器件基地,以广州为中心生产半导体和集成电路专用设备,以汕头为

[①]数据来源:京津冀 = 中国统计年鉴,珠三角 = 广东统计年鉴,长三角 = 2016 年 1—12 月长江三角洲城市主要经济指标(上海统计局:http://www.stats-sh.gov.cn/html/fxbg/201708/1000894.html)。

[②]2012 年《广东省战略性新兴产业发展"十二五"规划》。

中心建设电子电路工业基地。其目的在于让各市生产不同产品以避免重复建设和直接竞争，虽然这在一定程度上促进了城市间的水平分工，但并不能解决更深层次的垂直分工问题。

除了分权竞争体制，自上而下铺开的产业政策也阻碍了城市间分工程度的提高。在中国，有三个机制能够保证地方贯彻中央发起的产业发展计划。一是中央对地方官员发展经济绩效的考核；二是中央掌握的经济发展资源，包括产业项目、专项发展资金、特许政策（如政策试点资格）、配套支持（如金融和财税支持）等；三是遍布全国的国有企业系统。中国目前有278个地级市[①]，各个城市的经济发展阶段不一样，产业结构调整方向也千差万别，中央的产业发展计划不一定适用于每个城市。这就存在一个执行中央计划和满足自身发展需要的权衡。为了获得中央的支持，城市官员必然会选择前者。例如，2010年战略性新兴产业发展计划发布后，几乎所有的省区市都把中央指定的八大产业作为重点发展对象（于津平和吴小康，2016；朱艳鑫等，2016），对其投入大量资金予以扶持和培育。从逻辑上讲，当所有城市都按统一的计划发展产业时，城市间的产业同构在所难免，城市产业分工程度相应地也就降低了。

未来要提升中国城市体系的效率水平，中央决策层必须设计新的制度激励地方政府在产业结构调整上实施差异化发展战略，包括打破行政壁垒，建立更加一体化的要素和商品市场；减少大规模产业计划的铺开，让城市在产业发展上有更多的自主权；在制定经济发展战略时更多地考虑地方性差异，使用更灵活和多样化的指标考核地方官员绩效等。

第二节 以香港为主导的设想

一、大湾区城市的竞合格局

广州、深圳和香港是大湾区中三个经济实力最强的超级城市，但由于各种原因，目前没有一个可以主导整个大湾区的发展。香港无论经济总量还是人均收入水平都在广深之上，早已跻身发达经济体行列；香港是全球金融中心、贸易自由港；它还连续23年被评为全球最自由的经济体。从这些指标来看，它的

[①] 数据来源：《2017中国城市统计年鉴》。

经济发展水平、国际化水平、城市治理水平都相当高，理应成为大湾区的主导城市，但由于"两制"的存在，香港对内地九市的引领带动仅限于产业投资这一渠道，影响有限。深圳是中国最成功的经济特区，已经成为改革开放的标杆性城市。长期作为各项新政策的试点城市，深圳独享了许多政策红利。它拥有副省级城市的行政权限，其计划单列市身份使之享受省内其他城市没有的财税分成特权。深圳借助毗邻香港的地理优势，自1970年代末以来发展迅速，近年来更是被作为经济转型的成功范例而广泛宣传，但作为区域核心城市，其问题在于它的对外辐射带动能力不强。广州是省政府驻地，是全省的政治中心，凭借这一优势，广州较容易获得各种政策上的倾斜，从而维持其核心城市地位。但与深圳一样，它对周边城市的辐射带动能力也不强。与香港相比，作为湾区核心城市，广州和深圳的辐射范围还比较小，而且广深与香港的辐射带动方式也有明显不同，香港是通过对外投资的方式实现其辐射作用，而广深则是通过吸纳外界资源，在本城市创造财富，使进入本城市的劳动力和企业受益。至于对其他城市的辐射主要是通过贡献税收，由省财政调配间接实现。这种内敛式的带动模式使广深的城市规模不断地膨胀，而其周边城市很难成为真正意义上的卫星城。

　　三者之间的竞争合作关系也较为复杂。作为一个全球城市，在世界城市体系中，香港和广深并不在同一个等级上。香港外向型经济特质保证了自身发展动力来源的多元化，内地市场对它很重要，但不是全部。香港作为特别行政区享有高度自治的权利，这也是内地城市无法企及的。综合这些因素，香港和广深更多的是合作关系而不是竞争关系。由于地方官员各管一方，内地同等级城市之间的关系基本上都是竞争大于合作，广州和深圳也不例外，这两个近在咫尺的超大城市在人才、资本、建设项目、特殊政策上的争夺非常激烈，城市间的合作较少，导致地方保护主义盛行，限制要素自由流动的制度规定比比皆是，合理的城市间产业分工合作体系也难以形成，这些都极大地降低了整个城市群的生产效率。

　　如果珠三角城市能够借助大湾区建设的契机深化改革、扩大开放，进一步释放香港的经济能量，那么大湾区的交通网络、生产效率、行政效率、城市治理等领域将有大的改观。香港释放的经济能量首先辐射至深圳和广州，因为这两个城市具有诸多优势（如各类人才聚集、基础设施完善、法治环境较好、办事效率高），最值得香港进行投资，这种辐射会引起广深城市内部的产业升级与发展方式转型。按照雁行理论，只有大城市产业结构率先调整，通过产业转移和城市功能分工合作，次级城市才能发展起来，深圳就是个例子，随着科技创新成为城市增长动力，原有的一般制造业已经开始向东莞和惠州溢出，同时，房地产价格的上涨迫使人们跨市上班。广深获得的经济能量将进一步辐射到各自的区域集团，即广州—佛山—肇庆，深圳—东莞—惠州两个子城市群，完成以大带小、以点带面的传递（图8-1）。概括而言，就是要率先开放广州和深圳对香港的全面合作，力使要素在这三个城市完全自由流动，增强三大核心城市的辐射带动能力，以大城市驱动整个珠三角城市群的发展。

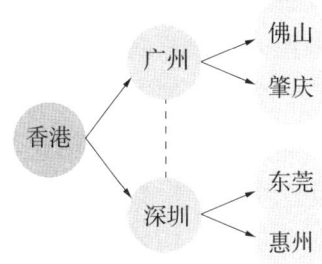

图8-1　大湾区城市间的辐射扩散效应

二、大湾区核心城市的合作

（一）穗港合作的现状与问题

1. 合作现状

城市间的合作可以分为两种，一种是市场合作，主要依靠市场交易机制进行，发生在企业和个人层面；另一种是政府合作，主要依靠政府力量推动，发生在不同城市的政府之间。广州与香港的合作长期以来一直以市场合作为主，即双方企业相互投资及进行贸易。香港长年占据广州第一大贸易伙伴的地位，2015年，广州对港出口901.95亿元，对港进口37.08亿元，净出口864.87亿元。广州对港贸易常年顺差，说明香港是广州商品走向全球的大通道。在服务贸易方面，广州对港服务贸易出口59.47亿美元，进口40.42亿美元，居规模前三位的服务贸易领域是：旅行，电信、计算机和信息服务以及运输服务。香港也是广州第一大FDI（国际直接投资）来源地。2015年香港在穗投资项目（企业）数达924个，实际投资额约42.77亿美元，占广州全部FDI的79%，远高于韩国、维京群岛、日本和新加坡。这些资金主要投向了广州的房地产业和制造业。广州市境外投资区域主要集中在香港、大洋洲和欧洲地区。其中，对港投资项目数175个，占境外投资项目总数的56.63%，中方协议投资额20.87亿美元，超过中方协议投资总额的一半。相比之下，香港对广州的投资规模要大得多，香港在城市群中的主导地位凸显[1]。

近年来，政府合作在穗港之间变得频繁。随着几个较为重要的合作文件，包括《内地与香港关于建立更紧密经贸关系的安排》（CEPA，2003）及其补充协议，《粤港合作框架协议》（2010），以及最近的《深化粤港澳合作·推进大湾区建设框架协议》（2017）的签署和实施，穗港合作进入新的发展阶段，穗港合作成效显著提升，实现"四个转变"。

第一，在合作方式上，从民间自发市场行为向政府互动推进转变。两地政府定期举行穗港经贸合作会议，成立"穗港落实CEPA市场准入协调小组"，首创"广州—香港CEPA入门网站"，联合打造全国唯一的"穗港IT资源网"，建立合作推广机制，实行穗港144小时便利签证，推动穗港经贸合作交流。

第二，在合作领域上，由前店后厂模式向产业融合转变。1997年之前，香港投资广州以制造业、加工贸易为主，占香港在穗投资项目总数的95%左右。香港回归后，穗港合作向高新技术产业和现代服务业领域拓展，广州已成为香港离岸服务转包的重要承接地。实施CEPA以来，穗港合作从以经贸为主向经贸、社会民生合作并重转变，从生产要素的合作与引进向营商标准的引进和做事规则合作转变，合作领域不断扩大。2010年首家港人独资医疗机构在广州开业，4家港资银行广州分行分别在佛山、肇庆、中山共设立了6家异地支行，穗港合作在金融、医疗等服务领域的产业融合加速推进。

第三，在合作层次上，从穗港互动向泛珠三角区域更广阔的空间发展转变。广州的制造业与港澳的服务业优势结合，在推进泛珠三角产业升级中提升合作层次，其辐射力和影响力日益增强。实施CEPA以来，穗港合作已经从区域战略升级为国家战略。

第四，在合作内涵上，从产业合作向共同打造亚太地区最具活力的城市群转变。当前，穗港合作的重点是加快推进南沙"粤港深度合作区"等重点合作区域规划建设，打造穗港合作平台和载体，拓展合作空间。重点推进城市规划

---

[1]《广州年鉴2016》。

建设及管理、专业服务、科技创新及研发设计、教育培训、休闲旅游及健康服务业、航运物流、绿色文化创意及影视制作等领域的合作,以南沙新区为突破,促进穗港之间人流、物流、资金流和信息流的畅快流动,带动珠三角乃至全省融入粤港澳合作,全力推动粤港澳区域建设成为可与纽约、伦敦、东京比肩的世界级湾区经济体,继续担当中国改革开放和经济发展的引擎(金永亮,2012)。

2. 主要问题

总体上看,目前穗港合作还存在诸多问题。在市场合作方面,穗港现代服务业合作还处于初级阶段。香港在广州的投资项目虽多,但投资规模相对较小,港资企业多为加工型、劳动密集型的中小型企业。目前,广州的港资加工贸易企业约990家,占全市加工贸易企业的52%,其项目水平、技术含量、产业带动能力较弱。这也是穗港合作目前一直没有从根本上摆脱"前店后厂"模式的重要原因。就第三产业而言,香港来穗投资中房地产业的比例较大,穗港在现代高端服务业,如金融业上的合作起步较晚,尚处于初级化阶段。例如,上海证券交易所、深圳证券交易所与香港证券交易所合作,在2014年和2016年分别开通了"沪港通"和"深港通"业务,而穗港金融合作则没有太多亮点。

相对区域经济一体化水平而言,目前穗港合作仍存在自发性、低层次、小规模、窄领域等特点,穗港合作有量的增长,但没有质的飞跃。而经济一体化要求实现货物、服务的自由流动,不同成员间取消关税,对外实行统一关税,资金、技术、人才等生产要素在区内自由流动,区域内部经济政策相互协调。CEPA等协议的实施是实现穗港经济一体化的重要前提,但它还处于初级阶段,是一种浅层次的合作模式,不能为穗港经济一体化提供一个合适而宽广的平台。只有进一步深化穗港合作,推动穗港以现代服务业为重点的合作,实现人才、资金、技术等生产要素自由流动,建立政策平台和协调机制,促进穗港合作向深度、广度发展,才能真正实现穗港共同市场和经济一体化。

在政府合作方面,穗港对各自的功能定位和分工认识并不明确。尽管在粤港层面已经达成了前述多项合作协议,但在穗港合作中,系统的、高起点的、得到穗港双方认同的战略合作框架尚未形成,由此造成合作的基本模式、功能定位、重点领域、主要步骤和合作机制不够明朗,穗港资源没有得到有效的整合,各自优势以及整体优势没有得到充分发挥,从而阻碍了穗港的深度合作和共同发展。因此,研究和确立合作发展的基本战略,推动穗港深化合作,形成产业协作、优势互补、错位发展，最终实现双方共赢，是今后需要进行系统解决的首要问题。

其次，穗港体制和政策上存合作障碍。体制上的障碍是提高经济合作水平、促进经济一体化发展的最大障碍。穗港合作中，仍存在投资、财税、金融及"通关"等相关体制性障碍。由于体制性障碍，资本流动没有实现自由化，人民币和港币不能在区域内自由流通和自由兑换；穗港间信用等信息共享存在体制上的束缚；穗港电子通关平台建设缓慢，电子化通关效率有待改进；穗港之间的人员流动、货物流动程序复杂，自由化程度低、效率低。

第三，穗港政府层面的合作有待加强。自改革开放以来，穗港以市场为导向，以民间性、商业性为主体的合作十分活跃，而政府层面的合作虽然不断加强，但在涉及根本利益、长远利益方面的发展规划、政策协调、信息披露及合作体制创新等方面的合作成效还不够明显。特别是香港回归后，由于香港事务的特殊性，香港事务管理权基本集中在中央和省两级职能部门。在推动穗港合作方面，广州市在政府间合作方面的权限有限，政府合作的平台不够大，没有常设的协调机构和机制，使得广州市政府在与香港特区政府合作过程中存在协调层面不高、力度不够的问题（金永亮，2012）。

（二）深港合作的现状与问题

1. 合作现状

借助于毗邻香港的地理优势，深港合作要比穗港合作密切而深入得多。在过去20多年的发展中，深港两地在经济上已经高度融合，在城市关系上已趋于同城化，在基础设施、港口、物流等方面形成了密切的互补关系和双赢关系（倪冰，2005）。

香港一直是深圳重要的进出口伙伴，成为深圳连接世界各国的主要通道。2003年CEPA实施后，深港贸易年均增长速度进一步加快。深圳与香港之间2015年的进出口总额达到1242亿美元。港资始终是深圳最重要的外资来源，同时深圳也以香港为主要阵地设立驻外企业。2015年，深圳外来投资中约有八成来自香港，在深设立的港资企业超过2万家，占全市外商投资企业总数的72%以上[①]。另一方面，深圳也积极利用香港进入世界市场。2015年上半年，深圳

---

① 《深圳统计年鉴2016》。

市境外投资协议投资额47.98亿美元，同比增长138.54%。从投资流向看，深圳对中国香港、东盟、欧盟、澳大利亚、美国、英属维尔京群岛等六个主要地区的中方投资额达34.4亿美元，占深圳市同期中方投资总额的八成以上。其中，对香港的中方投资额30.6亿美元，占全市中方境外投资额的72.71%。[①]

与穗港合作不同的是，深港金融合作稳步推进，不断深化。香港回归前后，深圳已成为港币在内地流通的主要地区，其港币拥有量占港币流入内地总额的75%左右，占港币发行量的30%，实际上已形成了港币在深圳有限流通的局面（谭刚，2008）。作为人民币国际化的重要窗口，香港是目前最大的人民币离岸市场，也是目前中资企业最主要的海外融资渠道。而深圳与香港之间的跨境人民币业务，呈现持续增长态势。根据深圳市金融办的数据，截至2016年12月末，深圳市57家银行累计办理跨境人民币业务5.34万亿元，交易涉及159个国家和地区，其中香港地区的结算量占74.25%（吴玉函，2017）。多年来，深港金融机构互设分支机构已成常态。深圳辖内共有56家港资银行经营性机构，港资银行资产规模、存贷款余额、净利润等指标占辖内外资银行的比重约70%，是深圳辖区外资银行的中坚力量。目前，深圳有15家证券基金期货公司在香港设立子公司，9家香港证券期货经营机构设立驻深代表处；2016年7月，恒生前海基金管理有限公司获批成立，是经中国证监会核准设立的首家外资控股公募基金管理公司（胡嘉莉，2017）。

深港产学研合作也显现了两地合作的深度。香港从2006年起通过香港科技园加强与深圳的科技合作。2007年5月，深港政府签署了《深港创新圈合作协议》，联手在国际场合招商引资。2008年5月，美国杜邦公司成为首家与"深港创新圈"达成合作协议的企业。杜邦公司在香港科技园设立全球光伏电薄膜业务研发中心，在深圳光明新区投资建设太阳能源的生产基地。香港科技园公司牵头设立太阳能研发支持中心，以协助香港及"珠三角"地区发展太阳能及相关的科技，深圳市政府与香港合作，提供土地及其他设备支持太阳能科技的下游发展项目及产品制造。杜邦项目是香港特区政府继广州吸引日本汽车投资后，在"珠三角"东岸推动的首个重大产业项目。杜邦项目的成功引进，显示出香港的国际化体制和深圳的科技化基础，在相互结合后可创造较好的条件，利用国际科技型产业项目作为突破，推动深港两地的产业结构转型（翁海颖，

---

① 2015年上半年深圳市商贸运行情况——中华人民共和国商务部驻深圳特派员办事处。

2009)。

因建市历史较短,深圳的高校和研究机构相当欠缺,为弥补这一不足,深圳大力引进香港的高校资源充实自己的科技创新实力。自香港理工大学于 2000 年入驻深圳虚拟大学园,成立香港理工大学深圳研究院,成为首个在深圳办学的香港高校以来,已陆续有香港科技大学、香港城市大学、香港中文大学、香港大学以及香港浸会大学等共 6 所香港高校在深圳设立了研究院。香港高校的这些深圳研究院积极主动与广东各高校及科研团队一起开展联合科学研究、联合人才培养,培育高科技创业企业,取得了良好的成效。据不完全统计,6 所香港院校深圳研究院累计承担国家自然科学基金 264 项,项目经费 2.13 亿元;累计在深联合培养各类科技人才 6808 名;在深设立科研机构 54 家,研发项目约 802 个;注册企业 13 家,注册资金约 2.9 亿港元(胡罡,2016)。

2. 主要问题

第一,城市政府间的合作面临体制差异的障碍。深圳与港澳特区的行政级别不对等,深圳市政府不能直接与香港政府订立协议。在"一国两制"原则下,香港政府直接面对的是中央政府,而深圳市政府则需要在中央政府授权之下与香港政府协商合作。由地位不对等所决定,深港政府的合作必然受到重重约束,双方很难建立相应的长期制度化的谈判机制。这直接导致沟通困难、决策缓慢和效率低下(李媛媛,2007)。另外,香港实行三权分立的政治体制,任何政府行为都要受到立法和司法系统的制衡,民主政治中的政党、社团、游说团体、民意舆论等要素更进一步地牵制了政府的决策,所以政府与内地城市开展合作并不能完全由自己决定。同时港府奉行积极不干预主义,极力避退在经济领域的规划和计划,任由市场机制发挥作用。任何重大的政府决策必经民意咨询和议会表决程序,偏重于"自下而上"的模式。相较之下,深圳虽能在体制改革上大胆创新,但与香港对比,政府对经济的干预则远强于香港,政府功能和香港存在很大差别,政策出台和执行是一种"自上而下"的模式。这种"机制落差",必然会在深港两地之间各种软硬件要素的顺利对接协调上产生阻力(许鲁光,2017)。

第二,跨境合作的制度安排缺乏法律地位。粤港澳深度合作据以确立的法律地位与法律依据不明。《前海深港现代服务业合作区总体发展规划》《广州南沙新区发展规划》均属于国务院行政指导性文件。根据《中华人民共和国立法法》第六条的规定，立法文件应当规定公民、法人或其他组织的权利和义务、国家机关的权利与责任，但上述三个规划既没有为公民、法人或其他组织设定权利和义务，也没有为国家机关设定权利与责任，完全不具备法律规范应有的基本内容，不具有强制执行力。分别于2003年和2010年签署的CEPA和《粤港合作框架协议》因缺乏法律的明确授权而导致法律效力模糊。粤港澳深度合作的协商机制缺乏相应的宪法依据。粤港澳合作联席会议制度作为三地政府建立的合作机制，虽经国务院批准，但在《宪法》《立法法》上并没有明确的依据，其法律地位不明确。目前的粤港联席会议制度只是广东省人民政府与香港特别行政区政府在获得中央政府许可的前提下，为减少合作过程中的体制障碍而推行的地方经济发展政策，只是一种政策行为，双方是否能够自觉按照合作协议履行合作义务，取决于双方的自律，并无法律约束力（周盛盈，2014）。

第三，大政策难落地。作为深港合作大框架之一的CEPA是由政府力量推动的合作机制。中央政府和港澳之间订立准入性商业合约，深圳在其中以更低门槛对香港开放市场，通过对等市场开放和税务减免，实现外部性问题内部化。CEPA从理论上是开放性比较强的制度框架设计，但存在条文不明确、信息不透明、实际开放程度低于文本开放程度、审批程序烦琐等问题。所以实行了多年，许多本应该开放的领域仍存在着经营时间、资本总量的限制，处在开放和禁止之间。国家各部委的规章制度，因采用的具体标准不同，存在一定程度上的不兼容。这些都令CEPA的市场内部化进程出现干扰，虽然不断推出补充协议，但香港投资者在深圳投资部分行业的门槛仍然很高，很多服务业都无法达到要求，产生"大门开、小门不开""小门开了还有玻璃门"等的制度执行变异（丘杉，2017）。

第四，促进合作的政策缺少系统性。CEPA等协议为加快香港与深圳的经济合作搭建了制度框架，但是，直到目前深港两地之间有效的协调机制尚未成熟，粤港澳大湾区内的基础设施建设尚未能实现体系化，各类市场要素的双向自由流动还有相当程度的体制障碍，在一定程度上影响了深港两地资源整合的效率、质量及深港经济合作的进程。以深港高校科技合作为例，香港高校科技工作者在申报内地科研项目和经费使用上受到严格限制，比如一定要以香港高校深圳研究院的名义申请内地的科研项目，而不能以香港高校本校的名义申请。广东高校的科技人员参与粤港两地高校共同的研究项目时，科研经费和人员出入境也受到严格限制。又如,香港高校深圳研究院被界定为内地事业单位,国家外汇管理政策不允许学校本部向其以驻华机构名义转入资金和拨款。因此日常的运营经费都不能得到保证,当前只能以增加注册资金的方式短期解决问题。此外,关税征收不当,科研设备入境困难,所得税缴纳重复导致科技人员热情受挫等问题同样阻碍了两地的深入合作。尽管国家、省科技主管部门与香港方面建立了"内地与香港科技合作委员会""粤港科技合作联席会议",但由于合作过程中遇到的诸多问题均涉及多个部门和领域,并非单一科技部门可以协调解决(胡罡,2016)。

第三节 未来的变数

在第二章对世界三大城市群的分析中,我们看到,它们各自都有几个主要的城市支配着整个城市群的产业分工。纽约大都市区的核心城市是纽约、纽瓦克和泽西城,东京大都市圈是东京、横滨和川崎,旧金山湾区是旧金山、圣何塞和奥克兰。而在这诸多核心城市中又有一个处于主导地位的城市,即纽约市、东京都、旧金山市。在我们的设想中,香港正是粤港澳大湾区核心城市中的主导型城市。然而近年来,香港的一系列政治、经济、社会问题似乎正在阻碍它承担这一重要的角色。从2014年9月的"占领中环"运动,到2019年6月的反《逃犯条例》游行,这些大规模的社会抗议活动标志着香港面临着其发展历程中的一个重要转折点。

一、香港问题的根源

香港的体制实现了经济的高增长和繁荣,但也存在着不少问题。首先,香港是一个由工商精英集团统治的社会,少数大财团控制了香港的经济命脉。尤其是大地产商对香港经济有着广泛的渗透性和垄断性。地产财团借助于雄厚的资金实力和密切的政治网络,以地产为基础形成跨行业的企业财团,控制着香港市民的衣、食、住、行,垄断着包括电力、煤气、交通运输、通信在内的公共服务供应和价格。由于工商精英对经济的垄断地位,国家给予香港的大部分政策利好并不是各社会阶层都能平等惠及，这从逐年上升的基尼系数①可以反映出来。1991年香港的基尼系数是0.48，到了2016年这一数字上升至0.54（Zhu & Chou，2018），远远超出社会收入分配不公平的国际警戒线，与南非、巴西、墨西哥、泰国等国家一同被归入最不公平的国家或地区之列。此外，香港社会贫富差距扩大还导致了社会阶层流动的固化。

其次，围绕着工商精英控制的行业形成的人才结构难以改变。根据团结香港基金发表的研究报告《香港创新科技业概况》，2013年香港只有0.9%的总就业人口从事科技业（熊德义，2016）。这直接制约了香港的技术创新和经济转型。主要的原因在于三个方面。①香港经济过分依赖四大支柱产业，为了在港就业，学生倾向于选择那些与本地行业高度相关的学科来读，例如金融、工商管理、法律、会计、贸易等，而不是科学、技术、工程、数学等学科。②回归以后，香港一直很防范来自内地的人才的竞争，港府出台的引才计划引起了一些香港本地人的担忧，内地人士来港从事专业工作的门槛也被设置得比较高。③高生活成本、政府财政投入不足，以及科技企业无力支付高薪酬等因素导致科技人才难以长期留在香港。另外，政治不稳定也影响人才的培养和吸引。

第三，就业结构变化导致社会结构变化。在香港的四大支柱产业中，最高端的是金融业，最低端的是旅游业，贸易及物流、专业服务业处于中端。最近十多年来，在香港服务业加快进入内地的同时，本地并未能培育起新的增长点。如果位于中端的生产性服务业收缩，必然导致中层及中下层职位流失，给本地中层劳动力的就业带来一定风险。中端产业迁移留下的空白将由高端及低端的产业填补。产业高端化虽会增加对高技能职位的需求，但数量有限。另一方面，消费性服务业的扩张则会引致下层就业增加。这样一来，香港的就业结构可能会进一步两极分化，就业将集中于高端的精英阶层和为游客服务的低端阶层，从而形成中间凹陷的M型社会，贫富分化的加剧正是香港大规模社会抗议运动频繁发生的深层次矛盾之一。

最后是政府的施政能力问题。香港的经济转型需要一个强有力的政府去规划、协调和执行转型战略，然而特区政府施政受到诸多掣肘，引入或建设新的项目容易招致反对。例如，贸易物流业对基建的依赖程度最大。但是近年来，

---

①基尼系数（Gini index）是衡量一个国家或地区居民收入差距的常用指标。基尼系数最大为1，最小为0，越接近0表明收入分配越趋于平等。

香港的一些大型建筑项目却屡屡受到拖延。之前论证的香港机场第三条跑道的建设项目因为受到环保等议题的狙击，而迟迟无法启动。这使得香港机场在大湾区内的地位下滑。据港府统计，香港示威活动有逐年增多的趋势，到2005年，每天平均5.5次，但到了2012年，每天平均有20次（叶竹盛，2013）。相关人士分析，港府不敢推出新政策和措施，原因是怕得不到市民支持和业界响应，引起批评。

二、香港转型艰难

由于上述四个主要原因，香港的经济结构转型并不顺利。自制造业北移之后，香港本地逐渐形成了由四大行业——金融、旅游、贸易及物流、专业及工商服务业——支撑的服务经济格局。2017年，四大行业的GDP超过1.45万亿港元，占香港地区生产总值的57.1%，同时吸纳了178万人就业，占到总就业人数的46.6%。[①] 为使香港产业结构多元化，并推动香港经济转型，香港政府在《二零零九至一零年施政报告》中表示选定六项具发展优势的产业（六优产业）加以培育，即教育、医疗、检测认证、环保、创新科技及文化创意产业。

顶级的全球城市越来越朝向知识经济的方向发展。应该说，选择六优产业作为发展方向是对的，它们是知识经济的代表性行业。然而，10年来，被看作是转型基石的六优产业并没有长成参天大树，为香港经济撑起一片新天地。官方数据显示[②]，在2008—2017年间，六优产业的GDP由1199亿港元增长至2261亿港元，年均增长率为7.31%，尽管该数字高于四大产业的5.06%，但其行业占总体GDP的比重始终徘徊在9%左右的水平。相反，四大产业的总体GDP占比长期维持在58%左右的高位。

相应地，两类产业的就业数据也显示出相似的差异。十年间，四大产业的就业年增长率为0.66%，显示出这些产业趋于饱和，吸纳新就业的能力有限。相反，六优产业呈逐年上升趋势，从2008年的38.8万人增长至2017年的49.3万人，年均增长率为2.71%。尽管如此，2017年六优产业就业占总就业的比重仅有12.9%，四大产业的就业人数是它的3.6倍。

---

① 香港政府统计处，"香港经济的四个主要行业及其他选定行业"。
② 香港政府统计处：https://www.censtatd.gov.hk/home/index_tc.jsp。

三、大湾区战略的机遇

自 1978 年改革开放以来,香港经济与内地经济日益融为一体,这就使得香港的经济转型在很大程度上取决于内地,尤其是珠三角地区的重大政策和经济发展情况。如今,在新时代条件下,粤港澳大湾区战略能否成为改革开放的 4.0 版对于香港破解经济转型困局,以及香港引领大湾区跻身世界级湾区行列有着决定性意义。因此,珠三角城市及香港必须抓住大湾区建设这一战略机遇,从多个方面入手推进香港经济的第三次转型。

(一)扩大内地市场开放助推香港转型

根据改革开放 40 年来的经验,市场开放是国家引导香港转型最有力的政策工具。开放哪一个领域的市场,开放到什么程度,会深刻地影响香港的转型方向。过去内地为了实现工业化在制造业领域向港资开放,导致香港大部分制造业转移至珠三角地区。如今,香港要从服务经济转型为知识经济,同样需要内地相关市场的开放,市场扩大了转型才有利可图,行为主体才有动力推动转型。目前在第三产业领域,内地向香港开放的领域仍有很大的局限性。据研究(覃成林,2017)测算,在 CEPA 框架下,内地对香港各服务业部门开放的程度由高到低依次是保险、建筑工程、旅游、分销、专业服务、资讯及通信服务、银行和其他金融服务、运输服务。内地对银行服务业和资讯及通信服务的保护程度较高,对这两个行业设置了较高的准入壁垒,使得香港具有明显竞争优势的现代服务业对内地的服务输出额在贸易总额中的占比仍较小。未来应该针对香港构建知识经济体系的需求,促进香港已饱和的服务业向珠三角转移,腾出空间和资源发展优势产业。同时,针对优势产业开放更大的内地市场,引导香港的资本、劳动力、土地等资源流向重点发展的目标产业。

这不容易做到,毕竟各个城市都有自己的利益藩篱,开放必然会冲击本地企业,尤其是垄断领域的国有企业。改革开放初期,内地较贫穷,开放商品市场和要素市场显然是双赢的过程。然而,现在内地也要发展高附加值的产业(科技研发、金融、信息服务等),向港资开放这些市场,难免存在竞争与利益上的冲突。但开放正是深度改革、融合、学习的动力所在,从长远来看仍然是双赢的。为此需要中央和省推出相应的政策措施打破地方利益藩篱,扩大服务业市场,尤其是高端服务业市场的开放。

(二) 鼓励香港居民赴内地就业促进社会融合

以往流入珠三角的香港生产要素以资本为主。这产生了两个重要的结果,第一是"惠商不惠民",也就是说,内地市场开放和优惠政策的最主要受惠者是香港的企业主和投资者,香港本地的普通劳动者所受惠及较少。这就导致了前面所说的社会贫富分化,以及阶层固化。第二是由于绝大部分香港普通劳动力进入内地就业和定居有诸多不便,因此难以近距离观察和感受内地社会的真实情况,这就导致了内地与特区在信息和情感上的隔阂,以及身份认同感的缺失,从而为少数分裂势力提供可乘之机。

社会融合是人的融合,只有当更多的香港居民有机会进入内地就业和定居时,他们才能直接享受到大湾区经济发展的成果。这有助于解决上述两个问题。因此,未来大湾区对香港的开放要在引进资本的同时,加大高端人才和普通劳动力的引入。在香港居民以个人身份到内地就业方面逐渐减少限制条件,提供更多的便利,让香港居民在内地能够享受到国民待遇。

目前香港居民到内地就业和定居的数量还比较少,其最大的原因在于两地的收入水平差距。2017年,珠三角经济发展最好的两个市——广州和深圳的人均GDP分别约为15万元和18.4万元。同期香港的数字约为36万港元(约合31.2万元人民币)①。由于香港的税收不用与中央分成,加之其本身经济发展水平较高,因而本地居民拥有较内地高得多的工资和福利。相反,在分税制下,内地城市政府的最终可支配财力只占本地财政总收入的50%~60%。因此,内地城市要建立对港人(尤其是普通劳动力)有吸引力的社会保障及服务体系是有很大压力的。有鉴于此,未来在推进大湾区社会融合的过程中还需要中央和省级政府在财政上给予城市政府更大的支持。

(三) 以广深为试点全面深化对港开放

当前,广东自贸区的三个片区,即广州南沙、深圳前海和珠海横琴已成为推进与港澳多方面融合的前沿阵地,正在规划构建一系列合作平台,例如,在南沙有粤港澳人才合作示范区、港澳青年创新创业基地、粤港澳全面合作示范区等,在深圳有深港现代服务业合作区、港深创新及科技园等,这些都是不错的探索。然而,这些地区都是新开发的地区,存在区位偏僻、远离城市主功能

---

① 数据来源:《广东统计年鉴2018》。

区和产业聚集区、交通通信基础设施落后、人口密度较低、娱乐设施配套不完善等问题。这些仍在建设当中的区域对于香港的银行、保险、会计、法律、信息、建筑设计、文化创意等产业来说是缺乏吸引力的。因为服务业有其自身的特点，它只有靠近人口和企业密集的地方提供服务才能形成规模经济，才有效率。而且，这些行业的从业人员大部分都是知识型人才，对生活的品质要求较高，这些地区的人文环境、配套设施、公共服务都难以满足其需求。在实地调研中，我们发现，一些港资的金融企业虽然在南沙区注册，实际上员工是在天河区的珠江新城上班，因为那里聚集了更多的金融企业和客户。

未来应该放弃这种"画地为牢"的做法，对港开放的步子应该迈得更大一些。可以把一些自贸片区的特殊政策，例如粤港澳国际贸易"单一窗口"对接功能、给予香港服务提供者在内地设立的合资与独资认证机构、检查机构和实验室同等待遇、粤港澳职业技能"一试三证"制度等政策铺开到整个城市范围，如果难做到，可以多选几个市区试点，而不是局限于一个固定的区域，这样做可以让港人港商有更多的选择。实际上，这也正是把自贸区成功的经验逐步复制推广的过程。广州和深圳是大湾区内经济发达程度仅次于香港的城市，有条件实施更高程度的对港开放，建议率先以广深为试点实施全区域对港开放。

（四）把探索内地与香港全面融合的制度建设提上日程

对于政治经济体制及意识形态迥异的珠三角与香港，如何实现制度融合，欧盟的经验可以提供启示。纵观欧盟的发展历程，它最初只是法、德、意、荷、比、卢六国在煤钢方面的合作，后来随着成员国的增多、合作领域的扩展、功能的增强而逐步成为一个超国家组织。欧盟在推进欧洲一体化的实践过程中，一步步建立和完善起涉及要素流动、权利保障、区域合作、权责分配、公共安全等方方面面的基本法律制度框架，为欧盟的内部团结和版图扩张奠定了基石。

在改革开放40多年的时间里，珠三角与香港的一体化实践积累了很多经验，并形成正式文件。例如，自2003年签署CEPA以来，不断有补充协议产生，至今累计有10个补充协议。近几年又有《粤港合作框架协议》《深化粤港澳合作·推进大湾区建设框架协议》《粤港澳大湾区发展规划纲要》等文件产生，这反映了两地不断探索制度融合的努力。但其中有三个问题，第一，制度构建至今仍然是停留在经济层面，还没像欧盟那样扩展到其他层面。第二，即使在经济层面，制度的内容仍较为粗略，缺乏具体细节。第三，这些文件都是政策性的，缺乏法律效力，地方政府的自由裁量权较大。

  未来在大湾区建设推进的过程中，应该有意识地把珠三角与香港在各领域的规则对接作为一项重要任务。以经济融合为基础，逐步把以规则对接为目标的制度构建扩展至其他领域，如公民权利、身份归属、社会保障、社会组织、环境治理、安全监管、司法合作等等。在总结经验、整合已有政策、系统设计、内地与香港共同协商的基础上，逐步构建一个专门的法律制度体系，把珠三角与香港的融合提升到一个法治化高度，而不是仅仅依靠政策，这样可以使两地的合作更顺畅和稳定。

参考文献

[1] 陈章喜,徐通.珠三角城市群战略实施以来的效率评价[J].经济地理,2011(11):1822-1826.

[2] 崔葳."自由行"究竟给香港带来了什么[J].中国经济周刊,2016(13):80-81.

[3] 龚锋.珠三角地区对外贸易的现状、隐忧与发展思路[J].广东经济,2011(9):39-43.

[4] 胡罡,罗剑平.粤港高校科技合作的主要障碍及对策——香港高校深圳研究院的视角[J].中国高校科技,2016(8):37-39.

[5] 胡嘉莉.深港联手上演金融创新"双城记"[N].中华工商时报,2017-06-28(002版).

[6] 胡俊凯.东京湾启示录:世界级大湾区的成功秘诀[J].中华建设,2019(5):20-21.

[7] 黄晓东.美国地方政府的结构及运作特点分析[J].吉林大学社会科学学报,2009(1):77-83.

[8] 金永亮.强化广州与港澳深度合作的对策研究[J].城市,2012(7):24-26.

[9] 李丹.香港国际金融中心"炼成术"——写在香港回归祖国20周年之际[J].中国金融家,2017(7):101-103.

[10] 李红,丁嵩,朱明敏.多中心跨境合作视角下粤港澳湾区研究综述[J].工业技术经济,2011(8):3-9.

[11] 李立勋.关于"粤港澳大湾区"的若干思考[J].热带地理,2017(6):757-761.

[12] 李媛媛,冯邦彦.CEPA:实施效应、存在问题及发展趋势[J].暨南学报(哲学社会科学版),2007(6):57-63,77.

[13] 倪冰.浅论CEPA与香港、深圳及"大珠三角"经济[J].特区经济,2005(6):64-65.

[14] 覃成林,蒋浩杰.CEPA促进了香港服务业发展吗[J].港澳研究,2017(3):75-85,96.

[15] 丘杉.粤港澳大湾区城市群发展路向选择的维度分析[J].广东社会科学,2017(4):15-20.

[16] 任保全,王亮亮.战略性新兴产业高端化了吗[J].数量经济技术经济研究,2014(3):38-55.

[17] 任优生,邱晓东.政府补贴和企业R&D投入会促进战略性新兴产业生产率提升吗[J].山西财经大学学报,2017(1):55-69.

[18] 谭刚.深港合作的发展历程与总体评述[J].中央社会主义学院学报,2008(2):79-83.

[19] 王辉,张月友.战略性新兴产业存在产能过剩吗?——以中国光伏产业为例[J].产业经济研究,2015(1):61-70,82.

[20] 王珺.是什么因素直接推动了国内地区间的产业转移[J].学术研究,2010(11):46-51.

［21］王猛，高波，樊学瑞. 城市功能专业化的测量和增长效应：以长三角城市群为例［J］. 产业经济研究，2015（6）：42－51.

［22］王小鲁. 中国城市化路径与城市规模的经济学分析［J］. 经济研究，2010（10）：20－32.

［23］王春新. 香港财经二十年：香港回归二十年金融大事记［J］. 金融博览，2017（13）：8－10.

［24］王旭. 美国城市发展模式：从城市化到大都市市区化［M］. 北京：清华大学出版社，2016.

［25］翁海颖，封小云. 香港与"珠三角"的产业合作及区域创新布局［J］. 经济前沿，2009（2）：3－23.

［26］吴玉函. 深港金融合作进入快车道［N］. 深圳商报，2017－06－27（A02版）.

［27］熊德义. 香港引进人才的若干问题［J］. 国际人才交流，2016（3）：50－52.

［28］许鲁光. 在粤港澳大湾区建设中深化深港合作创新［J］. 开放导报，2017（4）：32－36.

［29］许维鸿. 美国"选票经济学"的精明与昏庸［N］. 环球时报，2019－06－27（014版）.

［30］杨震宇. 战略性新兴产业全要素生产率的测算及其收敛性分析［J］. 科技管理研究，2016（15）：114－121.

［31］叶竹盛. 争辩香港经济竞争力［J］. 南风窗，2013（14）：22－24.

［32］于津平，吴小康. 战略性新兴产业发展中的区域竞争与地方政府补贴［J］. 经济理论与经济管理，2016（3）：101－112.

［33］袁奇峰. 珠三角一体化与大都市区治理［J］. 北京规划建设，2014（3）：174－177.

［34］袁奇峰. 国家中心城市、全球城市与珠三角城镇群规划之惑［J］. 北京规划建设，2017（1）：64－67.

［35］张日新，谷卓桐. 粤港澳大湾区的来龙去脉与下一步［J］. 改革，2017（5）：64－73.

［36］张天桂，尤安山. 香港国际金融中心的发展现状与路径选择［J］. 港澳研究，2016（4）：39－51，92－93.

［37］郑晶晶，贺正楚. 政府干预与资源配置：传统产业和战略性新兴产业的对比［J］. 经济数学，2016（3）：67－76.

［38］周盛盈. 论地方人大在粤港澳深度合作中的作用［J］. 云南社会主义学院学报，2014（4）：325－326.

［39］朱艳鑫，朱艳硕，薛俊波. 地方政府产业政策的文本量化研究——以战略性新兴产业政策为例［J］. 经济问题探索，2016（2）：127－133.

［40］邹松霖. 专访郑永年：粤港澳大湾区将形成新的雁阵效应［J］. 中国经济周刊，2019（7）：50－51.

［41］ABDEL－RAHMAN H M. Agglomeration economies，types，and sizes of cities［J］. Journal of Urban Economics，1990，27（1）：25－45.

［42］ABDEL－RAHMAN H M. Economies of scope in intermediate goods and a system of cities［J］.

Regional Science and Urban Economics, 1994 (24): 497 – 524.

[43] ABDEL – RAHMAN H M. When do cities specialize in production [J]. Regional Science and Urban Economics, 1996, 26 (1): 1 – 22.

[44] ABDEL – RAHMAN H M. Does the structure of an urban system affect income disparities [J]. Journal of Regional Science, 2002 (42): 389 – 410.

[45] ABDEL – RAHMAN H M, ANAS A. Theories of systems of cities. In HENDERSON J V, THISSE J – F. (Eds.) Handbook of Regional and Urban Economics (Vol. 4): 2293 – 2339. Amsterdam: North Holland, 2004.

[46] ABDEL – RAHMAN H M, WANG P. Toward a general – equilibrium theory of a core – periphery system of cities [J]. Regional Science and Urban Economics, 1995 (25): 529 – 546.

[47] ABDEL – RAHMAN H M, WANG P. Social welfare and income inequality in a system of cities [J]. Journal of Urban Economics, 1997 (41): 462 – 483.

[48] ANAS A. Vanishing cities: what does the new economic geography imply about the efficiency of urbanization [J]. Journal of Economic Geography, 2004 (4): 181 – 199.

[49] ANAS A, XIONG K. Intercity trade and the industrial diversification of cities [J]. Journal of Urban Economics, 2003, 54 (2): 258 – 276.

[50] BAHL R. Industrial policy and the states: how will they pay [J]. Journal of the American Planning Association, 1986, 52 (3): 310 – 318.

[51] BAUMONT C, HURIOT J – M. Urban economics in retrospect: continuity or change? In HURIOT J – M, THISSE J – F. (Eds.) Economics of Cities: 74 – 105. Cambridge, UK: Cambridge University Press, 2000.

[52] BEER A, CLOWER T. Specialisation and growth: evidence from australia's regional cities [J]. Urban Studies, 2009, 46 (2): 369 – 389.

[53] DURANTON G, PUGA D. Nursery cities: urban diversity, process innovation, and the life cycle of products [J]. The American Economic Review, 2001, 9 (5): 1454 – 1477.

[54] EISINGER P. Do the American states do industrial policy [J]. British Journal of Political Science, 1990 (20): 509 – 535.

[55] ETHIER W. National and international returns to scale in the modern theory of international trade [J]. American Economic Review, 1982 (72): 389 – 405.

[56] FUJITA M. Thünen and the new economic geography [J]. Regional Science and Urban Economics, 2012, 42 (6): 907 – 912.

[57] HELSLEY R W, STRANGE W C. Matching and agglomeration economies in a system of cities [J]. Regional Science and Urban Economics, 1990 (20): 189 – 212.

[58] HENDERSON J V. The sizes and types of cities [J]. The American Economic Review, 1974, 64

(4): 640-656.

[59] HENDERSON J V. Urban Development: Theory, Fact and Illusion [M]. Oxford, UK: Oxford University Press, 1988.

[60] HENDERSON J V, ABDEL-RAHMAN H M. Urban diversity and fiscal decentralization [J]. Regional Science and Urban Economics, 1991, 21 (3): 491? 509.

[61] HENDERSON J V, BECKER R. Political economy of city sizes and formation [J]. Journal of Urban Economics, 2000 (48): 453-484.

[62] KEMENY T, STORPER M. Is specialization good for regional economic development [J]. Regional Studies, 2015, 49 (6): 1003-1018.

[63] KIM S. Heterogeneity of labor markets and city size in an open spatial economy [J]. Regional Science and Urban Economics, 1991 (21): 109-126.

[64] MEIJERS E. Polycentric urban regions and the quest for synergy: is a network of cities more than the sum of the parts [J]. Urban Studies, 2005, 42 (4): 765-781.

[65] MEIJERS E. Clones or complements? the division of labour between the main cities of the randstad, the flemish diamond and the Rhein/Ruhr area [J]. Regional Studies, 2007, 41 (7): 889-900.

[66] MEIJERS E. Metropolitan labor productivity and urban spatial structure. In KLAESSON J, JOHANSSON B, KARLSSON C. (Eds.) Metropolitan Regions: 141-166. Berlin, Heidelberg: Springer, 2013.

[67] NOMURA S. Problems of local administration: the case of the tokyo metropolitan government [J]. International Review of Administrative Sciences, 1982 (2): 187-197.

[68] PAPAGEORGIOU Y, PINES D. An Essay on Urban Economic Theory [M]. Boston: Kluwer Academic, 1999.

[69] PARR J B. Overlooked aspects of the von Thünen system [J]. Spatial Economic Analysis, 2015, 10 (4): 471-487.

[70] PHAM C S, XUAN N. SGRO P, TANG X. Has china displaced its competitors in high-tech trade [J]. The World Economy, 2016, 40 (8): 1569-1596.

[71] SACHS J. YANG X, ZHANG D. Globalization, dual economy, and economic development [J]. China Economic Review, 2000, 11 (2): 189-209.

[72] SHIMIZU T. Transport planning and management in the Tokyo metropolitan region: its history, current situation, and future perspectives. In KIKUCHI T, SUGAI T. (Eds.) Tokyo as a Global City: 213-233. Singapore: Springer, 2018.

[73] STENSRUD C. Industrial policy in the United States [J/OL]. 2018-9-7. Link: civitas. org. uk/content/files/Indu strialpolicyintheUnitedStates. pdf.

[74] VOLGMANN K, MüNTER A. Specialization of and complementarities between new knowledge clusters in the Frankfurt/Rhine Main urban region [J]. Regional Studies, Regional Science, 2018, 5 (1): 125-148.

[75] WILSON J D. Trade in a tiebont economy [J]. American Economic Review, 1987 (77): 431-441.

[76] WRIGHT D. Understanding Intergovernmental Relations (3rd Ed) [M]. Pacific Grove, CA: Brooks/Cole, 1988.

[77] XING Y. Global value chains and china's exports to high-income countries [J]. International Economic Journal, 2016, 30 (2): 191-203.

[78] XIONG K. Intercity and intracity externalities in a system of cities: equilibrium, transient dynamics and welfare analysis [D]. Unpublished Ph. D. Dissertation, Department of Economics, State University of New York at Buffalo, 1998.

[79] ZHENG X-P. Metropolitan spatial structure and its determinants: a case-study of Tokyo [J]. Urban Studies, 1991, 28 (1): 87-104.

[80] ZHU A Y F, CHOU K L. Hong Kong's transition toward a knowledge economy: analyzing effect of overeducation on wages between 1991 and 2011 [J]. Journal of the Knowledge Economy, 2018: 1-11.

后　记

本书是华南理工大学出版社策划的"粤港澳大湾区建设研究丛书"之一，启动于2017年底。原计划一年时间交稿，但其间因诸事缠身，俗务纷扰，一拖再拖，迁延日久，直至今日才草草收笔。劳烦出版社再三关注和提醒，实抱歉之至。现在，书是写出来了，但我感到惭愧的是，"岂有文章惊海内，漫劳车马驻江干"。这本书有太多不完善的地方，仓促间难再从容，这或许是所有写书人的通病。我时常想，如果有无限的时间，我可以写出一本完美的书，但这正是困难所在，没有一个人可以长生不老。这本书如果能够出版，我最想感谢的是杨沐先生，不仅仅是因为他启动了这个写作项目，更重要的是，每每萌生知难而退的念头时，想起与先生在病榻上的最后一次握手，我便决心无论如何都要践行当初的承诺。华南理工大学公共政策研究院的同事陆芃樵和李明隽为本书的基础性资料整理工作给予了大力支持，在此一并致谢。

这本书献给杨沐先生，并录旧文《与杨沐先生一起工作的日子》[①] 以资缅怀。

一、豪情似旧

2014年的8月，我在华南理工大学公共政策研究院（IPP）的国际会议上认识了杨沐先生，他当时以嘉宾身份参加会议。初见时，他西装革履，谈吐从容，有领导气质。到2015年初，他便接过了IPP建设的重任。履任后不久，杨院长就积极开展了活动，一年间IPP在调研考察、对外合作、政策报告、媒体传播等方面都有了很多可喜的收获。2016年1月的院内年会上，有感于一年来的新气象，我即兴书写了一副春联"日出江花红胜火，春来江水绿如蓝"以资笑谈，这引起了院长的兴致，也挥毫写了"腾飞"二字，这时我才意外地发现，他的草书是极有水平的，显出飘逸和豪迈的精气神。"腾飞"二字与其说是表达他对IPP在新年有更大的进步的祝愿，不如说是他要办好IPP的雄心壮志。因

[①] 原载华南理工大学公共政策研究院微信公众号"IPP评论"（2018年6月11日）。

为在席间祝酒时，他很有信心地对我说，"你看，这里（IPP）还是不错的吧？以后会更好，一年一个新台阶！"

杨院长主张 IPP 应该是一个开放、民主的新型机构，他努力为机构的运作营造自由的学术风气、平等友善的人际关系，以及积极进取的工作氛围。在他的带领下，全院都洋溢着乐观进取的情绪。院长和年轻人在沟通上没有隔阂，他乐于接受新事物，和我们无所不谈，而且知识广博。他常说他喜欢和年轻人一起工作，这样他也感觉年轻了许多。他和年轻人在一起时并不拘束，记得有一次在 KTV 聚会，他为我们一展歌喉，唱了好多首歌，既有民族歌曲，也有流行歌曲，真是多才多艺。他甚至很动情地高歌《男人哭吧不是罪》，这令我非常意外。歌由心生，或许那时他就已经开始回顾自己的一生了吧。

杨院长与我相差 30 多岁，起初我对他的背景不甚了解，后来才逐渐从他及旁人的口中大略知道先生的经历。他 1946 年 6 月 4 日生于苏州，年轻时曾在上海交通大学、比利时鲁汶大学、中国社会科学院、英国牛津大学求学，一生以研究中国经济政治为志业。曾任中国社会科学院工业经济所副所长，受业于著名经济学家马洪先生。1988 年赴牛津大学进修。1992 年之后，他落脚于新加坡国立大学东亚研究所任研究员，长期在海外观察中国，关心中国的发展。

杨院长出道于 1980 年代，那是一个朝气蓬勃、奋发上进的时代。知识分子刚从思想的桎梏中解放出来，大有改造国家、舍我其谁的万丈豪情。这种时代的气质深深地镌刻于院长的精神之中，伴随他的一生。时隔多年，他的这种气质未曾消磨。即使只是领导一个羽翼未丰、名不见经传的研究院，他也认为我们会大有作为，于国于民有所裨益。他对这个机会是那么的珍惜和认真。

二、壮心不已

"老骥伏枥，志在千里；烈士暮年，壮心不已"是院长在生命中最后三年的真实写照。接过 IPP 的重任后，他就全身心地投入到了 IPP 的建设工作当中。他似乎是以一种时不我待的紧迫感在工作的，让人觉得他有用不完的激情和精力。

IPP 在 2014 年承担了教育部新型智库建设研究的重大课题。为了做好课题，他陆续安排了对北京、上海、广州、深圳智库的调研。我跟随着他走访了十余家智库，时值八九月间暑热正盛，他跟年轻人一样，汗流浃背，四处奔波。正是这种"徒步丈量"式的研究使我们收集到很多素材，写作起来就有了底气。不仅如此，调研考察还开阔了年轻研究人员的眼界，锻炼了对外开展活动的能力。他常说，做政策研究与做纯学术研究不同，实地调研对研究工作很重要，尤其是研究政府和政策，不了解政府真实的运作情况，是写不好政策报告的。在他的这个思路下，他常常带领我们主动与政府部门接洽，商谈合作的可能性，参与政府部门的论证与讨论，承接政府研究课题并开展调研。这三年，他的足迹遍布珠三角的许多政府部门。

院长经历过人性压抑的时代。他的良知不愿这种痛苦在任何地方重生，哪怕是一点点。因而在工作上，他总是以人为本。他绝不会强迫任何人接受不愉快的安排，很多时候都是以平等协商、自愿自觉为原则布置工作任务。他常说，每个人在院里都应该是愉快地工作，发现工作的乐趣。他是这么说，也是这么做的。与先生共事的三年，他快乐工作的精神总是感染着我，与他谈论工作是一件愉快的事情。IPP的研究人员以年轻人为主，院长非常注意对年轻人的提携，对外交流时，他总是很准确地介绍我们的特点和长处，比如写文章很大气、做事很稳健、研究能力强之类，不遗余力地展现IPP的实力。我们有任何一点小小的成绩，他都真心地替我们高兴，希望我们能快点成长起来，成为独当一面的台柱。他鼓励我们要多写文章，大胆写，写熟练就能引起决策层的重视。他还开创了英文讨论会的先例，鼓励我们用英语陈述观点，哪怕词句不连贯、语法不正确也不要怕。

国内智库热兴起的这两三年，他奔赴全国各地参加了很多论坛和会议，每到一处，每参加一次会议，都不厌其烦地推介IPP。后来我们发现，在外人看来IPP还是挺出名的。IPP能在短时间内声名鹊起，院长劳苦功高。但他所做的，不仅仅是参加会议。三年间，他主导创设了IPP的对外宣传部门，运用自媒体宣传和塑造IPP形象；他运用出版界的力量传播IPP的研究成果和思想观点；他四处拜访政府部门、社科界、智库同行，发起会议和合作项目，编织一个更大的合作平台。如果这些工作没做起来，IPP或许仍籍籍无名吧！然而，他的这种努力却被一些人所歪曲。有一次我和院长交谈，他有点愤愤地说，"有人说我沽名钓誉，我到了这个年纪，还会在乎名利吗？"想到"知我者谓我心忧，不知我者谓我何求"，院长也无谓对此介怀了。

三、哲人其萎

大概 2017 年年末，杨院长的健康状况每况愈下，先是腿脚不便，接着身体虚弱，后来就连进食都感到困难了。我知道这是长期超负荷工作、劳心焦思的结果。有一段时间，他一个月就要到外地参加会议四五次，即使是青壮年，这也是挑战身体极限的工作状态，何况是一位 70 岁的长者。我曾劝院长休养一下，细水长流，他只是应付说，"好的"。2018 年 4 月 23 日，当他最后一次在全院大会交待工作的时候，十几分钟左右的讲话，几乎是费尽了所有气力，对比神采奕奕的往昔，看着让人痛心。原本会后打算飞回苏州的他，因病情过重只能暂时住进广州的医院。院长入院之后，仍然通过微信沟通工作，转发 IPP 评论。看到他的信息，我还天真地以为他只是太累了，休养一段时间还能回来主持大局的。然而当我亲眼看到他时，不由悲从中来。他躺在病床上，脸庞消瘦，手脚苍白，说话非常微弱。他被确诊肝癌晚期，已经病入膏肓了。他虽然有些失落，却坦然以对。从他的眼中，我看不到生离死别的悲情，也看不到对未了之事的唏嘘，他唯一遗憾的是，再也不能工作了。5 月 17 日，院长欲叶落归根，转院上海。我去见他最后一面，我说我们会努力工作办好 IPP 的，他点点头。末了我握着他羸弱而冰凉的手，我知道，这是永别了。

2018 年 6 月 10 日 9 时，先生追悼会于上海举行。他把最光辉的记忆留给了我们，自己却燃尽最后一点光。

2019 年 9 月 13 日
中秋节完稿